REIHE ZEITGUT

Band 19

Mauer-Passagen

Grenzgänge, Fluchten und Reisen 1961–1989

REIHE ZEITGUT

Band 19

Mauer-Passagen

Grenzgänge, Fluchten und Reisen 1961–1989

46 Erinnerungen aus Ost und West

Herausgegeben von Jürgen Kleindienst

Zeitgut Verlag

Umschlagbild Fotocollage unter Verwendung des Fotos Blick durch die Mauer 1967, Sebastianstraße, Berlin-Kreuzberg. Deutsches Historisches Museum Berlin, Foto Schirner.

Die im Buch veröffentlichten Abbildungen und Dokumente stammen aus dem Privatbesitz der Verfasserinnen und Verfasser sowie aus folgenden Quellen: Deutsches Historisches Museum S. 25, 137, 349; Landesarchiv Berlin S. 29, 45, 51, 94, 128, 144; Institut für Grundbau, Wasser- und Verkehrswesen, Ruhr-Universität Bochum, S. 41; Sieglinde Wille, Immekath, S. 25.

Bibliografische Information Der Deutschen Bibliothek
Die Deutsche Bibliothek verzeichnet diese Publikation in der Deutschen Nationalbibliografie; detaillierte bibliografische Daten sind im Internet über http://dnb.ddb.de abrufbar.

2. Auflage 2004
Reihe ZEITGUT, Band 19
Zeitgut Verlag GmbH
Klausenpaß 14, 12107 Berlin
Telefon 030 - 7 02 09 30, Telefax 030 - 70 20 93 22
eMail: info@zeitgut.com
www.zeitgut.com
Herausgeber: Jürgen Kleindienst
Gesamtredaktion und Zusammenstellung: Ingrid Hantke
Textauswahl: Stephan Gürtler, Ingrid Hantke
Bearbeitung und Lektorat: Barbara Grebe, Elisabeth Richter
Chronologie: Ingrid Hantke, Jürgen Kleindienst
Umschlaggestaltung: Maria Herrlich, Berlin
Druck: Ebner & Spiegel, Ulm
Printed in Germany
ISBN 3-933336-19-8

Inhalt

Orte

Chronologie 1961–1989

Vorgeschichte

1. Sept. 1939	Beginn des Zweiten Weltkrieges. Angriff der deutschen Wehrmacht auf Polen.
22. Juni 1941	Deutscher Überfall auf die Sowjetunion.
12. Sept. 1944	Vereinbarung der späteren Siegermächte: Deutschland soll nach dem Ende des Krieges in Besatzungszonen unter der Hoheit der USA, Großbritanniens, Frankreichs und Rußlands aufgeteilt werden.
8. Mai 1945	Bedingungslose Kapitulation der Deutschen Wehrmacht.
1. Juli 1945	Die USA und Großbritannien ziehen sich vereinbarungsgemäß aus den eroberten ostdeutschen Gebieten in Thüringen, Sachsen, Sachsen-Anhalt und Mecklenburg zurück. Rußland besetzt diese Gebiete. Die westlichen Alliierten übernehmen je eine Zone in Berlin (West-Berlin). Erste Grenzkontrollen zwischen den Besatzungsgebieten.
21. Juni 1948	Währungsreform in den drei Westzonen. Die Deutsche Mark (DM) wird eingeführt.
24. Juni 1948	Berlin-Blockade der Sowjetunion als Reaktion auf die westliche Währungsreform auch in West-Berlin.
12. Mai 1949	Ende der Berlin-Blockade.
23. Mai 1949	Gründung der Bundesrepublik Deutschland auf dem Gebiet der drei westlichen Besatzungszonen.
7. Oktober 1949	Gründung der Deutschen Demokratischen Republik auf dem Gebiet der sowjetischen Besatzungszone.
26. Mai 1952	Die DDR riegelt die innerdeutsche Grenze ab. Es werden ein 500-Meter-Schutzstreifen und eine fünf Kilometer tiefe Sperrzone eingerichtet, die nur mit Passierschein betreten werden darf.
Mai/Juni 1952	„Aktion Ungeziefer“: In einer Nacht- und Nebelaktion werden aus dem innerdeutschen DDR-Grenzgebiet 11000 Menschen zwangsumgesiedelt, die als „feindliche und kriminelle Elemente“ bezeichnet werden.

10. Dez. 1955	Die DDR übernimmt von der Sowjetunion die Überwachung der innerdeutschen Grenze und erklärt sie zur „Staatsgrenze".

Zwischen 1949 und 1961 flüchten etwa 2,6 Millionen Menschen aus der DDR in den Westen, ab 1952 überwiegend über Berlin. Allein im Jahr 1961 sind es bis zum 13. August rund 160000 Flüchtlinge.

1961

15. Juni	DDR-Staatsratsvorsitzender Walter Ulbricht erklärt: „Niemand hat die Absicht, eine Mauer zu errichten."
9. Juli	Die DDR verbietet die Durchführung des gesamtdeutschen Evangelischen Kirchentages vom 19. bis 23. Juli in Ost-Berlin. Reisen von DDR-Bürgern zum Kirchentag nach West-Berlin sollen nicht gestattet werden.
5. August	Der Warschauer Pakt genehmigt die „Operation Chinesische Mauer".
13. August	Abriegelung West-Berlins und der innerdeutschen Grenze, Beginn des Baues der Berliner Mauer.
15. August	Erste Proteste der Westmächte.
19. August	Die Vereinigten Staaten schicken demonstrativ den US-Vizepräsidenten Lyndon B. Johnson nach Berlin.
20. August	Die USA verstärken ihre militärische Präsenz in Berlin um 1500 Soldaten, die über die Autobahn nach Berlin fahren.
24. August	Erstmals wird ein Flüchtling an der Mauer erschossen.
22. August	Bundeskanzler Konrad Adenauer besucht West-Berlin.
15. September	Die Grenzpolizei der DDR wird als Grenztruppe dem Ministerium für Nationale Verteidigung unterstellt. Verlegung erster Bodenminen an der Grenze.
25. Oktober	Panzer der USA und der UdSSR stehen sich in Berlin am alliierten Grenzübergang Checkpoint Charly gegenüber.

An der sogenannten Staatsgrenze West wird der Stacheldrahtzaun verdoppelt und mit Betonpfosten verstärkt. Zusätzlich wird längs der gesamten Grenze ein sechs Meter breiter Spurensicherungsstreifen angelegt, die Verminung der Grenze beginnt.
Im Oktober werden in der Aktion „Kornblume" abermals (wie 1952) mehrere tausend Grenzbewohner zwangsweise umgesiedelt. Kampf-

gruppeneinheiten holen sie in den frühen Morgenstunden ohne Ankündigung mit offenen LKW's ab und laden ihr Mobiliar auf. Innerhalb weniger Stunden müssen die Menschen ihre Heimat verlassen.

1962

17. August	Der 18jährige Peter Fechter verblutet, nach einem Fluchtversuch angeschossen, im Niemandsland, ohne daß ihm jemand zu Hilfe kommt.
14.-28. Oktober	Kuba-Krise zwischen den USA und der Sowjetunion. Sie markiert den Wendepunkt in der Geschichte des Kalten Krieges. Einrichtung eines „Heißen Drahtes" zwischen Washington und Moskau. In der Folge werden verschiedene Abkommen zur gegenseitigen Rüstungskontrolle unterzeichnet.

1963

24. Oktober	Drei DDR-Gefreite durchbrechen bei Bad Hersfeld mit einem Panzerspähwagen die innerdeutsche Grenze und fliehen in den Westen.
18. Dezember	Das erste Passierschein-Abkommen ermöglicht West-Berlinern ab 20. Dezember den Verwandtenbesuch im Ostteil der Stadt zu hohen Feiertagen.

An der Grenze wird zur Verbesserung der Sicht begonnen, einen 100 Meter breiten Geländestreifen zu planieren. Hundelaufanlagen werden eingerichtet.

1964

10. September	Rentner aus der DDR dürfen fortan besuchsweise in die Bundesrepublik reisen.
5. Oktober	Bei einer spektakulären Flucht gelangen 57 Flüchtlinge durch einen 11 Meter tiefen und 140 Meter langen Tunnel nach West-Berlin. Die Aktion wird entdeckt, ein Volkspolizist von Fluchthelfern erschossen.
1. Dezember	Die DDR führt einen Zwangsumtausch für Besucher aus dem westlichen Ausland von 5 DM pro Person und Tag zum Wechselkurs 1:1 von West- in Ostmark ein, West-Berliner müssen 3 DM umtauschen. Der Tagessatz wird bis 1989 mehrfach erhöht. Kinder und Rent-

ner sind vorerst ausgenommen.

An der Grenze werden Kraftfahrzeugsperrgräben angelegt und die Wachtürme aus Holz durch Betontürme ersetzt.

1965

7. April	Während einer Sitzung des Bundestages in West-Berlin überfliegen sowjetische Düsenjäger die Stadt. DDR-Soldaten blockieren die Transitwege nach West-Berlin.

1966

4. Dezember	Willy Brandt wird Außenminister und Vizekanzler der Bundesrepublik Deutschland.
10. Oktober	In West-Berlin wird eine Passierscheinstelle für dringende Familienangelegenheiten eröffnet.
14. Dezember	Herbert Wehner, neuer Bundesminister für gesamtdeutsche Fragen, erklärt eine diplomatische Anerkennung der DDR für unmöglich.

An der Grenze wird ein zusätzlicher unter Schwachstrom stehender Signalzaun im Abstand von 500 bis 1000 Meter zur Grenze gebaut. Die bislang existierenden Tore im Doppelzaun werden vermint. Aus Betonfertigteilen werden Erdbeobachtungsstände errichtet.

1967

20. Februar	Die Volkskammer der DDR beschließt ein „Gesetz über die Staatsangehörigkeit der Deutschen Demokratischen Republik“, um sich gegen den Alleinvertretungsanspruch der Bundesrepublik abzusetzen.
11. Juni	Die DDR führt den Paß- und Visumzwang für Besucher aus dem Westen ein.
18. August	In einem großangelegten Prozeß werden 37 Fluchthelfer in Ost-Berlin zu langen Haftstrafen verurteilt.

Die DDR markiert die Grenze neu. Wenige Meter vor der Demarkationslinie werden 2.622 Grenzsäulen mit schwarz-rot-goldenem Anstrich und dem DDR-Emblem aufgestellt. Mehr als 9000 Grenzsteine werden gesetzt. Der Bundesgrenzschutz stellt Schilder mit der Beschriftung „Halt! Zonengrenze“ und „Halt! Hier Grenze!“ auf. Sie sollen versehentliche Grenzverletzungen von der Seite der Bundesrepublik aus vermeiden.

1968

12. Januar	Die DDR stellt in einem neuen Strafgesetzbuch zahlreiche politische Delikte unter Strafe. Strafen für politische Delikte werden verschärft.
1. Juli	Die DDR und die Bundesrepublik treten dem Atomwaffensperrvertrag bei.
20./21. August	Einheiten der DDR beteiligen sich an der Besetzung der ČSSR durch fünf Warschauer-Pakt-Staaten. Damit wird der „Prager Frühling“ gewaltsam niedergeschlagen.

An der Grenze werden die parallel zum Drahtzaun angelegten Fahrwege mit Betonplatten verstärkt. Die alten Stacheldrahtzäune werden durch einen Doppelzaun aus Streckmetallgitter ersetzt.

1969

22. Juli	Die Bundesregierung beschließt, das Hissen der DDR-Fahne und das Abspielen der DDR-Hymne bei Sport-Veranstaltungen nicht mehr zu behindern.
28. Oktober	Willy Brandt wird Bundeskanzler. Er verkündet gegenüber der DDR eine neue Politik unter der Devise „Wandel durch Annäherung“.

Erste Betontürme zur Grenzbeobachtung werden errichtet.

1970

19. März	Bundeskanzler Willy Brandt trifft sich in Erfurt unter überwältigender Anteilnahme der Bevölkerung mit dem DDR-Ministerpräsidenten Willi Stoph.
21. Mai	Willy Brandt trifft sich in Kassel mit dem stellvertretenden Staatsratsvorsitzenden der DDR Willi Stoph.
12. August	Bundeskanzler Willy Brandt und der sowjetische Ministerpräsident Alexej Kossygin unterzeichnen den „Moskauer Vertrag“ über die Anerkennung der deutsch-deutschen Grenze und der Oder-Neiße-Linie als Polens Westgrenze.

Die DDR installiert die ersten Selbstschußanlagen (Modell SM 70), die nach Berühren eines Kontaktdrahtes den Schuß einer tödlichen Streuladung auslösen.

1971

3. Mai	Walter Ulbricht wird zum Rücktritt gezwungen. Sein Nachfolger als Erster Sekretär des Zentralkomitees der SED und Vorsitzender des Staatsrates der DDR wird Erich Honecker.
3. September	Die vier Kriegsalliierten unterzeichnen das „Berlin-Abkommen“, es bestätigt die Aufrechterhaltung der Bindungen zwischen West-Berlin und der Bundesrepublik und garantiert die Sicherheit der Zufahrtswege.
11. Dezember	Unterzeichnung des Transitabkommens zwischen den beiden deutschen Staaten. Vereinbart werden pauschale Zahlungen der Bundesrepublik für die Straßenbenutzung und eine starke Erleichterung der Grenzkontrollen im Transitverkehr durch die DDR.

Die DDR-Grenztruppen werden neu aufgeteilt. „Grenzaufklärer“ patrouillieren jetzt auch im Gelände zwischen dem Metallgitterzaun und den Grenzsäulen. Weitere Selbstschußautomaten werden installiert.

1972

21. Dezember	Unterzeichnung des Grundlagenvertrags zwischen der DDR und der Bundesrepublik. Die Bundesrepublik gibt ihren Alleinvertretungsanspruch auf. In der Folge werden weitere Grenzübergangsstellen geöffnet.

1973

Juni	Nach dem Grundlagenvertrag können Bewohner grenznaher Kreise der Bundesrepublik jetzt Tagesreisen in grenznahe Kreise der DDR unternehmen.
18. September	Die Bundesrepublik und die DDR werden Mitglied in den Vereinten Nationen. Bundesaußenminister Walter Scheel betont vor der UNO die weiterhin angestrebte Wiedervereinigung beider deutscher Staaten.
3. November	Außenminister Walter Scheel erzielt in Moskau eine Einigung über die Vertretung West-Berlins durch die Bundesrepublik Deutschland.

Im Grenzgebiet baut die DDR einen zusätzlichen Schutzstreifen in circa 500 Meter Entfernung von der Grenze. Weitere Beobachtungstürme werden aufgestellt. In den Anbauten der sogenannten Führungspunkte werden Alarmgruppen der NVA-Grenztruppe stationiert. Sie sollen bei möglichen Grenzdurchbrüchen zum Einsatz kommen.

1974

1. Januar	Die Grenztruppen der DDR werden aus der Nationalen Volksarmee ausgegliedert und selbständig unter dem Namen „Grenztruppen der DDR" geführt.
25. April	Günter Guillaume, persönlicher Referent von Bundeskanzler Willy Brandt, wird als DDR-Spion entlarvt.
14. März	Protokoll über die gegenseitige Errichtung Ständiger Vertretungen der Bundesrepublik Deutschland und der Deutschen Demokratischen Republik. Sie werden in Bonn und Ost-Berlin eröffnet.
6. Mai	Willy Brandt tritt als Bundeskanzler wegen der Spionage-Affäre um Günter Guillaume zurück.
15. Mai	Walter Scheel wird zum Bundespräsidenten gewählt.
16. Mai	Helmut Schmidt wird mit absoluter Mehrheit zum Bundeskanzler gewählt.
5. November	Der Zwangsumtausch für westliche Besucher in der DDR wird auf 13 Mark pro Tag erhöht.

Im Grenzgebiet der DDR werden alte Erdminen gesprengt. Der Doppelzaun wird zum Teil abgerissen und durch einen 3 m hohen Metallgitterzaun ersetzt. Zwischen den noch existierenden Teilen des Doppelzaunes werden alte Minen durch solche neuerer Bauart ersetzt.

1975

30. Juli	KSZE-Gipfelkonferenz in Helsinki.

Eine gemeinsame Grenzkommission der Bundesrepublik und der DDR regelt Streitfälle des Grenzverlaufes. Die innerdeutsche Grenze wird für maßgeblich erklärt. Neue Grenzsteine werden gesetzt, die auf DDR-Seite die Aufschrift DDR tragen. Auf DDR-Seite werden die Sicherungsanlagen weiter ausgebaut und die Ausrüstung des zweireihigen Grenzzauns mit Selbstschußanlagen verstärkt.

1976

6. November	Während einer Tournee in der Bundesrepublik entziehen die DDR-Behörden dem Liedermacher Wolf Bier-

	mann die DDR-Staatsbürgerschaft und verweigern ihm die Rückkehr.
21. Dezember	ARD-Korrespondent Loewe wird aus Ost-Berlin ausgewiesen.

1977

13. April	Der Schriftsteller Reiner Kunze übersiedelt mit seiner Familie aus der DDR in die Bundesrepublik.

1979

16. April	In der DDR wird eine neue „Währung" eingeführt: der Forumscheck. Wer im Intershop einkaufen will, muß seine Devisen zuvor in Forum-Schecks umtauschen.

1980

9. Oktober	Die DDR erhöht den seit 1964 existierenden Pflichtumtausch für erwachsene Besucher aus dem Westen von zuletzt 13 auf 25 DM pro Tag. Auch Rentner müssen jetzt den Umtausch erbringen Für Kinder zwischen sechs und fünfzehn Jahren (vorher ebenfalls befreit) sind nun 7,50 DM zu tauschen.

1981

11. Dezember	Bundeskanzler Helmut Schmidt besucht drei Tage lang die DDR für ein innerdeutsches Gipfeltreffen mit Erich Honecker.

1982

1. Mai	Die DDR legalisiert im „Gesetz über die Staatsgrenze der Deutschen Demokratischen Republik" den Waffeneinsatz gegen „Grenzverletzer".
22. November	Eröffnung des Autobahnabschnittes Wittstock/Zarrentin als Teil der neuen Autobahn Berlin-Hamburg.

1983

29. Juni	Die Bundesrepublik bewilligt der DDR einen Kredit von einer Milliarde DM, vermittelt durch den bayeri-

schen Ministerpräsidenten Franz-Josef Strauß. Als Gegenleistung der DDR werden besonders inhumane Einrichtungen an der innerdeutschen Grenze entfernt.

An der Grenze wird mit dem Abbau der Selbstschußanlagen begonnen und im November 1984 beendet. Allerdings wird der Aufbau des Grenzsperr- und Signalzaunes vorangetrieben, der mit Alarm auslösenden Kontakten ausgestattet ist.

1984

4. Oktober. Die Botschaft der Bundesrepublik Deutschland in Prag, in der sich über 150 ausreisewillige DDR-Bürger aufhalten, wird wegen Überfüllung vorübergehend geschlossen. Auch in Bukarest, Warschau und Budapest haben DDR-Bürger in den diplomatischen Vertretungen Schutz gesucht.

1985

11. März Michail Gorbatschow wird Staats- und Parteichef der Sowjetunion.

An der Grenze erfolgen im Oktober die letzten Sprengungen von Erdminen. Doch der Schießbefehl hat weiterhin Gültigkeit. Die Spursicherungsstreifen und die betonierten Fahrwege für Kolonnenfahrzeuge werden ausgebaut.

1987

13. April DDR-Staats- und Parteichef Erich Honecker lehnt die Einladung des Regierenden Bürgermeisters von West-Berlin, Eberhard Diepgen ab, zur 750-Jahr-Feier von Berlin in den Westteil der Stadt zu kommen.

6.– 9. Juni In Ost-Berlin versuchen 3000 Rockfans vom Brandenburger Tor aus, ein Konzert vor dem Reichstagsgebäude in West-Berlin mitzuhören. Trotz des großen Polizeiaufgebots fordern die Menschen in der Straße Unter den Linden den Abriß der Mauer und Freiheit, auch „Gorbatschow"-Rufe werden laut.

12. Juni US-Präsident Ronald Reagan fordert in einer Rede vor

	dem Brandenburger Tor den sowjetischen Parteichef Gorbatschow auf, die Mauer niederzureißen.
24.-28. Juni	In Ost-Berlin wird erstmals seit 1961 wieder ein Evangelischer Kirchentag in der DDR durchgeführt.
17. Juni	Aus Anlaß des 38. Jahrestages ihrer Gründung beschließt die DDR-Regierung die Abschaffung der Todesstrafe.
25. August	Abkommen über wissenschaftliche und technische Zusammenarbeit zwischen DDR und Bundesrepublik.
26. August	Die Bundesregierung erhöht das Begrüßungsgeld für Besucher aus der DDR von bisher zweimal jährlich 30 DM auf einmal 100 DM pro Besucher und Jahr.
5. September	Etwa 1000 Mitglieder der unabhängigen Friedensbewegung der DDR treffen sich in Ost-Berlin zu einer nicht angemeldeten Demonstration. Die Volkspolizei greift nicht ein.
7.–11. Sept.	Zum ersten Mal besucht mit Erich Honecker ein Staats- und Parteichef der DDR die Bundesrepublik.

1988

10. Januar	Jürgen Sparwasser, einer der prominentesten Fußballspieler der DDR, setzt sich in die Bundesrepublik ab.
17. Januar	In Ost-Berlin verhaftet der DDR-Staatssicherheitsdienst rund 120 Angehörige der Friedens- und Menschenrechtsbewegung, die am Rande der traditionellen Luxemburg-Liebknecht-Demonstration für die Freiheit der Andersdenkenden demonstrieren wollen. 54 von ihnen werden zur Ausreise in die Bundesrepublik genötigt.
11. Januar	Der Regierende Bürgermeister von West-Berlin, Eberhard Diepgen trifft sich mit Erich Honecker zu Gesprächen in Ost-Berlin. Honecker kündigt Verbesserungen im innerdeutschen Reise- und Besuchsverkehr an.
1. März	West-Berliner können künftig bei Tagesreisen nach Ost-Berlin dort einmal übernachten.
14. März	Nach einem Friedensgebet in der Ostberliner Nikolaikirche ziehen etwa 300 der ca. 1000 Teilnehmer in einem spontanen Schweigemarsch zur Thomaskirche. Sicherheitskräfte greifen nicht ein.

31. März	West-Berlin und die DDR vereinbaren den bisher umfangreichsten Gebietsaustausch.
26. Juli	In Potsdam treffen sich 40 Beobachter aus 20 KSZE-Staaten, um Truppenübungen sowjetischer Streitkräften und der NVA zu beobachten.
15. August	Die DDR nimmt diplomatische Beziehungen mit der Europäischen Gemeinschaft (EG) auf.
	In West-Berlin werden die 38. Berliner Festwochen eröffnet. An der unter dem Motto „Berlin – Kulturstadt Europas 1988" stehenden Veranstaltungsreihe nehmen erstmals auch Künstler aus der DDR teil.
18. November	Die deutschsprachige Ausgabe des sowjetischen Magazins „Sputnik" wird in der DDR verboten.
20.-24. Nov.	Erstmals besucht eine offizielle Delegation des Europäischen Parlaments die Volkskammer der DDR.
2. Dezember	Erich Honecker bekräftigt auf einer Tagung des Zentralkomitees der SED die Ablehnung der sowjetischen Reformpolitik von Michail Gorbatschow.

1989

6. Februar	Ein 22jähriger Flüchtling wird das letzte Todesopfer des Schießbefehls an der Mauer in Berlin.
April	Beginn des Abbaus der Stacheldrahtverhaue an der ungarischen Grenze nach Österreich.
2. Mai	Ungarn öffnet als erstes Land des Warschauer Paktes für seine Bürger die Grenzen zum Westen.
8. August	Die Ständige Vertretung der Bundesrepublik in Ost-Berlin wird wegen Überfüllung mit ausreisewilligen DDR-Bürgern geschlossen.
19. August	Nach einer Großveranstaltung wird bei Sopron in Ungarn die Grenze nach Österreich geöffnet, dabei flüchten etwa 900 DDR-Bürger.
10./11. Sept.	Ungarn läßt alle dort befindlichen DDR-Flüchtlinge in den Westen ausreisen. Rund 15 000 DDR-Bürger flüchten innerhalb von drei Tagen in die Bundesrepublik.
19. September	Mit dem „Neuen Forum" beantragt erstmals in der DDR eine Oppositionsgruppe ihre offizielle Zulassung.
30. September	Polen und die ČSSR lassen rund 6 000 DDR-Flüchtlinge ausreisen, die sich in den Botschaften der Bundesrepublik in Warschau und Prag aufhalten.

2. Oktober	In Leipzig demonstrieren 20000 Menschen für Reformen in der DDR.
6./7. Oktober	Die Feierlichkeiten zum 40. Jahrestag der DDR sind begleitet von Unruhen und Protesten. Michail Gorbatschow ist zu Gast und mahnt Reformen an.
18. Oktober	Erich Honecker tritt unter Druck als Staatsratsvorsitzender der DDR zurück, sein Nachfolger wird Egon Krenz.
4. November	Eine Million Menschen demonstrieren in Ost-Berlin für Demokratie in der DDR.
7. November	Die DDR-Regierung tritt geschlossen zurück.
8. November	Rücktritt des gesamten SED-Politbüros.
9. November	SED-Politbüromitglied Günter Schabowski verkündet auf einer im DDR-Fernsehen übertragenen Pressekonferenz erhebliche Reiseerleichterungen. Daraufhin passieren noch in derselben Nacht tausende DDR-Bürger in Berlin die Mauer sowie die innerdeutsche Grenze.
11. November	Am Potsdamer Platz wird die Mauer eingerissen.
23. Dezember	Das Brandenburger Tor in Berlin wird 28 Jahre nach dem Bau der Mauer wieder geöffnet.

Die „Arbeitsgemeinschaft 13. August“ hat im Jahr 2000 ermittelt, daß seit dem 13. August 1961 an der deutsch-deutschen Grenze und auf der Ostsee 679 Menschen bei Fluchtversuchen ums Leben kamen. Ingesamt forderten die Fluchtversuche aus der DDR 765 Menschenleben.

In den 28 Jahren, in denen die Mauer stand, sind etwa 40000 Menschen als „Sperrbrecher“ aus der DDR geflohen, indem sie über Mauer und Stacheldraht kletterten, durch Grenzgewässer schwammen oder mit Kleinflugzeugen und selbstgebauten Ballons die Grenze überwanden.

Von 1964 bis 1989 kaufte die Bundesrepublik etwa 33000 politische Häftlinge frei, wofür die DDR rund 3,4 Milliarden D-Mark erhielt.

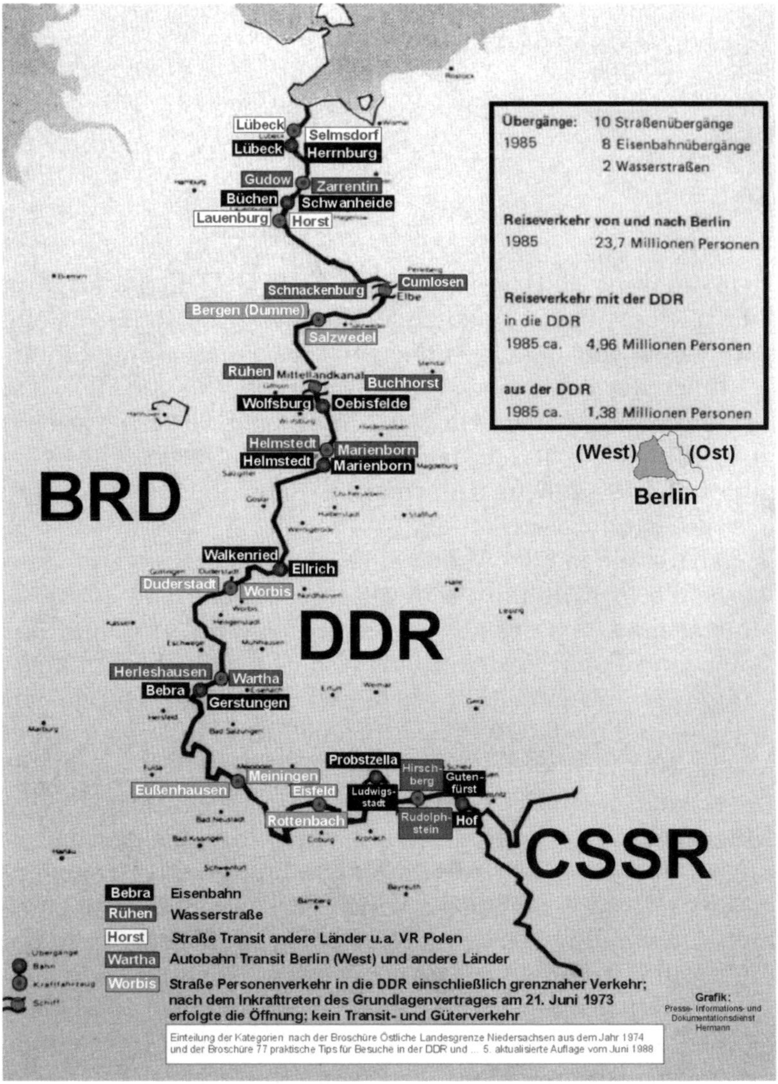

Karte: Presse-, Informations- und Dokumentationsdienst Hermann, Wurzbach.

Vorbemerkungen

Dem im Jahr 2001 erschienenen ZEITGUT-Band 11 „Von hier nach drüben. Grenzgänge, Fluchten und Reisen 1945–1961“ folgt mit „Mauer-Passagen“ die Fortsetzung. Sie erzählt von der Zeit zwischen Mauerbau und Mauerfall in den Jahren 1961 bis 1989. Obwohl allerjüngste Geschichte, sind viele Ereignisse bereits heute bedroht, in Vergessenheit zu geraten. Die tägliche Informationsfülle überlagert unsere eigenen Erlebnisse.

Dabei stand mit der Mauer eines der abschreckensten Bauwerke dieser Erde mitten in unserer Heimat: Gut 1300 Kilometer lang, von der Ostsee bis ins Vogtland, errichtet aus Beton und Drahtgitterzäunen, Wachttürmen, Erdbunkern, Fahrwegen, Minenfeldern, Selbstschußanlagen, Hundelaufanlagen und gleißender Nachtbeleuchtung. Ins eigene Land hinein gesichert durch eine fünf Kilometer tief reichende Grenzzone, deren Betreten nur mit Passierschein erlaubt war. Eine eigene Armee mit 47000 Soldaten und Zivilbeschäftigten war bei Ende der DDR damit beschäftigt, das Grenz-Ungetüm in Betrieb zu halten. Vorrangig sollten mit dem enormen Aufwand 16 Millionen Menschen am Weglaufen in ein anderes Deutschland gehindert werden. Erich Honecker, einer der Organisatoren der Mauer, erklärte 1989: „Die Mauer wird auch in 100 Jahren noch stehen, wenn die Gründe für ihre Errichtung nicht fortfallen“.

Ende 1989 waren die Gründe endlich so vollständig entfallen, daß sich eine gut gerüstete, aber nun ebenfalls über-

Die innerdeutsche Grenze wurde immer weiter augebaut: Die Mauer am Übergang Heinrich-Heine-Straße in Berlin 1962. Auf unserem Buchumschlag ist eine spätere Form aus Betonfertigteilen mit einem aufgesetzten Asbestbetonrohr abgebildet. Diese Mauer war 3,60 Meter hoch.
Unten: Metallgitterzaun mit Signalkontakten bei Hestedt, Sachsen-Anhalt.

flüssige Armee daran machte, das menschenfeindliche Bauwerk zu schleifen.

Im Mittelpunkt dieses Buches steht aber nicht die Grenze, sondern stehen die Menschen, die an ihr gelitten haben. Wie ungehörige Bittsteller oder wie Feinde wurden sie behandelt, wenn sie von einem in das andere Deutschland reisen wollten. Immer wieder erschütternd war für Reisende aus dem Westen Deutschlands der schroffe militärische Umgangston der Grenzer, der sich im Innern der DDR bei Kontakten mit Behörden fortsetzte. Und einschüchternd oder beleidigend empfanden die meisten Menschen den Ablauf der Gepäck- und Fahrzeugkontrollen.

Das Buch erzählt weniger von den spektakulären Fluchten, sondern vielmehr, wie die Menschen in beiden deutschen Staaten den Alltag der Teilung erlebten. So mischt sich in den Erinnerungen die Freude über den endlich genehmigten Besuch im Westen mit der schmerzlichen Trennung der Familie durch die Flucht von Kindern oder Geschwistern. Ärgerliche und kuriose Episoden schildern den Alltag beim Transit nach Berlin und beim Reisen in der DDR.

Nachdem sich die Lage zwischen Deutschland Ost und West Mitte der achtziger Jahre deutlich entspannt hatte, schwoll der Besuchsverkehr erheblich an. 1985 zum Beispiel reisten bereits knapp fünf Millionen Menschen aus der Bundesrepublik in die DDR, und etwa 1,3 Millionen DDR-Bürger durften in den Westen fahren. Der persönliche Austausch von Gedanken und Informationen hat mit dazu beigetragen, daß der Wunsch nach Reisefreiheit immer stärker wurde. Und so banal mancher Familienbesuch in der Schilderung auch wirken mag, er hat mit dazu geführt, daß der Gedanke der Wiedervereinigung sich letztlich durchgesetzt hat.

Ingrid Hantke und Jürgen Kleindienst
Mai 2004

[West-Berlin;
12./13. August 1961]

Hermann Meyn

Allein auf weiten Fluren

Es war die Nacht der Nächte, jedenfalls für einen 26jährigen, der einige Wochen zuvor auf Honorarbasis für 60 Mark pro Schicht in der Nachrichtenredaktion des RIAS angeheuert hatte. Kurz vor zwei Uhr stürzte an diesem 13. August 1961 ein spärlich bekleideter Amerikaner in den Nachrichtenraum, in dem ich mutterseelenallein versuchte, vier unablässig klingelnde Telefonapparate zu bedienen, und fragte mich in gebrochenem Deutsch: „Sind die Verbindungswege betroffen?"

Ich antwortete: „Nein, es geht um die Abriegelung Ost-Berlins."

„Dann ist alles okay", sagte er sichtlich erleichtert und verschwand so schnell, wie er gekommen war.

Ich war fassungslos. So hatte ich mir das Engagement der größten westlichen Weltmacht für die Freiheit Berlins nicht vorgestellt. Aber zu längerem Nachdenken blieb mir keine Zeit. Seit einer reichlichen halben Stunde bemühte ich mich bereits ebenso verzweifelt wie vergeblich, die US-Mission, die Chefredaktion des Senders, den Leiter der Nachrichtenredaktion und Kolleginnen und Kollegen zu erreichen. Diese Reihenfolge sah der Alarmplan vor, nach dem ich im Falle eines Falles handeln sollte. Meine Schicht begann um Mitternacht. Normalerweise ein ruhiger Sechs-Stunden-Job bis zum nächsten Morgen. Damals strahlte der RIAS, der Rundfunk im amerikanischen Sektor, stündlich Nachrichten aus, die während dieser Schicht nur selten verändert wurden. Nun war allerdings in den letzten Wochen der Strom von DDR-Flüchtlingen nach West-Berlin sprunghaft gestiegen. Tag für Tag berichteten die Westmedien triumphierend über neue Rekorde der Abstimmung mit den Füßen. Die Reaktion des SED-Regimes auf diese Fluchtwelle war unklar. Der DDR-Staatsratsvorsitzende Walter Ulbricht hatte noch vor kurzem anläßlich einer Pressekonferenz auf die Frage einer westdeutschen Korrespondentin geantwortet, niemand denke daran, eine Mauer zu errichten. Dennoch blieb die politische Hochspannung in Berlin spürbar, es lag etwas in der Luft.

Als ich an diesem Sonnabend kurz vor 24 Uhr in der Nachrichtenredaktion erschienen war, fragte ich routinemäßig die Kolleginnen und Kollegen von der Spätschicht, ob es irgendetwas Besonderes gäbe.

„Alles ruhig“, lautete die Antwort, „wir wünschen eine ruhige Nacht.“ Sagten's und verschwanden.

Von nun an war ich der einzige Journalist im Haus, allein auf weiten Fluren, auf denen ich höchstens einmal einen Nachrichtensprecher traf, der für den Fall Bereitschaftsdienst hatte, daß tatsächlich einmal nachts die Nachrichten neu gesprochen werden mußten. Außer uns wachte noch jemand in der Telefonzentrale. Die Technik war ebenfalls besetzt. Und im Nebenraum harrte eine Mitarbeiterin aus, die mir die eventuell eingehenden Agenturmeldungen vorlegte.

Kurz nach Mitternacht klingelte das Telefon. Ein Hörer teilte mit, die S-Bahn, die damals den östlichen mit dem westlichen Teil Berlins verband, verkehre nicht mehr. Ich hielt das für eine individuelle Beobachtung ohne Nachrichtenwert und beruhigte den Anrufer, er möge nicht so ungeduldig sein. Nachts seien eben die Fahrabstände ein wenig größer. Aber die Anrufe häuften sich – der RIAS galt damals als eine der wichtigsten Informationsquellen, wurde aber auch nachts gelegentlich als Seelsorgestation benutzt. Da ich

Hier, im RIAS-Funkhaus in der Kufsteiner Straße in Berlin-Schöneberg, hatte ich in der Nacht zum 13. August 1961 Dienst und versuchte verzweifelt, die US-Mission und die Chefredaktion des Senders zu erreichen. Hörer hatten mich über die Einstellung des S-Bahnverkehrs und Absperrungen an der Grenze zu Ost-Berlin informiert.

zu diesem Zeitpunkt der einzige war, der Auskünfte geben konnte, stellte die Zentrale sämtliche Anrufe zu mir in die Nachrichtenredaktion durch. Vollauf damit beschäftigt, gleichzeitig vier Telefonapparate zu bedienen, die unglücklicherweise auch noch so weit voneinander entfernt standen, daß ich ständig um mehrere zusammengestellte Schreibtische herumrennen mußte, hörte ich dennoch, daß plötzlich nebenan der Nachrichtenticker lief.

Nichts als unverständliche Nachrichten

Es war die amerikanische Nachrichtenagentur AP, die gegen ein Uhr über ein Kommuniqué der Warschauer Paktstaaten berichtete. Minutenlang bemühte ich mich, den Text zu verstehen. Darin war von „Maßnahmen“ die Rede, ohne daß gesagt wurde, was damit konkret gemeint war – von Hinweisen auf die Teilung Berlins durch Stacheldraht und Sperren keine Spur. Eine Sekretärin war nicht zur Stelle, die Dame von nebenan konnte mit der Schreibmaschine nicht umgehen. Ich mußte mich also selbst ans Werk machen, ausnahmsweise, denn Nachrichten wurden damals im RIAS anhand von Agenturmeldungen grundsätzlich einer Sekretärin diktiert. Sobald ich einen Halbsatz getippt hatte, mußte ich wieder aufspringen, weil die Telefone klingelten. Nachtdienst zu dieser Zeit hieß, das hatte mir der RIAS-Nachrichten-Chef Hans-Werner Schwarze eingebläut, in erster Linie Telefonbedienung und im Notfall nach Plan Alarmierung der Verantwortlichen.

Bevor ich beim Sender in der Kufsteiner Straße in Schöneberg begann, arbeitete ich bereits zwei Jahre lang nebenbei als Korrespondent für den Südwestfunk. Zu meiner täglichen Lektüre gehörte deshalb das SED-Zentralorgan „Neues Deutschland“. Ich hatte also Übung darin, Parteichinesisch in die Alltagssprache zu übersetzen. Aber diese AP-Meldung über das Kommuniqué der Warschauer Paktstaaten überforderte mich schlichtweg. Ich konnte sie nicht entschlüsseln, erkannte nicht ihre politische Tragweite. Ich schaffte es nicht, für die Nachrichtensendung um ein Uhr eine Meldung zu formulieren, die klar zum Ausdruck brachte, worum es tatsächlich ging. Ja, es kam mit Ach und Krach eine Meldung zustande, aber sie war weitgehend unverständlich, und deswegen sah ich auch davon ab, nach dem Alarmplan zu verfahren.

Kurz nach ein Uhr lief eine knappe Meldung der Deutschen Presse-Agentur über den Ticker, in der zum ersten Mal konkret von Abriegelungsmaßnahmen am Brandenburger Tor die Rede war. Nun begann mein Kampf gegen vier Telefonapparate, die laufend klingelten, und mein Versuch, die Verantwortlichen zu alarmieren. Kostbare Minuten verrannen, bis endlich eine Leitung frei wurde. Ich kam durch, aber am anderen Ende der Leitung meldete sich niemand, weder die US-Mission noch die obersten Verantwortlichen auf deutscher Seite – es war zum Verzweifeln!

Das Schweigen der Schutzmacht

Gestützt auf mehrere Agenturen, vermittelten dann die Zwei-Uhr-Nachrichten, die ich trotz Telefonstreß formuliert habe, ein erstes realistisches Bild von der neuen Lage in Berlin. Irgendwie muß diese Meldung die RIAS-Spitzen in den Bars und auf den mitternächtlichen Sommerpartys erreicht haben. Allmählich füllte sich die Redaktion. Kolleginnen und Kollegen, die gar nicht auf dem Dienstplan standen, fanden sich ein. Das Programm wurde geändert, und nun informierte der RIAS praktisch pausenlos über die Geschehnisse mit Nachrichten pur rund um die Uhr.

Morgens um 6 Uhr war mein Dienst vorbei. Ich blieb noch eine Stunde länger, weil ich viel zu aufgewühlt von den nächtlichen Erlebnissen war und auch wissen wollte, wie die Schutzmächte reagieren würden. Daß sie nach längerem Schweigen nur protestieren würden, konnte ich mir an diesem Morgen nicht vorstellen, es hätte mir aber nach der nächtlichen Begegnung mit dem Vertreter der US-Mission klar sein müssen. Doch diese Fehleinschätzung teilte ich sicherlich mit vielen Berlinern, auch mit etlichen Kommentatoren in der Stadt, die in drastischer Form ihre Enttäuschung über die Amerikaner, Engländer und Franzosen zum Ausdruck brachten.

Um 7 Uhr bin ich mit einem Taxi zum Brandenburger Tor gefahren. Dort sah ich mit Wut und Trauer und Enttäuschung, wie Angehörige der Grenztruppen der DDR mit Preßlufthämmern den Asphalt vor dem Tor aufbohrten. Ich sah tatenlos zu und eine andere Verhaltensweise wäre wider alle Vernunft gewesen. Aber das Hämmern klingt mir noch heute in den Ohren, wenn ich an den 13. August 1961 denke.

[Berlin – Nürnberg, Bayern/
Grenzübergang Töpen, Bayern/Juchhöh, Thüringen;
Ende August 1961/September 1963]

Dietrich O. A. Klose

Abschied von Berlin

Vom Bau der Mauer habe ich als Sechsjähriger nicht viel mitbekommen. Meine Familie wohnte in Lichtenrade, am südlichen Rande West-Berlins. Mein Vater arbeitete als Physiker an der Humboldt-Universität, und die lag im Ostteil der Stadt. Er bekam sein Gehalt in Ostmark ausgezahlt. In der für Grenzgänger eingerichteten „Lohnausgleichskasse“ in West-Berlin konnte er 60 Prozent zum Kurs von 1:1 in DM West umtauschen. Im Juni 1960 lag der Kurs in den Wechselstuben bei 4,64 Ostmark für eine Westmark, am 12. August 1961 sogar bei 5,40 Ost-Mark. Ohne die Ausgleichskasse wäre Arbeiten im Osten und Leben im Westen, zumal mit zwei Kindern, nicht möglich gewesen. Wenn man dazu einen Teil des alltäglichen Bedarfs im Osten einkaufte, kam man hin mit dem Geld.

Nach dem Mauerbau sagte man meinem Vater, er könne selbstverständlich seine Arbeitsstelle behalten und seine Universitätskarriere fortsetzen, vorausgesetzt, er würde in den Ostteil Berlins ziehen. Das jedoch wollten die Eltern unter keinen Umständen! Auch in West-Berlin fühlten sie sich jetzt unsicher, wie viele andere auch. Die Angst der Menschen hier war groß, die Russen könnten erneut eine Blockade verhängen oder den Westteil der Stadt einfach überrennen. Für zahlreiche Familien hieß also die Devise: Nur schnell raus aus West-Berlin! Auch meine Eltern entschlossen sich fortzugehen. Mein Vater suchte sich eine neue Arbeit im Bundesgebiet, fand sie auch recht bald bei Siemens in Erlangen.

Ende August 1961 war es soweit. Der letzte Besuch bei meinen Großeltern väterlicherseits, die in Ost-Berlin wohnten, stand bevor. Mein Vater fuhr mit mir alleine zu ihnen, ohne Mama und meine kleine Schwester. Das nagelneue Familienauto, ein himmelblauer VW „Käfer", ließen wir kurz vor der Grenze stehen und legten den Rest des Weges zu Fuß zurück. Über die Grenze kamen wir mit Papas Sonderausweis der Humboldt-Universität problemlos.

Die Großeltern wohnten in einem typischen Gründerzeithaus am Bürgerpark in Pankow. Im Haus war alles ziemlich dunkel, schon der Treppenaufgang. Das Eßzimmer stammte noch aus der Zeit, als die Großeltern geheiratet hatten. Die Möbel waren schwer und fast schwarz. Die Stühle, das riesige Büfett und die Standuhr waren mit Schnitzereien verziert. Besonders faszinierte mich das Aquarium, das auf einer Kommode stand. Eine breite Schiebetür führte ins Wohnzimmer mit den weinroten Polstern und dem großen, braunen Kachelofen. Auf der anderen Seite des langen, engen Flures lag das Bad, schlauchförmig, grün gestrichen und mit wenig Licht. Die altmodische Toilette mit der Holzbrille war für mich ein hoher Thron. Über der Badewanne, die mit irgendwelchen Sachen vollgestellt war, hing Wäsche zum Trocknen.

Einzelheiten des Besuches sind mir nicht im Gedächtnis haftengeblieben, nur, daß die Großeltern zum Abschied mit nach unten gingen. Sie waren in gedrückter Stimmung. Opa kam nur bis zur kleinen Grünanlage an der Kreuzung mit, denn seit einem Schlaganfall konnte er nur schwer gehen. Omi dagegen begleitete uns bis zum Grenzübergang Bornholmer Straße. Sie war, wie immer, schick gekleidet.

Da standen wir nun: Mein Papa, der, obwohl erst 31 Jahre alt, im Anzug und mit Brille und vorn bereits gelichtetem Haar älter wirkte, hatte Omi am Arm, von der man nicht

Meine stets jünger aussehende Pankower Oma. Sie begleitete Papa und mich Ende August 1961 bis zum Kontrollpunkt Bornholmer Straße.

glaubte, daß sie die 50 schon überschritten hatte. Sie hielt mich an der Hand, und wir drei sahen aus wie Vater, Mutter, Kind. Mein Vater zeigte dem Volkspolizisten seinen West-Berliner Ausweis. Nach Omis Papieren wurde gar nicht erst gefragt, die Schranke öffnete sich sofort.

„Mama, jetzt bist du frei!“ sagte mein Vater leise zu seiner Mutter, bemüht, dabei cool zu bleiben, wie man heute sagen würde. Aber nicht mit Omi!

„Ich kann doch Papa nicht alleinlassen!“ entgegnete sie entschlossen und drehte sich auf dem Absatz herum. Hinter uns schloß sich die Schranke. Papa und ich standen vor der Schranke, Omi dahinter. Die unheimliche Umgebung, die bewaffneten Polizisten und die beklemmende Stimmung – ich fühlte, daß es kein Abschied wie sonst war. Ich zerrte an Papas Hand und schrie immerzu: „Omi! Omi!!!“

Papa hatte alle Mühe, mich wegzuziehen von diesem furchtbaren Ort. Was Omi wohl in diesem Moment empfand? Am Auto kam ich rasch auf andere Gedanken. Der „Käfer“ war völlig zugeparkt worden, so daß ich Papa herausdirigieren mußte, für einen Sechsjährigen eine sehr verantwortungsvolle Aufgabe, deren bravouröse Bewältigung mir von allen Ereignissen dieses denkwürdigen Tages am stärksten in Erinnerung blieb.

Vor dem Umzug nach Bayern mußten die Eltern für den Transit durch die DDR das gesamte Umzugsgut genau deklarieren. Es war nicht gestattet, Waren, die in der DDR hergestellt worden waren, mitzuführen. Meine Mutter besaß eine Nähmaschine made in GDR, noch mit Tretantrieb, aber eben neu. Was sollte sie bloß damit machen?

Schließlich wurde sie bei der Vermieterin gegen ein klappriges Vorkriegsmodell getauscht. Später trauerte meine Mutter noch oft der DDR-Nähmaschine nach, besonders, wenn es mit der anderen mal wieder Probleme gab. Für eine neue fehlte aber vorerst das Geld. Seine ebenfalls in der DDR gekaufte Schreibmaschine schickte der Vater per Frachtpost. Vorher mußte er sich auf dem Polizeipräsidium bestätigen lassen, daß es sich um eine gebrauchte Maschine handelte, denn auch dabei mußten die Bestimmungen der DDR eingehalten werden. „Schreibmaschine legalisieren lassen“ hieß der Vorgang im Amtsdeutsch.

Was Bücher betraf, spielten die DDR-Behörden vollends verrückt, das war reine Schikane. Für den Transit mußte jedes Buch mit allen Detailangaben in eine Liste mit dreifacher Ausfertigung eingetragen werden, was mehrere Tage und Nächte beanspruchte. Verboten waren zum Beispiel Bücher mit einem Flugzeug auf dem Einband, das sei Kriegspropaganda. „Heidi“ von Johanna Spyri wurde gar als Nazi-Literatur eingestuft. Die Eltern schickten an die 80 Pakete mit der Post.

An dem Tag, als der Möbelwagen bepackt wurde, war ich mit meinem Fahrrad mit den Nachbarskindern unterwegs. Als ich zurückkam, war der Möbelwagen bis hinten hin beladen, das Rad ging wirklich nicht mehr hinein! Die Packer waren „extra kunstvoll“ zu Werke gegangen, so daß einem schon beim Öffnen der Tür die Sachen entgegenflogen. Auf diese Weise sollten die DDR-Zöllner von zu intensiver Schnüffelei abgehalten werden! Das alles wegen eines Fahrrades noch einmal umzupacken, war unmöglich. Aber was sollte jetzt aus dem Fahrrad werden?

Kurz vor der Abfahrt saß die Familie noch einen Moment mit den Vermietern im Garten. Und da die beiden alten Leute uns Kinder sehr mochten, versprachen sie, das Rad per Post nachzuschicken, was damals gar nicht so einfach war.

Gegen Abend fuhren wir los. An der Grenze ging es sehr schnell. Nicht unbedingt wegen der Künste der Möbelpakker, sondern weil mein Vater dem Grenzbeamten imponierte. Ein Physiker, noch dazu promoviert! Er habe auch Physik studiert, so der Kontrolleur, aber das Studium abgebrochen, und nun sei er hier beim Zoll gelandet.

Auf der Transitstrecke mußte mein Vater immer dicht vor dem Möbelwagen herfahren, mit 80 Sachen über die DDR-Autobahn! Meine dreijährige Schwester Petra und ich sollten auf der Rückbank schlafen. Doch daran war nicht zu denken, das Ganze war doch etwas unheimlich. Ich spürte die nervliche Anspannung der Eltern. Die Scheinwerfer des hinterherfahrenden Möbelwagens erhellten das Innere unseres „Käfers“ taghell. Außer den Umzugsfahrzeugen war die Autobahn in beiden Richtungen leer. Ich drehte mich immer wieder nach dem Möbelwagen um, schließlich waren dort alle unsere Spielsachen verpackt!

Auf bundesdeutschem Gebiet konnten wir vorauseilen. Vor Müdigkeit fuhr der Vater fast schon Schlangenlinie. Zum Glück war auch hier die Autobahn leer. Kaum war auf dem Parkplatz der Motor, der uns Kinder doch noch in den Schlaf gebrummt hatte, aus, wurden wir wieder munter. Weiter!

Und dann war plötzlich eine Kuh auf der Autobahn! Reglos stand sie auf der rechten Spur und glotzte das einsame Auto an. Da mein Vater fast durchweg auf der linken Spur fuhr, weil die rechte durch die LKWs ziemlich ramponiert war, passierte zum Glück nichts.

Meine Familie im Dezember 1962. Eine Aufnahme für die Großeltern, nachdem die junge Familie Berlin endgültig den Rücken gekehrt hatte.

Endlich war Nürnberg erreicht, wo mein Vater auf die Schnelle eine Wohnung gefunden hatte. Für ihn hieß das, täglich zur Arbeit und zurück 40 Kilometer zurückzulegen. Kein Vergleich mit Berlin! Und statt der fünf Zimmer im Zweifamilienhaus mit riesigem Garten hatten wir jetzt nur eine Drei-Zimmer-Wohnung in einem Block, der an einer vielbefahrenen Straßenecke stand. Zum Spielen konnte man nicht einfach rausgehen!

Einen Vorteil hatte der Umzug für mich: In Berlin wurde damals noch zu Ostern eingeschult, in Bayern schon im September. Eine weitere Berliner Besonderheit war der umfangreiche Eignungstest, bei dem ich leider durchgefallen war. Ich hatte nämlich darauf beharrt, daß man das Dach eines Hauses nicht nur abgeflacht, sondern auch spitz malen könne, und entgegen der ausdrücklichen Anweisung der Prüfer hatte ich ein solches auf das fertigzuzeichnende Haus gesetzt. „Mangelnde Schulreife", hatte die Mutter hinterher zu hören bekommen. In Bayern gab es solche Probleme nicht.

Meine Oma sollte ich erst zwei Jahre später wiedersehen, bei Opas Beerdigung im September 1963. Der Friedhof in Pankow grenzte direkt an die Mauer. Wir waren wieder nachts gefahren, hin und zurück. Die DDR hatte mit der Verriegelung der Grenze auch die Autobahn zwischen Bayern und Thüringen unterbrochen. Es ging jetzt über eine kurvige, zum Teil noch mit Kopfsteinpflaster versehene Straße durch das Niemandsland. Töpen und Juchhöh*) hießen die Orte beiderseits der Grenze. Seltsame Namen, unvergessen! Auf DDR-Seite wurden wir in eine Art geräumige Garage dirigiert, wo das übliche Prozedere begann: Alles aufmachen! Sitze raus! Rückbank anheben! Mit einem langen, biegsamen Metallstab stocherte der Grenzer im Tank herum. Inmitten dieser Prozedur sah ich plötzlich im fahlen Licht der Neonlampen einen West-Pfennig auf dem Boden liegen. Artig, wie ich war, fragte ich den DDR-Grenzer, ob ich das Geldstück aufheben und behalten dürfe?

Aber solch eine Frage sah das Reglement der DDR-Grenztruppen offenbar nicht vor. Kurzes Nicken, abwehrendes Brubbeln, was wohl bedeutete, man solle ihn bei seiner wichtigen Arbeit nicht stören! Ich behielt den Pfennig.

Später, als meine Oma in den Westen hätte übersiedeln können, blieb sie trotzdem in Ost-Berlin. Sie machte sogar Karriere, als „Frau Sabine" bei der Berliner Zeitung. 1983 verstarb sie und wurde neben ihrem Mann auf dem Pankower Grenzfriedhof begraben, wo heute Mauer und Stacheldraht längst verschwunden sind.

---

*) Bis 1966 wurde der Transitverkehr zwischen Bayern und West-Berlin an der Bundesstraße 2 hier abgefertigt. Erst danach wurde der Grenzübergang Rudolfstein/Hirschberg an der Autobahn 9 eingerichtet.

[Potsdam, Brandenburg – Quitzöbel – Neuwerben bei
Havelberg/Elbe, damals DDR;
Juli 1961–Mai 1963]

Rudolf Bentz

Republikflüchtige Aale

Die politische und wirtschaftliche Lage in der DDR war – wieder einmal – schlecht oder treffender gesagt, katastrophal. Nach der Methode „Haltet den Dieb!“ gab es in der Presse eine große Kampagne über „Schieber aus dem Westen“, die ihr Westgeld in Ostgeld umtauschten und dann in Ost-Berlin hochwertige Waren und subventionierte Lebensmittel einkauften. Die bereits stark angeschlagene Stimmung der Menschen wurde durch kleinliche Schikanen noch mehr angeheizt, zum Beispiel gegenüber jenen, die Mitte Juli 1961 zum Kirchentag nach West-Berlin fuhren.

Ende Juli 1961 setzten sich an einem einzigen Tag rund 1900 DDR-Bürger nach West-Berlin ab, und einen Tag nach dem Mauerbau ließen sich dort rund 7000 als Flüchtlinge registrieren. In Potsdam wurden die Parkplätze gesperrt. Viele Leute kamen nämlich per Auto, stellten ihr Fahrzeug dann einfach irgendwo ab und nahmen die S-Bahn nach West-Berlin. Am 1. August zählte ich auf einem dieser Parkplätze 20 herrenlose Autos. Die DDR blutete aus. Daß die Regierung dagegen etwas unternehmen mußte, war verständlich, nur mit einer Mauer „zum Schutz unserer Bürger vor den imperialistischen Klassenfeinden“ hatte keiner gerechnet.

Anfang August 1961 verbrachte meine Familie im Berliner Umland, in Prieros, ihren Urlaub. Wir badeten, angelten, fuhren mit dem Kahn und sammelten Pilze. Außerdem halfen mein Sohn und ich den Wirtsleuten bei der Roggenernte. Radio hörten wir nicht, wir machten ja Urlaub. So erfuhren wir im Laufe des 13. August erst von anderen Leuten, die aus Berlin gekommen waren, von den Ereignissen. Wegen der aus unserer Sicht völlig unklaren Situation beschlossen wir, den Urlaub abzubrechen und nach Hause zu fahren.

Gleich am nächsten Tag begab ich mich zu meiner Dienststelle, der Wasserwirtschaftsdirektion Potsdam. Das Direktionsgebäude befand sich damals in der Menzelstraße, also nahe der Glienicker Brücke. Am Ufer der Havel liefen bewaffnete Posten Streife, die Brücke nach West-Berlin, die den bezeichnenden Namen „Brücke der Einheit" trug, war nicht mehr passierbar.

Anfang April 1961 hatte ich eine leitende Funktion in der Wasserwirtschaftsdirektion Potsdam übernommen. Mein neues Aufgabengebiet erstreckte sich auf wasserwirtschaftliche Aufgaben im Einzugsbereich der rund 340 Kilometer langen Havel mit allen ihren Nebenflüssen, außer der Spree. Vier Oberflußmeistereien, in Neuruppin, Neustadt/Dosse, Genthin und Trebbin, mit 48 Schleusen zählten dazu. Die Anzahl der Wehre, Schöpfwerke und dergleichen Bauten dürften einige Hundert betragen haben.

Im Mai 1962 führte der wissenschaftlich-technische Beirat des Amtes für Wasserwirtschaft seine jährliche Beratung durch, die diesmal mit der Besichtigung und Erläuterung der Wehrgruppe Quitzöbel – Neuwerben an der Mündung der Havel in die Elbe verbunden war. Etwa 30 Mitarbeiter der Bereiche Wasserwirtschaft, Wasserstraßenverwaltung und Landwirtschaft, der Räte der anliegenden Kreise und Bezirke sowie aus anderen Institutionen hatten sich im Tagungslokal in der Nähe der großen Wehrgruppe nördlich von Havelberg versammelt. Als Vertreter der Direktion, in deren Bereich sich die Anlage befand, nahm ich an der Beratung teil. Nach der Mittagspause mit einem ansehnlichen

Essen begann die Diskussion. Dabei beklagte ein Vertreter der Binnenfischerei, daß ein beträchtlicher Teil der Aale, nachdem sie sich mehrere Jahre lang in Gewässern der DDR – sozusagen auf Staatskosten – gemästet hätten, während ihrer großen Rückwanderung havel- und elbabwärts hin zum Atlantik innerhalb der Bundesrepublik gefangen und in kostbaren Rauchaal verwandelt würde. Dem sei entschieden entgegenzutreten. Eine Fangeinrichtung am letzten großen Wehr auf DDR-Seite könne Abhilfe schaffen.

Alle, einschließlich unser oberster Chef, hatten ein Einsehen in diese hochrangige Angelegenheit. So wurde angewiesen, der an der Wehrgruppe ansässigen Fischereiproduktionsgenossenschaft die Genehmigung zur Installierung einer

Aalflucht in den Westen? – Aber nicht mit uns! Also wurde die Wehranlage Quitzöbel nördlich von Havelberg 1962 mit einer Fangvorrichtung versehen. Das Wehr ist die letzte Staustufe der Havel vor der Einmündung in die Elbe und hat sich 2002 im Hochwasserschutz bewährt. Das Foto aus dem Jahr 2003 zeigt das alte, 1936 gebaute Wehr.

Fanganlage am mittleren Wehrpfeiler zu erteilen. Damit war das Thema vorerst beendet.

Ein Jahr später ereilte uns die Kunde, daß es an dieser Wehranlage „brenne“. Den wahren Grund aber konnte oder wollte niemand nennen. Jedenfalls gab es dort ständig Reibereien. Ich fuhr nach Quitzöbel, wo wir alle Interessenten zu einer Besprechung eingeladen hatten. Ich leitete die Veranstaltung. Es gelang mir jedoch nicht herauszufinden, worauf all das Gerede hinauslief.

In einer Pause nahm ich mir den alten Wehrwärter beiseite und fragte ihn, was hier eigentlich gespielt werde. Zögernd ließ er die Katze aus dem Sack. Mit ostpreußischem Akzent und hinter jedem Halbsatz „doch“ sagend, erzählte er: Einer der Wehrwärter habe sich wunderbare Gänse herangefüttert, von denen gut die Hälfte zum kommenden Weihnachtsfest den Weg nach West-Berlin nehmen sollte. Die „Vögelchen“ seien so friedlich oberhalb des Wehres dahingeschwommen, bis sie plötzlich beschlossen hätten, sich lieber unterhalb des Wehres zu tummeln. Alle 15 hätten sich erhoben, aber aus irgendeinem Grund es nicht geschafft, über die Wehrbrücke zu fliegen, sondern setzten unter der Brücke auf das Wasser auf. Dort habe sie die starke Strömung in die etwa einen halben Meter über den Wasserspiegel ragende Oberkante des Fangnetzes gedrückt, wodurch ihr Gänseleben beendet worden sei. Das war es also!

Nach der Pause kamen wir relativ schnell auf einen Nenner. Die Fischer konnten zwar ihre Fanganlage behalten, das Netz durfte aber nicht mehr über die Wasseroberfläche hinausragen. Ganz abgesehen von den Gänsen, hätte das Netz auch für Menschen zur Todesfalle werden können. Korrekterweise hätte es überhaupt nicht angebracht werden dürfen. Wurde aber eine Sache, wie in unserem Fall die „republikflüchtigen“ Aale, politisch verbrämt, spielten Vorschriften nur noch eine untergeordnete Rolle.

[Berlin;
1962/1963]

Marianne Doerfel

Kannitverstan

Als die Mauer gebaut wurde, lebte ich schon seit sechs Jahren in Westdeutschland. Der Abschied von Berlin war schwergefallen. Eine Stelle war mir angeboten worden, endlich die erste, seit dem Studienabschluß.

„Du mußt sie annehmen“, sagten fast alle, „hier ist doch nichts zu machen. Was willst du denn in Berlin anfangen? Willst du vielleicht beim Lastenausgleichsamt versauern wie Wilfried und Schumann und Köhler? Eine stumpfsinnige Büroarbeit tagein, tagaus – das ist doch nichts für dich!“

Aber von Berlin weggehen?

Es kam mir wie Verrat vor. In den Westen gehen – das war zugleich die Kapitulation vor der Realität, daß West-Berlin zu viele Arbeitslose hatte. So beteuerten wir uns gegenseitig, daß nichts, absolut gar nichts uns in den Westen bringen würde. Sollten doch die anderen sich da eine goldene Nase verdienen, wenn ihnen das so wichtig war. Irgendwie würden wir es schon schaffen.

Aber dann hieß es, der oder jener sei jetzt auch gegangen, obwohl er immer gesagt hatte, er bliebe auf jeden Fall in Berlin. Den befristeten Zuzug hatten wir Studenten aus der DDR uns in jedem Semester erkämpft, bis schließlich nach bestandenem Examen die Notaufnahme „aus zwingenden Gründen“ bewilligt wurde. Eine Rückkehr in die Ostzone war mit einem West-Berliner Studium nicht möglich, das hatte der

West-Berliner Senat eingesehen. Doch das Herumsitzen auf dem Arbeitsamt am Breitenbachplatz, Abteilung Künstler und Wissenschaftler, bis der Stempel in das jeweilige Feld auf der Arbeitslosenkarte gedrückt wurde, war auf die Dauer recht entmutigend. Irgendwann mußte man doch einmal anfangen, Geld zu verdienen, hieß es immer häufiger. Also war ich abgereist, mehr abgeschoben als freiwillig.

Nun war ich wieder in West-Berlin, der Insel, auf der sich viel verändert hatte. Die Stadt war kaum wiederzuerkennen, überall, wo ich damals noch zu Fuß durch Ruinen und über Trampelpfade gewandert war, standen nun Neubauten. Es gab zwar noch manchen zugenagelten Hauseingang und mit Ziegelsteinen ausgefüllte Fenster und am Ku'damm hoppelten immer noch Wildkaninchen über brachliegende Grundstücke, aber das trübe Ruinenchaos hatte sich doch merklich erhellt.

Sonntags fuhr ich oft zu einer Schulfreundin in den Ostsektor. Sie wohnte in der Nähe der Bernauer Straße, im gleichen Haus wie ihre Eltern, aber in ihrer eigenen Wohnung. Ich konnte mit meinem westdeutschen Ausweis den Übergang Bornholmer Straße benutzen. Wie eine ganze Reihe anderer West-Berliner war ich mit Hauptwohnsitz in Westdeutschland angemeldet. Unter dieser Voraussetzung durfte man nämlich mit dem Wagen in den Ostsektor fahren. Eine Freundin in der Nähe von Hannover hatte bereitwillig zugestimmt, als ich sie darum bat, mich bei ihr als ihre Untermieterin polizeilich melden zu dürfen.

In diesen beiden Jahren, 1962 und 1963, konnte ich jederzeit in den Ostsektor fahren, um meine Freundin zu besuchen. Stets wurde ich sehr herzlich empfangen, das erste Jahr nach dem Mauerbau hatte oft noch etwas von einem bösen Traum. Auf keinen Fall durften die Mittags- und Abendnachrichten aus West-Berlin versäumt werden, es hätte ja sein können, daß sich irgendein Lichtstrahl zeigte.

Die geteilte Stadt, Berlin 1964: Die Mauer war mitten durch die Straßen und Häuser gezogen und immer mehr ausgebaut worden. Auf der Ostseite waren die Fenster und Türen zugemauert worden. Hier, in der Harzer Straße im Bezirk Neukölln, verlief die Grenze zum Ost-Berliner Bezirk Treptow.

Was immer ich mitbrachte, wurde dankbar bewundert. Schon die Verpackung löste helle Freude aus und wurde sorgfältig zusammengelegt und aufgehoben. „Das kann man doch nicht einfach wegwerfen!“ hieß es, weil es im Osten oft kein geeignetes Verpackungsmaterial gab, nur grobes Packpapier oder Zeitungspapier. Kaufte man beispielsweise Quark, so war das Papier schon durchweicht, bevor man zu Hause ankam, bei Heringen war das erst recht problematisch.

Die Freude über meine Besuche hatte aber noch einen anderen Grund: Es fehlte nämlich ein Familienmitglied, die jüngere Tochter Marga. Bei meinem ersten Besuch, kurz nach deren gelungener Flucht, ahnte ich noch nichts und fragte meine Freundin nach ihrer Schwester. Marga sei heute nicht da, hieß es zunächst, dann forderte sie mich schweigend auf, mich in eine dunkle Ecke des Zimmers zu setzen und flüsterte: „Sie ist drüben.“

Die Angst lauerte immer und überall – als hätten die Wände Ohren. „Hier wird alles beobachtet, unten auf der Straße laufen sie herum und kontrollieren, wer in die Häuser geht und wer herauskommt. Wir sind auch auf dem Balkon vorsichtig bei Gesprächen, da reden wir nur über Belanglosigkeiten oder freuen uns, daß es hier immer weiter aufwärtsgeht.“ „Sie“ – das waren Männer in Staubmänteln, die niemand kannte.

Keine zwei Monate nach dem Mauerbau war aus West-Berlin eine Freundin von Marga erschienen. Sie brachte einen Passierschein mit und einen westdeutschen Ausweis. Die Ausweisbesitzerin sah Marga ähnlich. Am Morgen waren die Freundin und die Ausweisbesitzerin mit Passierscheinen nach Ost-Berlin gefahren, dann kehrten beide zurück. Die Passierscheine brauchten damals noch nicht abgegeben zu werden, und so fuhr die Freundin am gleichen Tag ein zweites Mal nach Ost-Berlin, diesmal allein, den Ausweis und den Passierschein der anderen jungen Frau in der Tasche. Das Alter stimmte und die Gesichter wurden noch nicht mit der späteren peinlichen Genauigkeit und mit dem strengen Blick in die Augen geprüft.

Marga mußte sich spontan entscheiden, sie hatte von dem Plan nichts gewußt, ebensowenig wie ihre Eltern. Eilig wurde sie zurechtgetrimmt, bekam ein Kopftuch über die Haare, ein paar Papiere in die Handtasche gestopft und dann ging es zum Bahnhof Friedrichstraße. Weinende Menschen waren dort nichts Außergewöhnliches, und so fiel der endgültige Abschied von der Familie nicht weiter auf.

Es ging alles gut. Marga kam in West-Berlin an und schickte ein Telegramm: „Gesundes Mädchen angekommen." Die Telefonleitungen waren unterbrochen, aber Telegramme kamen rasch an.

Von da an übernahm ich Kurierdienste zwischen Marga und ihrer Familie. Jeder Gruß, jede Nachricht wurde dankbar angehört, und es gab eigentlich nur Gutes zu berichten. Meist blieben wir lange beim Mittagessen sitzen, bis es Zeit zum Kaffeetrinken war. An Gesprächsstoff fehlte es nie. Was ich von den Aktivitäten der linken Studentengruppen an der FU, der Freien Universität, berichtete, wurde teils ungläubig, teils mit Empörung aufgenommen: „Das wird alles von hier gesteuert!"

Die Familie meiner Freundin war überzeugt davon, daß Agenten aus Ost-Berlin die jungen unerfahrenen Leute infiltrierten. Die älteren Kommunisten wüßten ja noch aus der Weimarer und der Nazizeit, wie man im Untergrund arbeitet, und außerdem gäbe es die SED auch in West-Berlin*).

Auch für mich war es eigenartig, das so völlig veränderte Klima an der FU zu beobachten. Die Anfänge der Studentenbewegung hatte ich bereits in Heidelberg miterlebt. Gleich nach meiner Ankunft dort im Jahre 1956 war ich zur Teilnahme an einer Demonstration aufgefordert worden. Ein Lehrstuhl für Philosophie sollte neu besetzt werden, und die

*) ab 1969 Sozialistische Einheitspartei Westberlin (SEW).

FREIE UNIVERSITÄT BERLIN

Nicht von dem Studierenden auszufüllen!

STUDIENBUCH

für

Herrn/Frau/Frl. Marianne Doerfel

Vor- und Zuname

geboren am 7. 2. 1930

in Königsberg/Pr.

Staatsangehörigkeit: deutsch

Fakultät: Philosophische

Immatrikuliert am 28. MAI 1962 | Matrikel-Nr. 41298

Fachrichtung: Politische Wissenschaft

Immatrikuliert am | Matrikel-Nr.

Fachrichtung:

Mein Studienbuch aus dem Jahr 1962. Als ich Anfang der 60er Jahre nach Berlin zurückkam, um zu promovieren, gärte es auch an der Freien Universität Berlin.

Studenten wünschten die Berufung von Leo Kofler, einem kritischen marxistischen Theoretiker, der die DDR hatte verlassen müssen. Das hatte die Fakultät abgelehnt, trotz aller Proteste und Eingaben der Studenten. Nun also wand sich ein langer Zug durch Heidelberg, angeführt von sechs Sargträgern. Auf einem großen Transparent stand zu lesen, in dem Sarg liege die akademische Freiheit.

Etwas später wurde ich in Heidelberg zweite Vorsitzende des Liberalen Studentenbundes. Wir kämpften damals leidenschaftlich für die Ablösung der CDU-Regierung durch eine SPD/FDP-Koalition. Kontakte zum Heidelberger SDS, dem Sozialistischen Deutschen Studentenbund, wurden aufgenommen. Dessen Vorsitzender, ein hagerer, schlecht genährter Intellektueller, ein Flüchtling aus der DDR, saß nächtelang über dem „Kapital“, er kannte sich glänzend aus in der Geschichte des Sozialismus. Wir Liberalen konnten ihm nicht immer folgen und vertraten entschieden unseren linksliberalen Standpunkt. Wir versuchten, ihn zu widerlegen, sahen im SDS aber einen potentiellen Bundesgenossen.

Wieder in Berlin stellte ich fest, daß inzwischen auch hier linke Sozialisten heftige Diskussionen führten. An der FU gärte es, eine neue Generation von Studenten war eingezogen. Sie waren unzufrieden mit der westdeutschen Demokratie und zogen wütend über die Springer-Presse her. Erbittert bekämpften sie Verteidigungsminister Franz-Josef Strauß und lehnten die Bundeswehr ab. Allein, um sich dem Wehrdienst zu entziehen, ging mancher nach West-Berlin.

Der unpolitische Professor war jetzt nicht mehr gefragt und stand sogar am Pranger. Die neuen Lehrer waren Theodor W. Adorno und Max Horkheimer in Frankfurt/Main, der aus der DDR verdrängte Ernst Bloch in Tübingen und der streitbare Walter Jens. Man begann, die nationalsozialistische Vergangenheit der älteren Generation zu durchleuchten. Den Austritt aus der NATO und die Anerkennung der Oder-Neiße-Grenze hatte der VDS, die Gesamtvertretung der deutschen Studenten, 1961 verlangt. Nun forderte er eine verstärkte Aufnahme von Kontakten zu Studenten der DDR.

„Dann geht doch nach drüben, wenn es euch hier nicht gefällt“, war die wütende Reaktion aus der Bevölkerung. Die Berliner Journalistin und Publizistin Margaret Boveri, scharfsichtige Beobachterin der Zeitgeschichte, schlug eine Art Waffenstillstand vor. Für ein Jahr solle der Westen Entgegenkommen, ja Opferbereitschaft zeigen und die Mauer schützen, den Bau von Fluchttunneln verhindern, den Vertrieb der im Westen verbotenen ostdeutschen Druckerzeugnisses genehmigen und niemanden zur Flucht ermutigen; dies alles mit der Hoffnung, so die Spannungen an der Berliner Mauer zu entschärfen.

Sebastian Haffner dagegen hielt den Gegnern einer Wiedervereinigung die tief unmoralische Haltung vor, die sich hinter dem Ruf: „Freiheit für die Zone, aber keine deutsche Einheit!“ versteckte. Mit dieser Haltung überließe man die Landsleute ihrem Unglück, der Einsperrung und Unterdrükkung, meinte er.

Meine Besuche im Ostsektor wurden von manchen meiner West-Berliner Freunde und Kommilitonen kritisch kommentiert. Ihnen galt jeder Besuch im Osten als eine Sanktionierung der bestehenden Zustände. Man akzeptiere die Tatsache einer Grenze, indem man sich brav durchsuchen lasse und geduldig am Schlagbaum warte. Beim Besuch enger Verwandter wäre das gerade noch hinzunehmen, aber nur, um eine Freundin zu besuchen?

„Mich bringt kein Mensch dorthin“, hieß es. Und: „Ich hätte mir auch längst einen westdeutschen Ausweis besorgen können, aber wozu?“

Doch ich wollte den Kontakt nicht abreißen lassen. Es waren Deutsche, an deren Schicksal ich Anteil nahm, und das mußte man auch zeigen, fand ich.

So fuhr ich an einem schönen Sommersonntag wieder einmal los, Richtung Bornholmer Straße. Der Empfang an der Grenze war, wie immer, nicht gerade freundlich. Eine junge Frau im offenen weißen VW-Cabriolet – die sollte mal sehen, was Grenzkontrolle heißt!

Nachdem ich die üblichen Fragen beantwortet und Papiere ausgefüllt hatte, ließ man mich warten. Ein junger Grenzpolizist schlenderte heran. Er begann eine Unterhaltung. Was ich denn so in Berlin mache, fragte er.

„Promovieren, an der FU.“

„Und was studieren Sie?“

„Politische Wissenschaft und Geschichte.“

„Oh, das ist ja sicher interessant! Was lernt man denn da so?“

Das brauchte er nicht zweimal zu fragen. Eifrig begann ich, Fächer und Inhalte zu erklären. Ein Grenzpolizist, der offenbar wirklich einmal informiert werden wollte – das war eine großartige Gelegenheit, aufzuklären. Ihm wollte ich zeigen, daß es bei uns keine Beschränkung der Meinungsfreiheit gab, daß wir uns mit allem befaßten, auch mit Sozialismus und Marxismus. Es gab viele Schriften, die noch bis vor kurzem tabu gewesen waren. Sie wurden jetzt als minderwertige Raubdrucke neu herausgegeben. In Dahlem gab es einen Buchladen, der fast nur Raubdrucke verkaufte, für

Mauer-Passage am Grenzübergang Bornholmer Straße. Hier, auf der Bösebrücke, verlief die Grenze zwischen den Bezirken Wedding und Prenzlauer Berg. Blick vom Westen.

vier, fünf, höchstens zehn DM. Meine politischen Sympathien gehörten nicht den Sozialisten, aber die Schärfe der Auseinandersetzungen fand ich lehrreich und die Kontroverse faszinierte mich. Das beschrieb ich dem jungen Grenzer schwungvoll. Ich erklärte ihm, daß wir auch über die Verfassung der DDR diskutierten, über die Geschichte der KPD und daß wir uns mit dem Kapitalismus auseinandersetzten. Wie ein orientalischer Händler breitete ich meine Ware aus, trug immer noch ein Stück heran, ließ die ganze bunte Palette der Publikationen von Spartakus bis zu den Linksliberalen vor seinem geistigen Auge passieren.

Zwischendurch hatte ich wohl auch erwähnt, daß ich als wissenschaftliche Hilfskraft in der Bibliothek des Otto-Suhr-Instituts arbeitete. Das OSI galt als West-Berliner „Agentenzentrale“, doch aus meiner Sicht war eine Bibliothek eine wissenschaftliche Einrichtung, die keinen Verdacht erregen konnte. Warum also etwas verheimlichen, was sowieso alle wußten, die mich dort täglich sahen?

Er hörte schweigend und aufmerksam zu. Dann kam der entscheidende Satz: „Vielleicht können Sie mal etwas mitbringen? Etwas, was man hier nicht bekommt?“

Natürlich konnte ich das, er sollte nur seine Wünsche nennen, Titel oder Autoren.

Nun begann eine klassische Verwechslungskomödie. Ich war überzeugt, hier einen Lernbegierigen gefunden zu haben, der über den engen Horizont der DDR hinausblicken wollte, bildungshungrig war und meine Hilfe brauchte. Was für Literatur interessiere ihn denn? Geschichte der politischen Ideen oder mehr wirtschaftliche Fragen? Frühschriften von Engels vielleicht?

„Na ja“, sagte er etwas verlegen „ich kenne die Titel nicht so. Aber es wird ja auch nicht alles gedruckt.“

„Doch, doch natürlich, bei uns können Sie alles kriegen, und die Raubdrucke sind gar nicht teuer.“ Ich nannte Titel, die ich gerade in dem Dahlemer Buchladen gesehen hatte.

Kleine Pause beim Aufstellen der Bücher in der Bibliothek des Otto-Suhr-Instituts, das 1960 in ein neues Gebäude umgezogen war. Links im weißen Pullover stehe ich, der sitzende ältere Mitarbeiter hatte Geburtstag und von uns Kolleginnen eine Flasche Weinbrand erhalten.

Wieder wand er sich. Literatur hätten sie ja auch, daran mangelte es nicht. Aber das, was man nicht zu kaufen bekäme, das wäre doch etwas, was ich mal mitbringen könnte.

„Wieso? – Es gibt alles zu kaufen, wir haben keine Zensur. Und in der FU liegen viele kopierte Aufsätze aus, die kann man einfach mitnehmen."

Nun wurde er lebhaft. Ja eben, genau das interessiere ihn, was dort so in den Büros herumliege. Vielleicht auch Briefe oder so etwas.

Briefe? Die waren doch belanglos, behandelten irgendwelche akademischen Vorgänge, und wenn es etwas Wichtiges war, konnte man das ohnehin in der Zeitung nachlesen oder in den Zeitschriften der politischen Studentenorganisationen. Ob er so etwas meinte? Natürlich konnte ich Zeitschriften oder Flugblätter des SDS oder anderer linkssozialistischer Studentenvereinigen mitbringen.

Jetzt blickte er mich fast gequält an. „Nein, das meine ich nicht, sondern eben das, was man sonst nicht bekommt, was nicht offen ausliegt. Verstehen Sie mich nicht? Ich meine Vorgänge, die nicht nach außen dringen."

Nein, ich verstand nicht.

„Es gibt doch wirklich alles und es ist so viel, daß ich genau wissen muß, wohin Ihr Interesse geht."

Nun, das habe er doch gesagt. Schriften, Korrespondenzen, interne Mitteilungen, was in einem Büro so anfalle.

„In einem Büro? In welchem Büro denn? Bei uns, am Otto-Suhr-Institut? Im Immatrikulationsbüro? Das sind doch nur Formulare, was wollen Sie denn damit anfangen?"

Ein verzweiflungsvoller Blick. Er konnte sich nicht vorstellen, daß ich immer noch nicht begriffen hatte, was er wollte: Daß ich nämlich spionieren sollte!

Aber der Gedanke war mir gar nicht gekommen, ich war so erfüllt von der unerwarteten Gelegenheit, zu missionieren und einen Bürger der DDR über die Meinungsvielfalt in einer Demokratie aufzuklären, daß ich keine der versteckten Andeutungen verstand.

Meine Verständnislosigkeit machte ihn ratlos. Halb zweifelnd, halb resigniert, blickte er mich an. „Denken Sie doch mal nach! Sie haben doch bestimmt schon Akten gesehen, die nicht weiter bekanntwerden sollen, manchmal steht ja auch so etwas vermerkt, fällt Ihnen da nichts ein?"

Ich überlegte. Nein, ich konnte mich an nichts entsinnen, hatte aber auch nie daran gedacht, irgend etwas zu lesen, das nicht für mich bestimmt war.

Nun gab er auf. „Na ja, Sie verstehen mich nicht, fahren Sie nur weiter."

Bei meiner Freundin mußte ich wie immer berichten, wie es an der Grenze gewesen war. Gespannt lauschten alle meinen ersten Sätzen. Dann sprudelte meine Freundin los: „Mensch, der wollte doch von dir, daß du interne Vorgänge ausspionierst, hast du das denn nicht gleich gemerkt? Du bist doch sonst so helle! Mit deinem Studium und mit so vielen Bekannten bist du doch gerade richtig für die. Das war doch klar, der wollte dich anwerben!"

Sie fragte mich, ob ich allen Ernstes geglaubt hätte, daß ein Grenzpolizist einfach jemanden um Westliteratur bittet, wenn seine Genossen in der Nähe seien. Einerseits war die Familie amüsiert, als ich wortgetreu das Gespräch wiedergab und die Verzweiflung meines Gesprächspartners schilderte, weil ich nicht verstanden hatte, was er von mir wollte. Das war fast so wie beim guten Soldaten Schwejk. Andererseits zeigten sie sich besorgt darüber, daß sie es in einer etwas deutlicheren Sprache noch einmal bei mir versuchen könnten. „Die scheuen vor keinem Mittel zurück", warnten sie mich, „bring bloß keine Bücher mehr mit! Wenn sie etwas bei dir finden, bist du dran."

Als ich am späten Abend zurückkehrte, war mein Werber nicht mehr zu sehen. Jetzt hätte ich allerdings nur noch mit Herzklopfen die Naive spielen können, wenn er noch einmal erschienen wäre.

Plötzlich fiel mir Peter Hebels Kurzgeschichte „Kannitverstan" ein. In ihr findet sich ein Reisender in Holland nicht zurecht, weil man ihn nicht versteht. Mir dagegen war schon nach wenigen Jahren die eigene Sprache in ihrer neuen, zwielichtigen Dimension fremdgeworden.

[West-Berlin – Grenzkontrollstelle Helmstedt-Marienborn – Hannover, Niedersachsen; 1962]

Marianne Doerfel

Blinde Passagiere

Am Jahresende 1961 war ich zurückgekehrt nach Berlin, um dort zu promovieren. Sieben Jahre waren vergangen, seit ich sie 1955 schweren Herzens verlassen mußte. Im ersten eigenen Auto fuhr ich nun durch die Stadt und fühlte mich nicht mehr als „Insulaner". Jetzt konnte ich jederzeit Freunde im Westen besuchen, wenn es mich hinauszog, eine Freiheit, die ich nach den Jahren des dürftigen Studentenlebens sehr bewußt erlebte. Damals konnte man nur mit dem Bus oder dem Interzonenzug in den Westen reisen, brauchte dazu einen Interzonenpaß. Das änderte sich zwar nach einigen Jahren, aber es war doch ein anderes Gefühl, einfach mit dem Auto durch die Clayallee und die Potsdamer Chaussee in Richtung Wannsee zum Kontrollpunkt Dreilinden fahren zu können und legal weiter, über die bedrückende Grenze zu rollen.

Für die Fahrt von und nach Berlin über eine der Transitstrecken mußte sorgfältig gepackt werden. Keine Drucksachen, vor allem keine Zeitungen, keine Briefe, die offensichtlich erst im Westen eingesteckt werden sollten. Bei Fotoapparaten mußte der Film herausgenommen werden, sonst bestand der Verdacht, daß man unterwegs fotografiert hatte. Anhalten war verboten, die Volkspolizei hielt sich in den Wäldern versteckt, Streifenwagen fuhren die Strecke ab.

„Achtung! Hier Ende von West-Berlin!"

Schon wieder eines dieser lästigen Schilder. Der Grenzübergang mit seinen trübseligen Baracken, improvisiert, etwas abseits die Kontrollstation für die Alliierten.

„Personalausweis bitte! Wohin?" – „Nach Hannover."

„Allein?" – „Ja."

„Keine Bücher oder Zeitschriften dabei?" – „Nein."

Der West-Berliner Grenzpolizist nickt: „Weiterfahren, gute Reise!"

Auf der Ostseite, an der Kontrollstelle Drewitz, geht es umständlicher zu, die Grenzpolizei ist auf erhöhte Wachsamkeit trainiert. Erste Kontrolle im Fahrzeug, dann zur Barakke, aussteigen, Papiere aushändigen. Transit-Passierschein ausfüllen, Stempel, Unterschrift und Einlaß in die DDR.

Die Straße ist baufällig, auf den unebenen Betonplatten schaukelt man dahin. Das Tempolimit ist überflüssig, man muß sowieso darunter bleiben. Ausfahrt Babelsberg. Wie es da wohl aussehen mag?

In den Ufa-Studios produzierte jetzt die DEFA. Einige Filme hatte ich im Ostsektor gesehen, sie hatten bei mir keinen großen Eindruck hinterlassen.

Potsdam, Brandenburg. Kleine verwitterte Schilder. Jetzt heißt es aufpassen, nur nicht die falsche Abfahrt am Autobahndreieck mit den Richtungen Magdeburg/Leipzig wählen. Beides sind Transitstrecken, aber nur eine ist die erlaubte, auf dem Laufzettel verzeichnete. Die Abfahrt ist nicht markiert, ein kleines Schild „Transit" steht irgendwo am Waldesrand. Eine ausgefahrene Rechtskurve mit Kopfsteinpflaster – hoffentlich die richtige?

Erleichterung bei dem nächsten Ortsschild, das einsam am Feldrain stand: Lehnin. Ein merkwürdiger Name für ein Kloster, gesehen hatte ich es nie.

Die Ausfahrt Magdeburg, vertraut aus den ersten Nachkriegsjahren. Wie oft war ich mit dem überfüllten Bus über diese Autobahnbrücke gefahren, hatte sehnsüchtig herunter auf die Autobahn geblickt, die nach Westen führte. Als

Fußgänger durfte man auf der Brücke nicht stehenbleiben, sie wurde von einem sowjetischen Posten bewacht. Eine stets mit Rotarmisten besetzte Baracke stand an einem Ende der Brücke, sowjetische Jeeps und Mannschaftswagen wurden hier kontrolliert, ebenso die wenigen deutschen Wagen mit Holzkohleofen. Gleich unter der Brücke befand sich eine alte Tankstelle, auch sie bewacht von sowjetischen Soldaten.

Einmal hatte der Fahrer mich mitgenommen, zu einer Sonderfahrt nach Irxleben. Der Bus war leer gewesen und ich erörterte mit dem Fahrer die Möglichkeiten, auf der Autobahn ein Auto in Richtung Westen anzuhalten. Er lachte nur: „Da stehst du keine fünf Minuten, dann haben sie dich kassiert, und dann kann die Reise sehr lange dauern."

„Nur 39 Kilometer bis zur Grenze – wie wäre es mit einem kleinen Umweg?"

Wieder hatte der gutmütige Fahrer gelacht: „Dann bin ich meinen Bus los und wir können gemeinsam weiterreisen. Nach Osten. Aber den kenne ich schon. Drei Jahre haben mir genügt, bin froh, daß ich lebend zurückgekommen bin."

Ich war sehr stolz auf mein erstes Auto, ein weißes VW-Cabriolet. Ein Nachbarsjunge putzt es blank.

Und nun fahre ich unter der Brücke im eigenen Wagen durch, vorbei an der leeren, grauen, fensterlosen Tankstelle. Passiert habe ich sie schon ein paarmal als Anhalterin, versteckt im LKW. Das war in meiner Studentenzeit die einzige Möglichkeit gewesen, aus Berlin herauszukommen.

lrxleben, Rottmersleben, Nordgermersleben, oft gehörte Namen, aber unbekannte Orte. Die Magdeburger Zeit gehörte zu den trübsten Jahren. Das bedrückende Gefühl des Eingesperrtseins war mit dieser Landschaft eng verbunden, die Erinnerung an den Hunger, an die Hoffnungslosigkeit.

Es ist ein kühler Tag, Herbstwetter. Die Ortschaften wie ausgestorben zwischen Waldstücken, Feldern, nirgendwo ist Licht zu sehen, kein Traktor oder Pferdefuhrwerk ist unterwegs. Dann taucht der erste Wachturm auf. Langsam heranfahren. Einige Wagen warten vor mir. Papiere bereithalten.

Der Grenzsoldat schlendert heran und fragt: „Transit von West-Berlin?"

„Ja." – „Allein?" – „Ja."

Ein kurzer Blick in den Wagen, dann erhalte ich die Papiere zurück.

Etwa 30 Meter weiter die nächste Kontrolle. Warten. Der vorderste Wagen wird gerade auf blinde Passagiere untersucht. Motorhaube öffnen, Gepäckhaube öffnen, Rücksitz hochheben. Prüfung des Fahrzeugbodens mit dem schräggestellten Spiegel auf kleinen Rädern, von vorne, von beiden Seiten, von hinten. Noch zwei Wagen, dann bin ich dran.

Es dauert ziemlich lange, bis endlich der vorderste Wagen weiterfährt. Schnell die Tür öffnen, vielleicht kann man etwas sehen. Tatsächlich, da vorn muß irgendetwas Ungewöhnliches vor sich gehen. Neben den beiden Grenzsoldaten steht ein Offizier, hinter ihm zwei junge Leute in Zivil, ein Mann und eine Frau. Es sieht aus, als ob sie nicht dazu gehören, vielleicht haben sie eine Panne. Der Kleidung nach zu urteilen kommen sie aus Westdeutschland. Der Offizier spricht mit dem Fahrer des Fahrzeugs vor mir. Als es abgefertigt ist, weiterfährt, werde ich herangewinkt. Motor abstellen, aussteigen, Papiere. Handschuhfach öffnen, Gummimatten hochheben, Blick in die Seitenfächer an den Türen, unter die Sitze. Der Spiegelwagen wird um mein Auto geführt, das Gepäck steht auf der Straße.

„So, Sie können wieder einpacken, hier sind die Papiere."

Jetzt tritt der Offizier an mich heran. Es ist ein Oberleutnant, gut dreißig Jahre alt. Höflich fragt er mich, ob ich „die Herrschaften" wohl bis zur Grenzbaracke mitnehmen könnte, mit ihren Papieren sei etwas nicht in Ordnung, sonst müßten sie die gut 300 Meter zu Fuß laufen. Er selbst würde auch mitkommen, „damit die Sache in Ordnung geht".

Unter den Augen der Posten steigen alle drei bei mir ein. Sie haben es offenbar eilig. Noch während ich auf der hinteren Bank Platz mache, steigt der Oberleutnant hinten ein – und setzt sich prompt auf meine Handtasche, ohne es zu bemerken! Die junge Frau setzt sich neben ihn, der junge Mann vorne auf den Beifahrersitz. Wir fahren ab. Der Offizier macht sogleich Konversation, spricht über das Wetter, den Straßenzustand, die Annehmlichkeit, jetzt nicht zu Fuß gehen zu müssen, und da er selbst mitkäme, könne die Angelegenheit rasch erledigt werden. Ich frage die jungen Leute, ob sie gleich weiter mitfahren wollten. Wohin ginge denn ihre Reise?

Nach Braunschweig, die Karten hätten sie schon.

Karten – ob sie Fahrkarten meinen? Oder Busfahrkarten? Aber wie waren sie hierhergekommen?

Einen Wagen habe ich nicht gesehen, und der nächste Bahnhof mußte eigentlich ziemlich weit entfernt sein. Vermutlich waren sie aus einem Bus geholt worden. Doch in Gegenwart des Offiziers mag ich nicht weiter fragen.

Bei der nächsten Kontrolle blickt der Posten mich stumm an, denn auf dem Passierschein ist nur eine Person aufgeführt. Gelassen beruhigt der Oberleutnant: „Das geht in Ordnung, Genosse, ich bringe nur die Herrschaften zur Kontrollbaracke."

Kein Kommentar, meine Papiere werden zurückgegeben. Ankunft bei der Kontrollbaracke. Nun muß ich aussteigen, in der Baracke alle Papiere vorlegen. Auch meine Mitreisenden steigen aus, das erwartete Dankeschön oder ein kurzes Abschiedswort bleiben jedoch aus.

„Sie brauchen nicht abzuschließen“, sagt der Offizier, „wir warten hier“.

So gehe ich allein zur Baracke, finde mich eingekeilt in die Menge der Wartenden, die meist stumm vor sich hinblicken. Langsam rücke ich näher an das kleine Abfertigungsfenster, kann schließlich meine Papiere hineinreichen. Wieder warten, bis zum Aufruf. Endlich wird mir alles zurückgegeben, mit Stempel auf dem Passierschein. Als ich zu meinem Auto zurückkehre, stehen meine Mitreisenden wieder – oder noch? – daneben und blicken mir entgegen.

„Alles erledigt?“ fragt der Offizier freundlich und steigt zu meiner Überraschung wieder in meinen Wagen, ebenso die beiden anderen Reisenden. Sie haben ostdeutsche Ausweise, das habe ich vorhin bemerkt. Ob sie inzwischen bei einer anderen Abfertigung gewesen waren?

Stumm sitzen meine drei Fahrgäste neben und hinter mir. Der Offizier hat sich tief in die Ecke gedrückt. Das Rückfenster beim VW-Cabriolet, Baujahr 1959, ist nur klein, von hinten kann man nicht sehen, wie viele Personen in dem Wagen saßen. Auch das hintere Seitenfenster ist nicht sehr groß, das schwarze Stoffdach verengt den Aus- und Einblick. Nach wenigen Metern letzte Kontrolle vor dem Schlagbaum: „Die Papiere bitte!“

Der Posten blickt auf meinen Passierschein, sieht den Beifahrer und stutzt: „Hier steht nur eine Person – wieso sehe ich hier noch eine, nein, drei weitere Personen?“

Er fordert sie auf, die Ausweise zu zeigen, ich soll den Motor abstellen. Meinen Ausweis hält er noch in der Hand. Schweigend reichen ihm meine zivilen Mitfahrer ihre ostdeutschen Ausweise. Er studiert sie genau.

„So, und was ist mit dir, Genosse?“

Nun sucht der Offizier noch einmal mit dem schon bekannten Satz zu beruhigen, es sei alles in Ordnung, die Papiere hätten überprüft werden müssen, deswegen sei er mitgekommen.

Doch der Posten erklärt in breitem Sächsisch: „Die drei auf dem Passierschein nicht aufgeführten Personen steigen jetzt aus!“ Zu mir: „Sie können sitzenbleiben.“

Zögernd steigt der junge Mann aus, die Frau folgt ihm.

„Na und du, Genosse? Willst du nicht auch aussteigen?“

Der Offizier zeigt sich erstaunlich gelassen. „Wieso denn, ich bin ja schon dabei, muß doch erst mal hier rauskommen, es ist ziemlich eng ...“

Er ist großgewachsen und muß sich tief bücken, um aus dem Fond herauszuklettern.

Der Posten beobachtet ihn jetzt mit einem hämischen, zufriedenen Grinsen: „Na, das wollte ich doch meinen. War wohl Trick Nr. 17, was?“

Gleich darauf reicht er mir meinen Ausweis zurück: „Sie fahren jetzt weiter, da vorn ist die Schranke.“

Er winkt dem Posten am Schlagbaum zu, ich lasse den Motor an. Meine Mitfahrer blicken mich nicht einmal an, stehen da, mit versteinerten Gesichtern. Als ich noch einmal zurückblicken will, drängt der Posten: „Worauf warten Sie noch? Sie können fahren, habe ich doch gesagt!“

Also langsam, langsam das kurze Stück bis zum Schlagbaum, er ist bereits hochgezogen. Zwischen den beiden großen Betonblöcken rechts und links, die auf Schienen gelagert sind, um jede halsbrecherische Durchfahrt sofort aufhalten zu können, holpert der Wagen über die Grenze.

Ich bin zu benommen, um nachdenken zu können. Von dem Augenblick, als die drei zum zweiten Mal bei mir einstiegen, habe ich nur noch mechanisch reagiert. Ein Offizier der Volksarmee in voller Uniform besteigt zehn Meter vor dem Schlagbaum, angesichts von ungezählten Zeugen mit und ohne Uniform, ein VW-Cabriolet mit westdeutschem Kennzeichen – das ist einfach unfaßlich!

Erst als das ovale Schild mit dem schwarzen Adler auf okkergelbem Grund und der Umschrift „Bundesrepublik Deutschland“ vor mir auftaucht, beginne ich, wieder normal zu atmen. Wie immer weckt die grüne Uniform der westdeutschen Grenzer ein tiefes Gefühl der Erleichterung. Aber sprechen, berichten, kann ich nicht. Die Lähmung weicht nur langsam. Der Übergang auf die glatte, ebene Fahrbahn ohne das ständige dumpfe Geräusch heim Überfahren von abgebrochenen Kanten der Betonplatten beruhigt. Kein Schütteln und Rütteln mehr, der Körper entspannt sich.

Erst jetzt beginnt das Nachdenken. Trick Nr. 17. Ein Schlagwort der Zeit, irgendwann aufgekommen. Es konnte nicht anders sein – das war ein tollkühner Fluchtversuch gewesen!

Ahnungslos habe ich mitgemacht. Der Oberleutnant hatte vermutlich den Dienstplan gekannt und mit einem anderen Posten bei der letzten Kontrolle gerechnet. Vielleicht mit einem Bekannten, der eingeweiht war.

Immer noch zweifele ich an den Fakten, die eine so deutliche Sprache sprachen. Immer wieder rufe ich mir die letzte Szene ins Gedächtnis. Es schien, als wollten sie mit mir weiterfahren, auch nach der letzten Kontrolle. Weiterfahren in den Westen. Fast hätten sie es geschafft, der Posten an der Schranke prüfte nicht mehr, er war nur für das Öffnen und Schließen zuständig. Gleich hinter mir war die Schranke wieder heruntergegangen, das hatte ich im Rückspiegel gesehen. Meine drei Fahrgäste konnte ich nicht mehr entdekken. Wo mochten sie jetzt sein? Schon beim Verhör?

Nach der Ankunft bei Freunden in Hannover wurde mir allmählich klar, welches Risiko der Offizier mir aufgebürdet hatte. „Deinen Wagen hättest du gleich verkaufen können“, hieß es. „Die haben doch die Nummer vom Chassis und vom

Motor notiert oder fotokopiert und deinen Führerschein auch, mit allen Angaben, du hättest überhaupt nicht mehr über die Grenze fahren können. Fluchthelfer – und dann noch bei einem Offizier der Volkspolizei, das gibt mindestens fünf Jahre! Die hätten dir doch nie im Leben geglaubt, daß das nicht verabredet war, schon dein Studium an der Hochschule für Politik macht dich verdächtig."

Überhaupt, so fanden sie, war es erstaunlich, daß man mich so ohne weiteres hatte die Reise fortsetzen lassen. Der Posten war wohl so überrascht von seinem unglaublichen Fang, daß er mich darüber vergessen hatte. „Du kannst froh sein, daß er sie rausgeholt hat, so leid es einem auch tut für die armen Leute."

Bei der Rückfahrt, einige Wochen später, flatterten die Nerven. Zögernd ging ich in die graue Grenzbaracke mit den verhangenen Fenstern, reichte meine Papiere dem Uniformierten hinter dem Fenster. Jetzt mußte es sich entscheiden – würde man mich zum Verhör holen? Hätte ich vielleicht doch lieber den Motor austauschen sollen?

Ich mußte lange warten, so schien mir, länger als andere. Aber dann wurde meine Nummer aufgerufen, die Papiere wurden zurückgereicht, ohne weitere Kommentare. Nun begann die Phantasie zu arbeiten. Vielleicht hatten sie in Berlin angerufen, von dort einen Wagen losgeschickt, der mich unterwegs anhalten würde, um kein Aufsehen an der Grenze zu erregen, oder einer fuhr hinter mir her, oder es nahm mich jemand am Grenzübergang Drewitz in Empfang?

Es wurde eine unheimliche Fahrt. Doch es gab keine Folgen. Was immer bei dem Verhör gesagt worden war, der „Fluchtwagen" blieb unbeachtet. Auch bei der nächsten und übernächsten Reise gab es keine Fragen und die Nervosität schwand. Nur die Erinnerung blieb, an drei Unbekannte, die alles gewagt und alles verloren hatten.

[Rostock – Grenzstation Schwanheide, Mecklenburg-
Vorpommern, damals DDR;
Anfang der 60er Jahre]

Reinhard Lauenstein

Mit List und Tücke

Als sich mir im Jahre 1944 wegen einer Kriegsverletzung die Möglichkeit zu bieten schien, mitten im Krieg mein geplantes Medizinstudium an meiner Heimatuniversität Rostock aufzunehmen, schickte mir mein Großvater aus seinem ärztlichen Nachlaß eine Kiste mit menschlichen Skeletteilen, wobei jeder Körperknochen einmal vertreten war. Mit dem Studium wurde es jedoch bis zum Kriegsende nichts mehr. Erst nach dem letzten Fronteinsatz und meiner Flucht aus russischer Gefangenschaft begann ich, in Göttingen zu studieren. Besagte Kiste mit den Skeletteilen aber blieb bei meinen Eltern in Rostock zurück, deponiert in einem kleinen Kellerraum. Zu der Knochensammlung gehörte auch ein vollständiges Schädelskelett, also ein Totenschädel, der aber nicht mehr in das Behältnis hineinpaßte und deswegen obenauf lag. Eines Tages wurde mein Vater von einem SED-Spitzel angezeigt, er habe einen Toten im Keller versteckt. Der Irrtum ließ sich zum Glück rasch aufklären.

Bei einem Besuch in Rostock Anfang der 60er Jahre entschloß ich mich, mein Eigentum endlich mitzunehmen. Ich schob die Kiste aus dunklem Mahagoniholz hinter der Rükkenlehne meines VW-Käfers seitlich in eine Ecke. Dumm nur, daß der Unterkieferknochen nicht mehr hineinpaßte. Da von der Herfahrt noch Verpackungsmaterial hinter der Sitzbank lag, wickelte ich den überschüssigen Knochen in ein Stück

In Rostock aufgewachsen, zog es mich auch nach meiner Flucht in den Westen immer wieder an die Ostsee. Sommerurlaub 1960 mit meiner Frau Gisela und meinen beiden Töchtern in Dahme an der Lübecker Bucht.

Butterbrotpapier. Mir war klar: Es war ein ziemliches Wagnis, das Skelett, das einen erheblichen Wert besaß, über die Grenze bringen zu wollen.

Ich startete früh, um zu einem günstigen Zeitpunkt die Kontrollstelle zu erreichen. Bei strahlendem Sonnenschein fuhr ich an der Abfertigungsbaracke vor. Da ich der einzige Westdeutsche war, dachte ich, die Grenzkontrolle würde mich wenig Zeit kosten. Als erstes mußte der Reisepaß am Schalter abgegeben werden, damit er genau geprüft und fotografiert werden konnte. Auch ehemalige Verstöße gegen DDR-Gesetze oder Fluchtversuche konnten so aufgespürt werden.

Dann kamen zwei junge Volkspolizisten an meinen Wagen. Ich sollte die vordere Haube öffnen, um mein in einer Art Seesack verstautes Gepäck vorzuführen. Anschließend wurde das Wageninnere inspiziert, wobei die Kontrolleure das Fahrzeug selbst nicht betraten. Ich zeigte kurz die leeren Reisetaschen, zog noch einen Koffer hervor, ohne daß die Kiste mit aufschiebbarem Deckel, worunter die menschliche Anatomie verborgen war, bemerkt wurde.

Den Koffer trug ich zu einem älteren Vopo in die Baracke. Obenauf hatte ich frech eine Schallplatte gelegt, die Marlene Dietrich bei einem Empfang in Ost-Berlin spontan aufgenommen hatte. Mein Bruder hatte sie mir geschenkt. Der Volkspolizist meinte väterlich, ich solle die Schallplatte ruhig mitnehmen. Nachdem ich die Sachen wieder im Auto verstaut hatte, brauchte ich nur noch meinen Paß abzuholen. Als ich vergnügt die Baracke verließ, fragte mich eine am Eingang lehnende Volkspolizistin in mecklenburgischem Akzent: „Ist das Ihr Wagen?"

Ich bejahte, worauf sie sofort sagte: „Den will ich mir auch mal ansehen!"

Auf meinen Einwand, daß ich bereits kontrolliert worden sei, ging sie gar nicht weiter ein. Frauen haben ja bisweilen einen sechsten Sinn.

Nun fing es erst richtig an: Haube auf, Inhalt des Gepäcksackes auf der Straße ausbreiten, alle Radkappen abnehmen, den Vordersitz hochklappen, die angeblich leeren Taschen vorzeigen. Als ich sie hineinsehen ließ, griff sie ruckartig zu, wobei das Päckchen mit dem in Butterbrotpapier eingewickelten Unterkieferknochen nach vorne flog.

„Was ist denn das?" rief sie.

Ruhig erklärte ich, worum es sich handelte: „Das ist ein Stück aus einer anatomischen Sammlung."

„Haben Sie noch mehr von dem Zeug?"

„Allerdings, noch eine ganze Kiste voll", gab ich zu, denn leugnen half jetzt sowieso nicht mehr. Also trat ich die Flucht nach vorne an. Die Sammlung sei ein Geschenk.

„Sie wissen doch ganz genau, daß Sie Geschenke in Ihren Zollpapieren eintragen müssen!"

„Ja", bestätigte ich zu und meinte dann ungeniert: „Sie sollten die Knochen eigentlich gar nicht finden! Sehen Sie, ich bin Arzt und Sie sind Laie. Obwohl die Skeletteile alle numeriert sind, könnten Sie trotzdem schockiert sein und sie mit Leichenteilen verwechseln. Für Sie sind doch die Knochen völlig wertlos!“

Inzwischen überlegte ich krampfhaft, wen ich als Spender angeben könne, denn es war ein leichtes, meine Aussage telefonisch in Rostock zu überprüfen.

Prompt kam dann auch die Frage: „Wer will Ihnen denn das alles geschenkt haben?“

Ich kannte den Vater eines gefallenen Klassenkameraden,

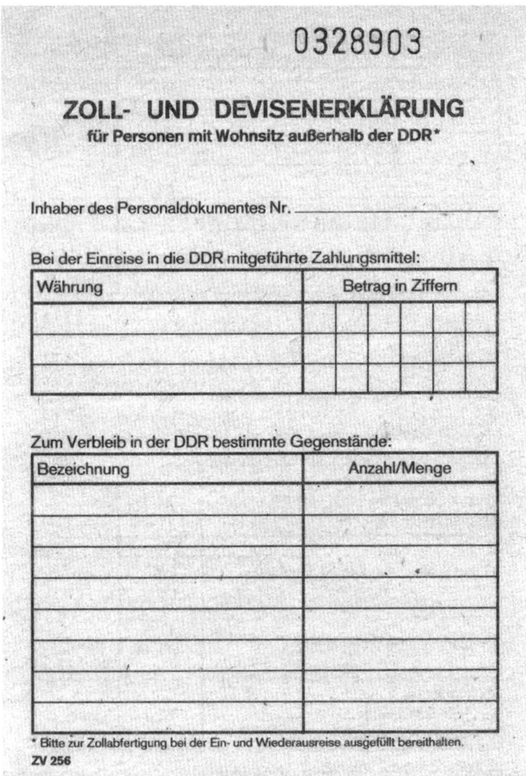
0328903

ZOLL- UND DEVISENERKLÄRUNG

für Personen mit Wohnsitz außerhalb der DDR*

Inhaber des Personaldokumentes Nr. ______

Bei der Einreise in die DDR mitgeführte Zahlungsmittel:

Währung	Betrag in Ziffern					

Zum Verbleib in der DDR bestimmte Gegenstände:

Bezeichnung	Anzahl/Menge

* Bitte zur Zollabfertigung bei der Ein- und Wiederausreise ausgefüllt bereithalten.

ZV 256

Bei der Ein- und Ausreise aus der DDR wurde die Zoll- und Devisenerklärung verlangt. Mit Absicht hatte ich den wertvollen Inhalt meiner Kiste aus dunklem Mahagoniholz nicht angegeben.

der nach dem Krieg in Rostock Vorlesungen gehalten hatte, zwar nicht in Medizin, aber das war nicht wichtig. Vor allem hatte er einen schwer auszusprechenden Namen. Also antwortete ich unerschrocken: „Herr Professor Ruickoldt von der Rostocker Universität hat mir bei einem privaten Besuch diese Sammlung geschenkt, da er sie nicht mehr braucht. Natürlich habe ich sie gerne angenommen."

Im ersten Moment war die Polizistin etwas ratlos, dann eilte sie in die Baracke, um den beiden jungen Vopos ihre Beute zu präsentieren, die diese übersehen hatten.

Ich indessen versuchte, den älteren Volkspolizisten moralisch auf meine Seite zu ziehen. Treuherzig meinte ich zu ihm: „Ihre Kollegin hat bei mir etwas entdeckt, das müssen Sie sich auch mal ansehen!"

Die Polizistin staunte über den Beistand, den ich plötzlich gefunden hatte, ließ aber trotzdem nicht locker und setzte ihr Frage-und-Antwort-Spiel fort. Ich mußte aufpassen, dasselbe wie am Anfang zu sagen, mich nicht zu widersprechen.

Wahrscheinlich um Zeit für eine Entscheidung zu gewinnen, verlangte sie von mir, jeden einzelnen Knochen herauszunehmen, zu benennen und zu meinen übrigen Habseligkeiten auf die Straße zu legen. Die ganze Mannschaft baute sich vor der Baracke auf und sah mir zu. Schade, daß man das nicht fotografieren durfte, es wäre ein sehr lustiges Bild geworden. Da die Polizistin als Laie den ziemlich hohen Wert der Sammlung nicht einschätzen konnte, ließ sie mich schließlich in Frieden. Auf meine Frage, was jetzt geschehen solle, antwortete sie trocken: „Sie können Ihre Sachen zusammenpacken. Wir haben ja alles gesehen."

Mir fiel ein Stein vom Herzen. Das Zwischenspiel hätte sehr wohl auch anders ausgehen können.

Noch eine Episode: Einer meiner älteren Vettern, ein Spätheimkehrer, lebte damals mit seiner Frau und drei noch unmündigen Kindern in Halberstadt, DDR. Als ehemaliger aktiver Wehrmachtsoffizier war er von einem regulären Studium ausgeschlossen, er mußte sich sein Brot als Maurer verdienen. Allerdings durchlief er nebenbei auf eigene Faust und Kosten ein Fernstudium für Hochbaustatik, das ihm schließlich nach acht Jahren eine gehobenere Stellung einbrachte. Seine in West-Berlin lebende Mutter hatte ihm irgendwann einen gebrauchten VW-Käfer drübengelassen. Mit der Zeit waren die Reifen des Autos so sehr abgefahren, daß sie nicht mehr runderneuert werden konnten. Eine neue Bereifung gab es in der DDR nicht. Deshalb bat mein Vetter mich, ihm doch wenigstens zwei Reifen für die Hinterantriebsräder mitzubringen, wenn ich mit dem Auto nach Rostock fahren würde.

Das war leichter gesagt als getan. Autoreifen waren wegen des hohen Wertes als Geschenk wohl kaum zugelassen, und als Reserveausstattung für meinen Wagen hätte ich sie in die Papiere eintragen und bei der Ausreise aus der DDR vorzeigen müssen. Also mußte ich mir etwas ausdenken.

Ich kaufte ein halbes Dutzend Weine verschiedener Sorten. Vor der Abreise band ich zwei neue Autoreifen zusammen und verstaute sie unter der vorderen Haube des VW-Käfers. Die Weinflaschen stellte ich aufrecht und sichtbar dazwischen, damit es aussah, als seien die schützenden Reifen zur Polsterung nötig. Vor der Einreise in die DDR trug ich jede Flasche einzeln fein säuberlich als Geschenk in die Papiere ein.

Am Grenzübergang sahen sich die Volkspolizisten genötigt, die Etiketten aller Flaschen mit meinen Eintragungen zu vergleichen. Damit hatten sie erst einmal zu tun, und ließen die Reifen, wie ich gehofft hatte, dabei außer acht.

Ausgetrickst!

*(Weitere **ZEITGUT**-Beiträge des Autors sind am Buchende vermerkt.)*

[Hamburg – Lichtenstein – Annaberg – Schwarzenberg,
Erzgebirge, damals DDR;
Anfang der 60er Jahre]

Traute Siegmund

Schlangestehen lohnt immer!

Es muß Anfang der 60er Jahre gewesen sein, als ich eines Tages von Christa einen Brief erhielt. Christa lud uns ein, wir sollten sie besuchen kommen und viel Zeit mitbringen. Darüber freuten mein Mann Heinz und ich uns sehr, ich ganz besonders, denn Christa war eine gute Freundin aus meiner Arbeitsdienstzeit. Durch das Kriegsende waren wir für einige Zeit getrennt worden. Es herrschte Funkstille, denn ich war im Westen, in Hamburg, zu Hause und Christa in Lichtenstein in Sachsen. Aber wir schafften es, die Verbindung wiederherzustellen. Inzwischen waren wir verheiratet, hatten Kinder und Christa hatte uns sogar einmal mit ihrer Familie besucht, aber das war noch vor dem Mauerbau. Da erfuhren wir zum ersten Mal, wie ganz anders die Menschen jenseits der Grenze leben mußten. In den Briefen konnte man manche Dinge nicht schreiben. Immer bestand die Gefahr der Kontrolle. So sah ich mit Spannung und einer gewissen Neugierde meinem ersten DDR-Besuch entgegen.

Eines wurde mir schon recht bald klar: In diesem Land brauchte man Geduld und zwar sehr viel Geduld. Das fing gleich beim Grenzübertritt an. Auf unserer Seite wurde alles fließend abgewickelt, doch bevor es in den Osten weiterging, stand der Zug eine Ewigkeit. Das Warten zermürbte. Endlich fuhr der Zug langsam über die Grenze. Nachdem er anhielt, wurde die Abteiltür aufgezogen, ein DDR-Grenzbeamter trat ein und nahm mit undurchdringlichem Gesicht unsere Pässe entgegen. Ihm folgte eine Grenzbeamtin, die weitere Papiere verlangte. Auf diesen mußten all unsere Mitbringsel angeführt sein, die sie überprüfte. Ich dachte schon, daß sie damit völlig überfordert wäre, so lange dauerte es. Doch dann tippte sie auf die Gepäckstücke im Netz und fragte kurz: „Wem gehören die Sachen?"

Mit gestrecktem Zeigefinger erhoben drei Reisende ihren Arm. Wie in der Schule, schoß es mir durch den Kopf.

„Öffnen!" schnarrte ihre Roboterstimme. Dann fuhren ihre Finger gekonnt zwischen Wäsche und Kleidungsstücke. Sie war offenbar darauf aus, uns ihre Wichtigkeit zu demonstrieren. Im Abteil war es mucksmäuschenstill, keiner sprach ein Wort. Endlich zogen die beiden ab. Ein sichtbares Aufatmen ging durch unsere Reihen. Kurze Zeit später hörten wir aus dem Nachbarabteil ein wüstes Schimpfen und Geschrei. Du liebe Zeit, was hatte das zu bedeuten?

Eine Frau unter uns kannte sich aus, sie war schon öfters in den Osten gefahren. „Ach, da muß jemand den Zug verlassen, weil er unerlaubte Dinge bei sich führt", sagte sie, „wahrscheinlich unsere Zeitschriften, die sind drüben sehr begehrt."

Wir waren froh, daß wir den Zug in Leipzig verlassen konnten und uns Christa und ihr Mann Christoph bereits hier mit ihrem Wagen abholten – einem nagelneuen Wartburg-Kombi! Wir staunten nicht schlecht, denn wir hatten es bislang noch zu keinem Auto gebracht. Christoph stellte im eigenen Betrieb mit drei bis vier Beschäftigten Polstermöbel her. Das Geschäft ging sehr gut, und um Couchen und Sessel zu transportieren, benötigte er ein Auto. Aber über eines konnte ich mich nicht genug wundern: Wer eine Couchgarnitur bestellte, mußte viel Geduld aufbringen, denn zwischen Bestellung und Lieferung lagen zwei bis drei Jahre Wartezeit. Dafür gab es dann aber besonders gut gearbeitete Möbel, die man in den Geschäften nicht zu kaufen bekam.

Christa und Christoph hatten eine sehr schöne 3-Zimmer-Wohnung und außerdem zwei Dachmansarden, die sie als Gästezimmer hergerichtet hatten. Christa besaß herrliche alte, sehr gepflegte Möbel, die zum Teil noch von der Großmutter oder Schwiegermutter stammten. Überall standen Meißner Porzellan, Leuchter, Nippesfiguren, Obstschalen und Service aus Familienbesitz, dazu eine alte Glasvitrine.

Unsere Gastgeber wollten uns viel zeigen. Gleich zu Beginn unternahmen wir eine ganztägige Tour ins Erzgebirge. Christas Vater Ulrich, ein rüstiger 81jähriger liebenswerter Herr, begleitete uns. Sein liebstes Hobby war das Schnitzen. Wunderbare Leuchter, Schalen und Bildwerke zeugten von seiner Kunst. Er gab in diesem Fach auch jetzt noch Unterricht, ebenso Privatstunden in Englisch und Latein.

Wir befuhren eine Höhenstraße, die immer wieder weite Ausblicke in liebliche Täler mit kleinen Dörfern ermöglichte. Und über allem thronte der 1214 m hohe Fichtelberg. Unser erstes Ziel war Annaberg. Hier hat man 1492 das Silber entdeckt. Das Städtchen liegt am Pöhlberg, dessen Gipfel erreicht 832 m. Wir bummelten die Hauptgeschäftsstraße entlang, die von der St. Annenkirche zu dem viel tiefer gelegenen Marktplatz führt. Sie ist lang und steil.

Uli, der Sohn unserer Freunde aus dem Erzgebirge, im damals nagelneuen Wartburg-Kombi.

„Christa“, rief ich plötzlich, „sieh mal, hier ist wunderschöne Unterwäsche ausgestellt! Ob wir die kaufen können?“

„Nicht möglich“, staunte Christa. „Komm, das will ich wissen“, und sie zog mich am Ärmel in den Laden hinein. Er war so überfüllt, daß man sich kaum umdrehen konnte. Es gab tatsächlich Unterwäsche und Nachthemden. Christa erstand sogar das letzte Kärtchen Gummiband.

„Die Fahrt hat sich gelohnt!“ strahlte sie. Es sollte noch besser kommen. Wir schlenderten an einem Hutgeschäft vorbei. Christas Vater war mit sehnsüchtigem Blick vor der Auslage stehengeblieben und Christa fragte: „Na, hast du eine Baskenmütze entdeckt? Geh doch mal rein fragen!“

„Ach, sowas Dummes“, antwortete Ulrich „die haben gerade geschlossen, es ist Mittagspause.“

„Dann gehen wir nachher nochmals her“, schlug Christa vor. „Wir gehen jetzt essen, und die St. Annenkirche wollen wir ja auch noch besichtigen, und bis dahin ist der Laden wieder geöffnet.“ Zu mir gewandt fügte sie erklärend hinzu: „Vati sucht seit zwei Jahren eine neue Baskenmütze, das heißt, die ganze Familie sucht sie. Wo wir auch hinkommen, egal, in welche Stadt, überall wird nach einer Baskenmütze gesucht. Aber es ist verhext, es gibt keine. Seine alte ist schon so schäbig, schau sie dir nur mal an!“

„Aber Christa“, schimpfte ich, „warum hast du uns das nicht längst einmal geschrieben?“

Christa blieb mitten auf dem abfallenden, kopfsteinbukkeligen Pflaster stehen und brach in lautes Lachen aus: „Schreiben sagst du, schreiben? Du liebe Zeit, wo sollte man anfangen zu schreiben? Nein, nein, das geht nicht, da würde man kein Ende finden, und es gäbe viel wichtigere Dinge als so eine Baskenmütze. Zum Beispiel Glühbirnen. Wir haben schon seit fast einem halben Jahr in unserem Wohnzimmer eine neue Deckenlampe hängen, aber wie sie beleuchtet aussieht, wissen wir nicht, Glühbirnen sind leider nicht aufzutreiben, und wir haben keine einzige mehr in Reserve.“

Da konnte ich nur mit dem Kopf schütteln. Wir erfuhren, daß Christoph Schwierigkeiten hatte, trotz der langen Wartezeiten, seine Polsterwaren rechtzeitig zu liefern. Das lag unter anderem an den verflixten kleinen Ziernägeln, die nirgendwo aufzutreiben waren. Zum Glück konnten wir auch da später helfen. Christa revanchierte sich und schickte für unsere drei Kinder Schuhe. Aber wo war Ulrich?

Der hatte sich mit ein paar schnellen Schritten von uns entfernt und steuerte drei uns entgegenkommende Passanten an. „Bitte entschuldigen Sie", sagte er höflich, „ich sehe, daß Sie eine so schöne Baskenmütze auf dem Kopf haben. Ist die neu?"

„Ja", strahlte der Mann, „die habe ich gerade vorhin gekauft, hübsch nicht?"

„Und wo?" fragten Ulrich und Christa gleichzeitig. „Hier, in diesem Hutgeschäft?"

„Nein, das hat keine, aber wenn sie hier hinuntergehen, in der nächsten Querstraße links ist noch so ein Laden, der hat welche." – Um es vorwegzunehmen: Ulrich erhielt an diesem Tag endlich eine neue Baskenmütze.

„Seht mal, was ich entdeckt habe!" rief mein Mann, indem er auf ein graues, aufgestocktes Haus zeigte. „Zwar keine Mützen und Unterhosen, aber sehr interessant."

Er führte uns zu einer Tafel, auf der geschrieben stand, daß hier der Dominikaner Johann Tetzel gewohnt hat.

„Seine Tätigkeit als Ablaßprediger muß sich gelohnt haben", sagte Ulrich, „seine gewaltige, eisenbeschlagene Truhe werden wir nachher in der St. Annenkirche zu sehen bekommen. Wenn das Geld im Kasten klingt, die Seele aus dem Feuer springt!"

„Ein feiner Glaube ist das", meinte ich „wo sich die Reichen von ihren Sünden hier auf Erden loskaufen können."

Annaberg hatte noch eine Berühmtheit aufzuweisen: den Rechenmeister und Verfasser der ersten deutschen Rechenbücher Adam Ries – so stand es auf dem Gedenkstein, auch

In Annaberg-Buchholz im Erzgebirge bewunderten wir die prächtige St. Annenkirche. Fast um die gesamte Kirche zieht sich unterhalb des Deckengewölbes mit lebensgroßen Figuren ein buntes biblisches Bilderbuch. Es umfaßt das Neue und das Alte Testament.

wenn es im Volksmund heißt „nach Adam Riese". Er war hier Bergbeamter gewesen und ist 1559 hier gestorben.

Unten, auf dem Hauptplatz, führte uns Ulrich in ein jahrhundertealtes traditionsreiches Gasthaus. Ich staunte wieder, wie gut und preiswert das Essen war: Für 6,50 Mark gab es ein Menü mit reichlich Fleisch, Gemüse, Kartoffeln und Suppe. Nur das Eis taugte nichts, und Heinz meinte: „Schmeckt wie VEB-Pappmaché!"

Da hatte er die Lacher auf seiner Seite.

Später erzählte uns Ulrich, daß die St. Annenkirche die prächtigste Kirche im Erzgebirge sei. Wir kamen gerade zu einer Führung zurecht. Die Kirche war vor kurzem restauriert worden, noch immer sah man Restauratoren bei der Arbeit. Hohe schlanke Pfeiler trugen das Gewölbe der drei Kirchenschiffe. Von 1499 bis 1519 wurde die Kirche gebaut.

Genauso alt ist der Altar, an dessen Rückseite die harte Arbeit des Bergmannes dargestellt ist. Auch hat der Künstler die Legende festgehalten, wie es zur Entdeckung des Silbers kam. Fasziniert sahen wir geraume Zeit der schwierigen Arbeit der Restauratoren zu. Von den 150 Bildern, so erzählte man uns, würden jährlich vier bis fünf Bilder restauriert. Etwa 50 erstrahlten bereits wieder in kräftigen Farben im neuen Glanz.

Von Annaberg fuhren wir weiter Richtung Fichtelberg.

„Ich werd' verrückt!" schrie Heinz plötzlich los. „Da ist ein Wegweiser nach Cunersdorf!"

„Ja, und?" fragten wir.

„Ich besitze noch Holzspielzeug aus meiner Kindheit. Zu dem Spielzeugdorf gehört auch ein Wegweiser, darauf steht Cunersdorf – und nun sehe ich hier das Original!"

„Dann wird es von hier stammen", sagte Ullrich, „sowas wurde früher hier in kleinen Werkstätten und in Heimarbeit hergestellt."

Wir kamen nach Schwarzenberg, einem romantisch gelegenen Ort mit einem Schloß und steilen Straßen.

„Halt an, halt an!" schrie Christa mit einem Male. „Da ist eine Schlange, da gibt es was zu kaufen!"

Christoph reagierte sofort und ließ Christa aussteigen. Wir fanden auch gleich einen kleinen Parkplatz. Als wir zu Christa kamen, standen bereits drei Leute hinter ihr. Vor ihr zählte ich 15, die geduldig, einer hinter dem anderen, auf der Straße anstanden. Sie warteten vor einem Kunstgewerbeladen, das Geschäft innen war proppevoll.

„Was gibt es denn?" fragte ich Christa.

Sie zuckte die Achseln: „Das weiß ich nicht."

Ich schaute sie fassungslos an. „Du weißt es nicht? Aber dann weißt du ja gar nicht, ob sich das Schlangestehen lohnt!"

Christa lachte und meinte treuherzig: „Das lohnt immer, denn da gibt es etwas, was es sonst nicht gibt. Ich will dir etwas Schönes kaufen."

„Oh, Christa, sei mir nicht böse, das dauert ja Stunden, und es ist doch schade um die schöne Zeit. Ich würde mir viel lieber dieses Städtchen anschauen." Inzwischen hatte sich Ulrich schlaugemacht. Er war zur Ladentür marschiert und hatte erfahren, daß es Klöppeldecken gab.

„Komm Christa", sagte ich, „Decken habe ich genug, und außerdem bekomme ich bei uns alles zu kaufen, es sei denn, du willst etwas für dich holen."

„Auf keinen Fall", beteuerte Christa, „ich mache auch viel lieber einen Bummel. Du hast wirklich recht, aber ...", fügte sie entschuldigend hinzu, „wir sind es nicht anders gewohnt, bei einer Schlange muß man sich unbedingt anstellen."

Da lachten wir alle.

Wir waren ein Stückchen gelaufen, als sich die Straße zu einem kleinen Platz erweiterte. Hier stand ein schönes Bürgerhaus, in dem sich eine Apotheke befand. Eine Tafel machte auf ein altes Schriftrelief aufmerksam. Christa fragte mich: „Fällt dir daran etwas auf?"

Ich zuckte die Achseln.

„Hier sind die Anfangsbuchstaben meines Urgroßvaters verzeichnet, das sind auch die meines Mädchennamens Köhler-Haußen. Ihm hat diese Apotheke Ende des 18. Jahrhunderts gehört. Außerdem war er noch Grubenbesitzer, er war ein reicher Mann."

„Ich dachte, deine Vorfahren stammen aus Dresden?"

„Das war sein Sohn, mein Großvater, den es dorthin verschlagen hat. Er war Journalist und ein Lebenskünstler, wie er im Buche steht. Von dem könnte ich dir stundenlang Geschichten erzählen, später mal. Nun zu etwas anderem: Könnt ihr morgen früh mal alleine frühstücken? Wir haben gehört, morgen früh werden im Zwickauer Kaufhaus Teppiche verkauft! Christoph und ich wollen uns ganz früh anstellen, vielleicht haben wir ja Glück."

Gegen Mittag kehrten sie zurück. Nein, sie hatten kein Glück. Es hatten so schrecklich viele Menschen angestanden, daß schon kurz nach 10 Uhr alle Teppiche verkauft waren.

„Christa“, sagte ich, „ich bewundere euch. Ihr seid mitten in der Nacht aufgestanden, habt stundenlang in der Schlange gestanden, dann waren die Teppiche ausverkauft. Trotzdem habt ihr beide eure gute Laune behalten und strahlt übers ganze Gesicht ...“

„Ja“, rief Christa, „das hat auch seinen Grund: Im Kaufhausfunk wurde angesagt, daß die Teppiche ausverkauft seien, aber eine Etage tiefer gäbe es Paddelboote zu kaufen. Du glaubst ja nicht, wie schnell Christoph zur Treppe stürzte

Nachdem wir das Faltboot zusammengebaut hatten, starteten Christoph, Uli und unser kleiner Günther zur Probefahrt.

und nach unten lief! Und diesmal war das Glück uns hold. Wir haben ein Boot erstanden! Am Sonntag fahren wir mit euch und den Kindern an einen großen See zum Baden, da wird das Boot eingeweiht.“

Nach diesem schönen Urlaub war das Eis gebrochen, und schon im Jahr darauf besuchten wir endlich unsere Verwandten in Thüringen.

(Weitere **ZEITGUT***-Beiträge dieser Autorin sind am Buchende vermerkt.)*

[Dresden, damals DDR – Flüchtlingslager Friedland bei Göttingen – Hannover-Linden, Niedersachsen; 1960/März 1964]

Peter Franke

Schwester rollt seit sechs Uhr ...

Da gab es also den Sohn Peter der Hildegard Franke, geborene Gottschalt. Und der hatte am 16. März 1960 die Deutsche Demokratische Republik aus vielen Gründen unfreiwillig verlassen und war zum Verräter des Arbeiter- und Bauernstaates geworden. Im Stich gelassen hatte er aber auch seine Mutter. Diese mußte ihre Drei-Raum-Wohnung – so hieß das in der DDR – räumen und bekam von der staatlichen Wohnraumlenkung eine Ein-Raum-Wohnung in einem anderen Stadtteil Dresdens zugewiesen. Nach sozialistischer Denkweise war das ja wohl in Ordnung. Die Mutter durfte nach der Flucht ihres Sohnes ins imperialistische Ausland dessen letzte drei Lehrergehälter an den Staat zurückzahlen. Und von ihm „lossagen“ mußte sie sich auch.

Dann kam aber alles anders: Mutter wurde sehr krank und mußte mehrmals operiert werden. Ihren Beruf als Köchin in einem Volkseigenen Betrieb (VEB) konnte sie nicht mehr ausüben. Sie wurde mit ihren 52 Jahren zum nutzlosen Glied im Arbeiter- und Bauernstaat. Beinahe hätte man ja darüber jubeln können, denn Mutter bekam nun das Recht auf Übersiedelung in die BRD zu ihrer Schwester lrma nach Hannover. „Familienzusammenführung“ nannte man das. Der Rat des Stadtbezirks Ost der Stadt Dresden beauftragte ein Büro, wegen der bevorstehenden Übersiedlung nach Hannover-Linden, ein Schätzungsgutachten über den Hausrat

Nach meiner Flucht in den Westen mußte meine Mutter unsere Drei-Raum-Wohnung in der Teplitzer Straße in Dresden-Strehlen räumen und bekam von der staatlichen Wohnraumlenkung eine Ein-Raum-Wohnung zugewiesen.

anzufertigen. Kisten, Kartons und Koffer wurden nach Genehmigung, Stempeln und Unterschrift bestückt mit Silberbestecken, Meißner Porzellan, Nudelrolle, Unterwäsche, Schmuck, Röcken und Kleidern, Strümpfen, Bügelbrett, Flikkenbeutel, Zahnersatz und alten Liebesbriefen. Alles wurde einzeln aufgeschrieben, eingetragen und bezeugt. Im Mittelpunkt des Lebens stand die Würde des Menschen!

Der wohlverplombte Güterwagen der Deutschen Reichsbahn – man beachte die Bezeichnung im damaligen Arbeiter- und Bauernstaat – rollte von Sachsen nach Niedersachsen. Ein guter Freund der Familie schickte ein Telegramm: „Schwester rollt seit sechsUhr – wünschen guten Empfang."

Unsere „Zusammenführung" fand 1964 statt – trotz des Kalten Krieges mitten im Frieden. „Schwester rollt" – das war das Signal für meine Tante. An mich hätte das Telegramm nie und nimmer gerichtet werden dürfen. Ich war erst seit kurzem in der Bundesrepublik ganz regulär als Lehrer angestellt. Zu dieser Zeit wurden alle Briefe an meine Mutter kontrolliert, Mutters Post an mich ebenso. Das wurde mir später von der Zentralen Erfassungsstelle der Länderjustizverwaltungen*) in Salzgitter mehrfach bestätigt. An dieser Stelle sei noch erwähnt, daß Mutter und gute Freunde wichtige Papiere wie Geburtsurkunde, Taufbescheinigung und Zeugnisse, auch die Urkunde meines Pädagogik-Staatsexamens aus dem Jahr 1956, aus den unterschiedlichsten Orten „scheibchenweise" an mich abgeschickt hatten. Als ich am 16. März 1960 die DDR verlassen mußte, konnte ich in meiner Kunststoffmappe aus der HO Dresden nur Zahnbürste, etwas Unterwäsche, „frische" Strümpfe und ein „gutes" Hemd mitnehmen.

Die Vorgeschichte: Ein paar Tage zuvor hatte mich der Hausmeister meiner Schule aus dem Unterricht geholt und mit einer alten DKW mit Beiwagen zum Schulamt nach Dresden-Löbtau gefahren. Die Ohrwatschelklappen an der Lederkappe auf meinem Kopf flatterten im Winde. Meine Ohren flatterten etwas später, als mir eröffnet wurde, daß ich mich aufgrund meiner kritischen Äußerungen gegen das herrschende System künftig in der sozialistischen Produktion zu bewähren habe. Und das kam einer Suspendierung gleich!

Ich gehörte an meiner Schule in Dresden-Wölfnitz zum „Fähnlein der sechs Aufrechten". Von 28 Kollegen waren wir sechs nicht in die Partei (SED) eingetreten. In der letzten Zeit hatten sich Auflagen, Bedrängungen und Unterstellungen im Zusammenhang mit der Politik gehäuft.

Mutter, Tante Erna und ich hielten am Abend Familienrat. Und so stieg ich am nächsten Morgen um 4.16 Uhr im Dresdner Hauptbahnhof in den Zug Richtung Berlin. Als ich eine Fahrkarte nach Bad Saarow über Berlin, Hauptstadt

---

*) 1961 gegründete Einrichtung, um die in Berlin (Ost) und der DDR begangenen Straftaten im Zusammenhang mit Republikflucht, Unrechtsurteilen aus politischen Gründen, Mißhandlungen im Strafvollzug und Verschleppung oder politische Verfolgung zu registrieren; 1990 umbenannt in Zentrale Beweis- und Dokumentationsstelle.

Schätzungs-Gutachten

f ü r

Frau Hildegard F r a n k e , Dresden-A.2o,Zwinglistraße 47,
zwecks Uebersiedlung nach Hannover-Linden,Sudersenstr.4.

1	Oelgemälde - Elbsee - o.Sig., i.schwarzen Rahmen	11o x 77 cm	DM	80.--
1	Kohlezeichnung - Katz b.Goarshausen/Rh.v.Erler, unter Glas u.schm.vergold.Holzrahmen	52 x 51 cm	"	40.--
1	Stück Bouel̃éläufer,braungemustert,	145 x 7o cm	"	27.--
1	Radio-Apparat - Sachsenwerk - Olympia 5o2 Wm,älter		"	12o.--
1	Staubsauger"Miele" Nr.L 142 316,Type E 22o V.,18o Watt, m.Zubehör alt,		"	6o.--
1	Persianer-Kappe		"	9o.--
6	Abendbrotmesser m.9oer Auflage-Heften		"	24.--
6	Abendbrotgabeln 9oer Auflage		"	21.--
4	Dessertlöffel 9oer "		"	14.--
12	Kaffeelöffel 9oer "		"	3o.--
			Sa. DM	5o6.--

Die Aufnahme und Abschätzung bescheinigt

Dresden,den 18.März 1964.

H. Rüdinger
Büro f. Grundstücks- u. Vermögensverwaltungen
Schätzungen
früher Conzler - Pirnaische Straße
Dresden N 30
Franz-Lehmann-Straße 44
Telefon 50224

Schätzer.

Rat des Stadtbezirk[illegible] Ost
der Stadt Dre[illegible]en
- Sachgebiet K[illegible]ltur -

Vor der Übersiedlung meiner Mutter von Dresden nach Hannover 1964: Vier Seiten umfaßten das Schätzungsgutachten und die Aufstellung über den Hausrat meiner Mutter – vom Abendbrotmesser bis zum Taschentuch und der Wärmflasche.

\- 3 -

Pos.		
36	Kiste Nr. 5. Inhalt:	
	2 Glasplatten	1 Radierung (s. Gutachten)
	1 Holzbrett	1 kl. Bügelsäge
	1 Fleischwolf	1 Bügeleisen m. Schnur
	1 Küchenwaage	1 Hammer, 1 Beil,
	1 Flütze	1 Emailletopf
	1 Tauchsieder	1 Bratpfanne
	3 Kartoffelsäcke	1 Schneeschläger
	1 Küchenbürste	1 Nudelrolle, 1 Fleischklopfer
	1 Kartoffelstampfer	1 Wiegemesser, 1 Gurkenhobel
	1 Reibeisen	1 Lampengestell
	1 Radio (Sachsenwerk s. Gutachten)	
	1 Wecker	1 schwarzes Tüchel
	Zubehör zum Staubsauger	1 Vorleger, 2 Sofakissen
	1 Spiegel	
	Silber: 6 Bestecke (s.Gutachten), 12 Kaffeelöffel(s. Gutachten)	
	4 Suppenlöffel "	
	1 Pelzmütze,Persianer "	
	2 Kopfkissen	1 Daunendecke, 15 Kleiderbügel.
37	1 Karton Nr. 6. Inhalt:	
	1 Deckbett	1 Staubsauger (Miele s. Gutachten)
	1 Duden, 1 russisch. Wörterbuch,	1 Verlängerungsschnur
38	1 Koffer Nr. 7. Inhalt:	
	1 Wäschekörbchen,	4 Paar Schuhe
	3 Paar Hausschuhe	2 Sonnenbrillen
	1 Ärmelbrett	1 Karton Fotos
	1 Fotoalbum	
38	(achtunddreißig) Positionen.	
	Decken und Tücher zum Schutze der Ladung.	

Ich versichere,daß vorstehende Gegenstände mein Eigentum sind und nur der Weiterbenutzung am Bestimmungsort dienen. Es befindet sich keine Handelsware darunter.

Hildegard Franke
Unterschrift.

Wir versichern, daß vorstehende Angaben den Tatsachen entsprechen.

Fritz Krause
Dresden-A. 16
Hähnelstr. 14
Zeuge

Bernhardt, Erna
Dresden A 1
Blochmannstr. 7
Zeuge

Die Aufstellung über das Umzugsgut meiner Mutter mußte abschließend von zwei Zeugen beglaubigt werden.

der DDR, löste, war's mein Glück oder die fehlende Eitelkeit, daß in meinem Personalausweis unter „Beruf" noch Oberschüler statt Lehrer stand. Alle Lehrer mußten zu dieser Zeit auf Fahrten nach Berlin ohne besonderen Auftrag verzichten, das hatten wir vor Amtsantritt unterschreiben müssen. Im Bahnhof Friedrichstraße nahm ich die S-Bahn und befand mich bereits um 9.35 Uhr im Westteil der Viersektorenstadt mit ihren breiten Straßen, großen Kreuzungen. Da war die Wechselstube für „Aluminiumgeld", da war der weißgekleidete auskunftsfreudige Schupo, und so fand ich zum Flughafen Tempelhof. Die „Flüchtlingsbomber" waren bis spät abends ausgebucht. Nachts gegen 23 Uhr landete ich in Hannover und bimmelte, wie wir Sachsen dazu sagen, bei meiner Tante Irma: „Hier bin ich!"

Es gab viel zu erzählen. Mein Onkel Hermann schickte Mutter in Dresden ein Telegramm: „Paule gesund!"

Ich wollte wieder Lehrer sein, jetzt in Hannover, in der Bundesrepublik Deutschland. Weil ich aus guten Gründen keinerlei Papiere dabeihatte, fuhr ich auf Anraten meiner Verwandten mit einem vom Onkel geliehenen Rasierapparat ins Flüchtlingslager Friedland bei Göttingen. Es ging mir um die Anerkennung als politischer Flüchtling und die Aufenthaltsgenehmigung für das Bundesland Niedersachsen.

Sieben Wochen lebte ich im Lager, wohnte in der Baracke 16 in einem Sechs-Bett-Zimmer. Morgens um 7 Uhr war vor jeder Baracke „Appell", bei dem die Bewohner zur Arbeit eingeteilt wurden. Das war ein tolles Theater: wurden Maler gesucht, war jeder sofort Maler, vier Schlosser sollten für vier Tage Arbeit bekommen, sofort waren alle Schlosser!

Ich meldete mich eines Morgens für den Straßen- und Wegebau – und wurde genommen. Wer eine Arbeit bekommen hatte, erhielt eine Arbeitsnachweiskarte mit der Einteilung von Montag bis Freitag. Arbeitete man den ganzen Tag, wurde am Feierabend ein „G" auf die Karte gestempelt, da hatte man dann 1 DM West verdient. Für halbtags gab es ein „H“ = 0,50 DM, und wer ohne Beschäftigung geblieben war, erhielt ein „U“ für unbezahlt gestempelt.

Eines Tages hatte ich ganz großes Glück: Für die Baracke des Deutschen Roten Kreuzes wurden drei Kellner gesucht. Dort aßen die Mitarbeiter der verschiedenen Büros und Einrichtungen von 12 bis 14 Uhr zu Mittag. Ich kellnerte also. Mein Dienst begann 11.30 Uhr und war um 14.30 Uhr beendet. Dafür bekam ich täglich ein „G“ gestempelt und zehn französische Zollzigaretten der Marke Parisienne. Fünf rauchte ich meistens selbst, fünf verkaufte ich. Auf einmal hatte ich „Geld wie Heu“.

Zu Gesprächen und zur Überprüfung wurde ich in die Barackenbüros der Amerikaner, der Briten, der Franzosen und zu den Landsleuten aus der Bundesrepublik „eingeladen“. Alle, aber auch alle wußten von mir schon sehr viel und waren immer sehr höflich. Schließlich wurde ich auf dem Wege des Ermessens eingewiesen und eingebürgert ins Bundesland Niedersachsen nach Hannover, weil mich Tante und Onkel aufnehmen wollten. Ansonsten war die Stadt zu dieser Zeit wegen Überfüllung von Flüchtlingen aus Ostpreußen und Schlesien gesperrt. Ich war mithin ordentlicher Bürger der Bundesrepublik Deutschland und glaubte, damit wäre der Aufnahme- und Einbürgerungsprozeß abgeschlossen. Ich habe nicht geahnt, daß die berufliche Eingliederung sehr viel komplizierter sein würde als die staatsbürgerliche. Nach einer schriftlichen Bewerbung für eine Lehrerstelle wurde ich ins Schulamt im Neuen Rathaus in Hannover vorgeladen. Ein Herr mit dicker Zigarre im „Schnabel“ – so sagen wir auf Sächsisch – informierte mich, warnte mich und empfahl mir am Ende, in die „richtige“ Partei einzutreten. So würde ich beruflich besser und schneller vorankommen. Schon wieder so einer! Ich lehnte dankend ab.

Und dann wurde ich trotzdem wieder Lehrer, „SBZ-Lehrer“. Ich trat meinen Dienst an einer Volksschule in Hannover-Süd an. Vom Kollegium wurde ich sehr freundlich aufgenommen. Zu dieser Zeit gab es auch in Hannover mehrere ehemalige Lehrer aus der DDR. Wir wurden in einem Sonderseminar zusammengefaßt und hatten die offizielle Dienstbezeichnung „SBZ-Lehrer". Für uns gab es sogenannte Kettenverträge, um als Lehrer im Angestelltenverhältnis weiterhin unterrichten zu dürfen. Nach jedem Vierteljahr mußte wir einen Antrag auf Verlängerung an den Herrn Regierungspräsidenten richten mit der Bitte, weiterhin als Lehrer unterrichten zu dürfen, jedes Quartal dieselbe Prozedur: Antrag stellen – zwei Stunden „Vorzappeln": Fragen beantworten vor dem Schulrat – Bericht des Schulrates – Vertragserneuerung. Darüberhinaus wurde uns wiederholt angeboten, ein Ergänzungsstudium an der Pädagogischen Hochschule Hannover zu absolvieren, um verbeamtet werden zu können. Danach würden wir SBZ-Lehrer beruflich anerkannt. Da ich in der DDR ein ordentliches Hochschulstudium absolviert hatte, lehnte ich das tolle Angebot wiederholt ab. So blieb ich lange Zeit Kettenvertragslehrer.

Als meine Mutter 1964 übersiedelte, war ich nach vier Jahren Schulmeisterdasein gerade an die allgemeinbildende Schule Nordfeldstraße in Hannover-Ricklingen versetzt worden. Der dort amtierende Schulleiter ließ mich deutlich spüren, was ein SBZ-Lehrer in der Bundesrepublik Deutschland überhaupt zu leisten hätte und was er alles nicht könne. Ob er immer ein zufriedener und glücklicher Mensch war?

Abgesehen davon waren wir an der Schule ein fröhliches Völkchen. Und ich lernte viel dazu, bekam immer mehr Routine. Ich unterrichtete Mathematik in den 8. und Biologie in den 7. Klassen und Sport. Ich hatte 1962 geheiratet und war Vater eines kleinen Jungen, ich hatte mich also ganz gut eingelebt. Was fehlte noch zu unserem Glück? – Meine Mutter, eine Oma für das Kind. Und die war im Anmarsch.

Mutter durfte sogar einen Teil ihrer Möbel ausführen. Und das war gut so, damit sie sich hier recht bald heimisch fühlte. In Hannover-Linden landete also der Waggon aus Dres-

Meine Mutter Hildegard Franke, vormals Köchin im VEB Gardinenfabrik Dresden-Rieck. Nachdem sie nicht mehr arbeitsfähig war, durfte sie 1964 nach Hannover umsiedeln.

den. Der Sohn der Mutter war berechtigt, die Plomben im Beisein eines Zollbeamten zu lösen und Gegenstände auf ihren Inhalt hin zu prüfen. Zum Glück war Onkel Hermann dabei und half mir.

In Bad Nenndorf hatte ich für Mutter eine schöne Zwei-Zimmer-Wohnung angemietet, und meine Tante hatte schon vor Monaten bei einer Baugenossenschaft in Hannover für eine Wohnung eingezahlt. Mutter reiste mit dem Interzonenzug, bei sich führte sie die bis ins kleinste Detail gehende „Aufstellung über das Reisegepäck“. Wir holten sie vom Bahnhof ab. Fast genau vier Jahre nach meiner Flucht war die kleine Familie wieder beisammen. Viele Erinnerungen wurden in den ersten Gesprächen mit Mutter wach. „Weißt du noch ...?“

Nachdem nun Mutter im freien Teil Deutschlands angekommen war, begann für sie hier nach Weimarer Republik, Großdeutschem Reich und Deutscher Demokratische Republik das letzte Lebensviertel. Die Vereinigung beider deutschen Staaten hat sie leider nicht mehr erleben dürfen.

[Berlin;
1966/67]

Meinhard Schröder

Zur Fahndung ausgeschrieben

Obwohl ich seit Herbst 1965 an der kleinen, auf mich fast familiär wirkenden Kirchlichen Hochschule im Südwesten West-Berlins studierte, zog mich die Evangelische Studentengemeinde der großen Freien Universität an. Dort traf ich auf Studenten verschiedener Fachrichtungen und unterschiedlicher Lebensauffassungen, anders als in dem engen Kreis der Theologiestudenten.

Schon bald besuchte ich aber noch häufiger die Evangelische Studentengemeinde in Ost-Berlin. Die dortigen Studenten hungerten nach freier Information und nach Gedankenaustausch mit Westlern, seien es Berichte über schöne Urlaubsziele, die ihnen versperrt waren, oder einfach eine andere Sicht auf den Alltag und die Politik. Manche empfanden die Enge des Ein-Parteien-Staates DDR als so bedrükkend, daß sie mit dem Gedanken an eine Flucht spielten. Besonders sie klammerten sich an den Westbesucher wie Ertrinkende an ein Stück Holz. Als ehemaliger DDR-Bürger – meine eigene Flucht lag erst sechs Jahre zurück – empfand ich ihnen gegenüber eine Verpflichtung; gleichzeitig fühlte ich mich in ihrem Kreis wohl. Aus dem gelegentlich bescheiden vorgetragenen Buchwunsch Ost-Berliner Freunde entwickelte sich ein regelmäßiger Büchertransport. Bei der Kirche gab es einen Fonds, aus dem diese Bücher bezahlt wurden. Zum einen wünschten sich die Ost-Berliner Studenten bestimmte Fachbücher, die es in der DDR nicht gab, zum anderen Literatur, die in der DDR zwar nicht ausdrücklich verboten war, die aber auch nicht verlegt wurde (zum Beispiel Camus und Sartre). Außerdem interessierten sie sich für aktuelle Bücher, die bei uns heiß diskutiert wurden, und die in der Regel von den DDR-Behörden als dekadent oder der sozialistischen Moral ihrer Untertanen abträglich eingeschätzt und deshalb an der Grenze einkassiert wurden.

Bei dem Bücherschleusen entwickelte ich ein eigenes System: Bücher, die die Grenzkontrolle voraussichtlich anstandslos passieren würden, gab ich auf den Einreisepapieren als Geschenk an und trug sie in einer offenen Plastiktüte. Andere, bei denen ich mit einer Beschlagnahmung rechnete, steckte ich in die weiten Taschen meines Parkas. Sollten die Grenzpolizisten meine Kleidung kontrollieren oder gar eine Leibesvisitation vornehmen, konnte ich mich dumm stellen: „Nein, das ist kein Geschenk, das ist meine Reiselektüre, die nehme ich heute nacht wieder mit zurück nach Hause."

Auf diese Weise konnte mir, auch wenn ich gefilzt wurde, nie vorsätzliche Täuschung der Grenzorgane nachgewiesen werden, und nie riskierte ich ein Einreiseverbot. Allerdings hielt ich mich auch strikt an das ausdrückliche Verbot, kriegsverherrlichende, revanchistische oder Literatur, die sich gegen den Gedanken der Völkerverständigung richtete, einzuführen. Das fiel mir leicht, da es meinen eigenen Überzeugungen entsprach. Allerdings praktizierten die DDR-Behörden eine eigenwillige Interpretation des Begriffs Völkerverständigung. Bereits die leiseste Kritik am sozialistischen Lager, speziell am „Großen Bruder" Sowjetunion, galt als „gegen die Völkerverständigung gerichtet".

Während ich einen großen Teil meiner Freizeit in Ost-Berlin verbrachte, spielten sich im fernen Dresden Ereignisse ab, die mich bald berühren sollten. Details darüber erfuhr ich erst nach der Wende aus meiner Stasi-Akte:

Das bin ich 1967 bei einem Besuch in Ost-Berlin. Zu dieser Zeit studierte ich in West-Berlin Theologie. In den geräumigen Taschen meines Parkas konnte ich das als Reiselektüre getarnte Schmuggelgut gut unterbringen.

Ende 1966 flüchteten mehrere Studenten der TU Dresden und einige Krankenschwestern nacheinander in den Westen. Bei den Behörden schrillten die Alarmglocken. Wozu hatte man die rufschädigende Mauer gebaut, wenn es DDR-Bürgern trotzdem gelang, die Republik illegal zu verlassen?

Da die Geflohenen alle mit der Evangelischen Studentengemeinde in Dresden Kontakt pflegten, lag der Verdacht nahe, eine westliche professionelle Fluchthilfeorganisation hätte ihre Hände im Spiel oder, wie es im DDR-Sprachgebrauch hieß: eine „Schleuserbande", die „staatsfeindlichen Menschenhandel" betrieb. Wer bei Fluchthilfe erwischt wurde, mußte mit der härtesten Behandlung und den längsten Strafen rechnen. Oft konnte die Bundesregierung verurteilte Fluchthelfer erst nach Jahren freikaufen. Umgekehrt galten die Schleuser – auch wenn sie einen Batzen Geld für ihre

Tätigkeit nahmen – im Westen als Helden und wurden in der Presse, allen voran die Springer-Presse, gefeiert.

Im Februar 1967 tagte in Dresden ein Krisenstab der Staatssicherheit. Er beschloß, unbedingt die Fluchtwege und die Fluchthilfeorganisation aufzudecken. Ein ganzes Maßnahmenbündel wurde aufgelistet. Als Erstes sollten sämtliche Kontakte des Flüchtlings Ulrich Unger überprüft werden. Er war am 2. Dezember 1966 als letzter aus Dresden verschwunden. Zur Hilfe kam den Ermittlern ein Brief, den Ulrich Unger an mich gerichtet hatte, der aber abgefangen worden war, und von dem ich also nichts ahnte. Schnell fand man bei der Stasi in Dresden heraus, daß Ulrich und ich früher gemeinsam eine Schulklasse besucht hatten, daß ich jetzt in West-Berlin lebte und 1966 genau 33mal mit einem Tagesvisum in die „Hauptstadt der DDR“ eingereist war. Damit glaubte die Dresdner Stasi bereits, den Kurier der professionellen Schleuserbande zu kennen und setzte mich an die Spitze des verdächtigten Personenkreises. Über mich hoffte man, die ganze Organisation aufdecken zu können. Dazu wurde ich unter Postkontrolle gestellt und an allen Grenzübergangsstellen zur Fahndung ausgeschrieben, PKW- und Moped-Kennzeichen gehörten dazu. Zu meinem Glück lautete die Anweisung ausdrücklich, mich nicht zu verhaften, sondern mich nur zu observieren:

> *„Kontaktpersonen konspirativ festzustellen und zu fotografieren sowie Objekte zu fotografieren, wo der Schröder mit Personen und Objekten ersichtlich ist.“*

Republikweit lief nun der operative Vorgang „Gemeinde“ an. Auf die Evangelische Studentengemeinde in Dresden wurde ein IM – ein Informeller Mitarbeiter der Stasi – mit Decknamen Hermann Müller angesetzt. In und um Dresden sollten Freunde und Bekannte, besonders aber die Freundin und der Bruder von Ulrich Unger verhört werden, in Ost-Berlin eine weitere Bekannte, bei der Ulrich übernachtet gelöscht 20. Juli 1967

98/67

MINISTERRAT
DER DEUTSCHEN DEMOKRATISCHEN REPUBLIK
Ministerium für Staatssicherheit

MfS
– 78 –
27. FEB. 1967
Tgb.-Nr. 3564
Weiter an:

BStU
000222

~~Hauptabteilung~~ Abteilung XX/3
Bezirksverwaltung Dresden
Kreisdienststelle –
Sachbearbeiter Schiller
Telefon 306

Streng geheim!

Dresden, den 23.2.1967

XX/3/ 404/ 67

Fahndungsauftrag

(lt. DA 15/62 auszufüllen)

Familienname S c h r ö d e r Vorname Meinhard
(bei Frauen auch Geburtsname, verw., geschiedene oder auch Künstlername)

geboren am 31.7.1943 Geburtsort

Nationalität deutsch

1. Wohnort Rendsburg
(Straße) (Hausnummer)

Staatsangehörigkeit

2. Wohnort bzw. Aufenthaltsort Berlin 37, Schmarjestr. 7 oder 37
(ständig oder vorübergehend)

Arbeitsstelle und Tätigkeit unbekannt
(evtl. Beruf)

Personenbeschreibung
Größe
Gestalt
Gesicht
Augen
Haar
Geschätztes Alter
Besondere Kennzeichen
(z. B. Brillenträger usw.)

Foto der Person (stimmt dies mit dem heutigen Aussehen überein?) kein Foto vorhanden

(Bilder sind mit Personalien zu versehen)

KOPIE BStU

Die Staatssicherheit verdächtigte mich, Kurier einer professionellen Schleuserbande zu sein. Kopie des am 23. Februar 1967 ausgestellten Fahndungsauftrages.

Der Bahnhof Friedrichstraße war Endstation für die S-Bahnen aus West- und Ost-Berlin. Auf Bahnsteig A, vorn, wurden die Interzonenzüge kontrolliert. Das Schild über der Treppe mahnt: „Weiße Kontrollinie nicht vor Aufforderung überschreiten!“ Die Treppe führte hinunter zur Grenzabfertigung. Aufnahme vom Dezember 1961. Der nicht sichtbare Bahnsteig C lag rechts hinter einer stählernen Sichtblende, einem echten „Eisernen Vorhang“, der Einblicke verhindern sollte. Er wurde 1990 abgerissen.

hatte, wenn er Pferderennen besuchte. In Crivitz in Mecklenburg und in Rostock mußten zwei Ärzte aussagen, die ihm nahestanden, und in Schwerin wurden seine Eltern in die Mangel genommen. Alle waren von der Flucht überrascht und wußten von nichts. Über mögliche Gründe für die Flucht gaben die Eltern an, die Schließung des Studiengangs Flugzeugbau an der TU Dresden hätte Ulrich sehr enttäuscht, er hätte keine berufliche Perspektive für sich gesehen.

Auch über mein Vorleben in Schwerin zog man von Dresden aus Erkundigungen ein, die aber außer der abgelehnten Familienzusammenführung und meinem nachfolgenden „illegalen Grenzübertritt“ nichts erbrachten. Auch in West-Berlin setzte sich die Stasi in Bewegung und versuchte, meine

Wirtsleute auszuhorchen, die ebenfalls in Verdacht geraten waren, zur Schleuserbande zu gehören. In der kleinen alten Villa in der Schmarjestraße, einer Nebenstraße der Clayallee in Berlin-Zehlendorf, wohnte neben mir eine alte Dame zur Untermiete, und so erkundigten sich die Spitzel unverfänglich zunächst nach ihr. Aber genau damit erregten sie Mißtrauen. „Das ist merkwürdig: Die Dame liegt im Krankenhaus und hat überhaupt keine Kontakte. Was also wollen sie wirklich?“ fragte mein Wirt und vertrieb sie damit.

Derweil wartete in Ost-Berlin ein Leutnant Kreudel auf seinen Einsatz, um mich mit seinen Mitarbeitern zu observieren. Endlich, am 8. April 1967, ist es für ihn soweit: Ich reise über die Grenzübergangsstelle Friedrichstraße in die „Hauptstadt“ ein. Wie immer verirre ich mich fast in dem unterirdischen Labyrinth der Gänge, das bewußt so angelegt ist, um auch hier eine Flucht von Ost nach West zu verhindern. Der typische Lysol-Geruch schlägt mir entgegen. Ich durchlaufe die verschiedenen Stationen: die Kasse, um den Zwangsumtausch im utopischen Verhältnis von einer Westmark zu einer Ostmark zu erledigen; die Paßkontrolle mit dem obligatorischen Befehl: „Machen Sie das rechte Ohr frei!“ und den wiederholten finster-strengen Blicken ins Gesicht. Gleichwohl schienen diese betont gefühlskalten Blikke nur auf den geringsten Hauch von Renitenz seitens des Einreisewilligen zu warten, um sofort im zumeist sächsischen Tonfall loszubellen: „Sie haben hier die Anordnungen der sozialistischen Grenzorgane zu befolgen!“, „Wer hier Fragen stellt, das bin ich!“ oder „Sie sind sich wohl nicht im Klaren, mit wem Sie es zu tun haben?“ – Nein, man wurde an der Grenze von den bewaffneten und unbewaffneten Cherubim des Paradieses auf Erden nicht als ein von den Kapitalisten unterdrückter und ausgebeuteter Klassenbruder begrüßt, sondern schlicht als Klassenfeind behandelt, der sich nur zur Tarnung anständig oder zurückhaltend benimmt und vielleicht seine Waffen nur versteckt hält.

Als nächstes Zollkontrolle, in der Regel Taschenkontrolle und je nach Laune oder Anweisung: Leibesvisitation. Bei mir dauert die Prozedur diesmal besonders lange – ich ahne ja nicht, daß Leutnant Kreudel und seine Begleiter erst mobilisiert werden müssen. Für mich hätte Kreudel allein genügt, aber meine „Kontaktpersonen“ müssen nach der Trennung von mir ebenfalls weiterverfolgt werden. Endlich erhalte ich mein Tagesvisum und trete in die schäbige, halbdunkle Vorhalle des Bahnhofs Friedrichstraße. Unter den Wartenden entdecke ich meinen Freund Christian, der sich heute länger als sonst gedulden mußte, und begrüße ihn erfreut.

Das Stasi-Beobachtungsprotokoll hält fest:

*11183 (*das bin ich) *trifft Jesus* (so nennen sie Christian, da sie seine Identität noch nicht kennen) *und begrüßt ihn per Handschlag. Sie gehen hinaus, bleiben vor der Buchhandlung stehen und sehen sich die Auslagen an. Beide gehen dann zum Friseur. Um 13.33 Uhr betreten sie die Buchhandlung ‚Das Internationale Buch', bleiben dort 35 Minuten und kommen mit Einkaufstüten wieder heraus. 14.24 Uhr besichtigen sie die St. Hedwigs-Kathedrale. 11183 fotografiert um 15.37 Uhr mit dem Fotoapparat von Jesus die beiden Humboldts vor der Humboldt-Universität. 16.12 Uhr gehen sie in das Haus Tucholskystraße 7. 17.34 Uhr verlassen 11183, Jesus und Bibel – weibliche Person etwa gleichen Alters, dunkler Rock, graue Jakke, braune Schuhe, kurzes, dunkles Haar – das Haus. Sie ziehen sich in die Gaststätte ‚Zum schwarzen Raben' zurück, kommen aber kurz darauf wieder heraus. In der Neustädtischen Kirchstraße ist der ‚Berliner Bär' leer und sie setzen sich an einen Tisch.*

Vermutlich nehmen die Mitarbeiter der Firma „Horch und Guck“ an einem der Nachbartische Platz. Was sie jetzt hören, gefällt ihnen nicht: Witze. Entweder sie verstehen nicht alles oder sie wollen ihre Vorgesetzten damit verschonen, den

Spott der DDR-Untertanen auf ihre Obrigkeit lesen zu müssen. So notieren sie nur:

Bibel berichtet etwas über ihren Staatsbürgerkunde-Lehrer und die anderen lachen. Bibel versichert, das sei kein Witz, sondern wahr. Nun werden Witze erzählt. Jesus meint: ‚Eine gewisse gesunde Vorsicht ist hier immer angebracht.' Man spricht noch über Ausflugziele, zum Beispiel Potsdam, und daß man Potsdam mit dem Tagesvisum für die Hauptstadt eigentlich nicht betreten darf. Aber 11183 meint, man dürfe sich nur nicht erwischen lassen.

Mehr gibt das Protokoll heute nicht her. Das muß für Leutnant Kreudel ja wie Trockenbrot bei einem Empfang gewesen sein: keine geheimen Absprachen, keine verdächtigen Übergaben. Wie sie übrigens Christian als Jesus bezeichnen konnten, ist mir schleierhaft. Schon geringer historischer Sinn hätte ihnen sagen müssen, daß der biblische Jesus keine Brille trug. Bei meiner Personenbeschreibung fiel ihnen auf: kurzes dunkelblondes Haar, Hornbrille, dunkle Hose, Kutte – wie der Parka aus US-Army-Beständen in der DDR genannt wurde.

Am 19. April 1967 stehen Leutnant Kreudel und seine weiteren Augen abermals bereit. Wieder beobachten sie unsere Begrüßung an der Friedrichstraße. Inzwischen haben sie die Identität von „Jesus“ und „Bibel“ festgestellt, nennen sie aber weiter bei ihren verliehenen Spitznamen. Wieder halten sie minutiös unsere Buchhandlungsbesuche und jeden Wohnungsaufenthalt im Beobachtungsprotokoll fest.

Abends nehmen wir an einer Veranstaltung der Evangelischen Studentengemeinde im Heinrich-Grüber-Haus teil, das gleich hinter der Marienkirche am Alexanderplatz liegt. Berichtenswert findet Leutnant Kreudel das Thema des Abends: „Christen dürfen alles.“ Hinein geht er allerdings nicht; vermutlich fürchtet er, als Unbekannter aufzufallen. Die meisten Besucher kommen in Gruppen und Grüppchen und scheinen sich gut zu kennen. Auf interne Berichte aus der Evangelischen Studentengemeinde kann sich Leutnant Kreudel offenbar nicht stützen. Es gäbe hier also genug Zeit für mich, um mein schmutziges Geschäft zu betreiben. Erst hinterher kann er berichten, wer wann aufbricht. Er folgt mit seinen Mannen einer munteren Schar zum Roten Rathaus in den Ratskeller und wird vom Kellner an einem freien Tisch platziert, zu seinem Leidwesen nicht in unmittelbarer Hörweite, so daß er im Protokoll nur auf Entfernung Gesehenes niederschreiben kann:

Bibel tritt hinter 11183 und unterhält sich angeregt mit ihm. Sie trinkt aus seinem Bierglas.

Man sieht förmlich Leutnant Kreudel den Kopf schütteln. Und dann traut er seinen Augen kaum: er muß mit ansehen, wie Bibel sich auf den Schoß von 11183 setzt! Das nehmen diese Christen wohl ernst, daß sie alles dürfen! Ob „Bibel" die nächste Kandidatin der Schleuserbande ist, wenn 11183 sie mit Alkohol gefügig macht und auf seinen Schoß zieht?

Noch einmal schöpft Leutnant Kreudel Hoffnung, daß ihm der Fisch ins Netz geht. Am 4. Mai reise ich wieder in die „Hauptstadt" ein und die Spitzel verfolgen mich auf Schritt und Tritt. Allerdings kann das Protokoll folgenden peinlichen Vorfall nicht verschweigen:

Nachdem bereits das Kommando ‚Nach Schönefeld zurückbleiben!' ertönt war, springen 11183, Jesus, Bibel und drei weitere Personen aus der S-Bahn auf den Bahnsteig. Der Kontakt bricht ab.

Aber, aber, Herr Leutnant – so leicht sind Sie abzuschütteln? – Wir hatten interessiert geplaudert – worüber, hatte Leutnant Kreudel nicht verstehen können –, als plötzlich jemand von uns rief: „Ostbahnhof! Wir müssen doch umsteigen!" Alle stürzten zur Tür. Nur unsere heimlichen Begleiter mußten bei Strafe der Enttarnung sitzenbleiben, es wäre uns doch aufgefallen, wenn weitere Personen wie auf Kommando ebenfalls abrupt aufgestanden wären.

Für die Dresdner Stasi ist das Ergebnis dieses Abends also wieder mehr als dürftig. Nur einen herzlichen Abschied im Tränenpalast, als die Westler ihre Freunde verlassen müssen, weil die genehmigte Aufenthaltsdauer um Mitternacht abläuft, kann Leutnant Kreudel noch konstatieren.

Nach diesen Fehlschlägen gab man sich auch in Dresden keinen Illusionen mehr hin, daß die anfangs so hoffnungsvolle Spur heiß sein könnte. Man brach die Observierung sowie den ganzen Operativen Vorgang „Gemeinde" am 24. Juni 1967 ab und schob den Mißerfolg auf „die Dienststellen in Magdeburg und Staßfurt, die keine brauchbaren Informationen geliefert hatten".

Als ich meine Akte las, erschrak ich zunächst über die Gefahr, in der ich damals schwebte. Eines Tages hatte mir nämlich ein Freund, der sich mit Fluchtgedanken trug, genaue Skizzen und Beschreibungen der Grenzanlagen an einer Stelle zwischen Ungarn und Österreich mitgegeben, damit ich ihm zu gegebener Zeit helfen könnte. Sogar der Abstand der Minen und die Zeitpunkte der Kontrollen waren darauf angegeben. Ich rechnete bei der Ausreise nicht mit einer Kontrolle und so trug ich die brisanten Unterlagen bei mir. Hätte ich von meinen ständigen Begleitern gewußt, hätten mir sicher die Haare zu Berge gestanden.

Nach der Lektüre meiner Akte überwog allerdings die Freude: Die Staatssicherheit der DDR, die die Menschen gern mit ihren angeblich umfassenden Kenntnissen und ihrer vorgeblichen Allmacht einschüchterte, war gar nicht so perfekt. Sie bestand aus Menschen, die eben auch mal dilettantisch zu Werk gingen. Und in der Evangelischen Studentengemeinde in Ost-Berlin hatte sie zu jener Zeit keinen Informanten. Schließlich hatte sich die Staatssicherheit vergeblich angestrengt herauszufinden, auf welchem Weg und mit wessen Hilfe 1966 die Studenten und Krankenschwestern aus Dresden geflüchtet waren. Nie haben sie es erfahren.

[Hannover – Dresden, Sachsen, damals DDR;
Frühjahr 1967]

Erna Hannemann

„Gefüllte" Leberwurstbrötchen im Interzonenzug

Im Frühjahr 1967 erhielten wir Post von unseren Verwandten, die in der Nähe von Dresden wohnten. Sie baten uns inständig, sie für 14 Tage zu besuchen, da es doch noch 20 Jahre dauern würde, bis sie Rentner seien und zu uns dürften. Sie wollten uns die Sächsische Schweiz zeigen und eine Dampferfahrt bis Bad Schandau mit uns unternehmen. Offenbar lag ihnen viel daran, daß wir als Westdeutsche den Kontakt zu ihnen hielten. Darum wollten wir ihre Einladung gern annehmen.

Die Reisegenehmigung kam schnell und der Termin wurde festgelegt. Vorsorglich schickten wir vor der Abfahrt noch einige Päckchen mit Kaffee und anderen begehrten Dingen an zwei verschiedene Adressen in Dresden ab.

Die Urlaubsunternehmungen würden eine Stange Geld kosten, überlegten wir. Willy, unser Verwandter, war als Apotheker angestellt, sein Gehalt war bestimmt nicht sehr üppig für eine dreiköpfige Familie und die alte Mutter, die nur eine geringe Rente bezog.

„Wir müssen einen größeren Betrag Ostmark mitnehmen", beschlossen wir. Das bedeutete Schmuggeln, denn die Einfuhr von Ostgeld war bei Strafe untersagt. Ich versuchte, im Abstand von einigen Tagen bei verschiedenen Banken und Sparkassen, Geld zu tauschen, was nicht einfach war, denn

Ostmark gab es nicht immer und auch nur in begrenzter Menge. Doch es kam dann doch einiges zusammen.

Mein Mann und ich überlegten, wie wir das Geld durch die Grenzkontrollen bekommen könnten. Ins Futter der Hausschuhe einnähen? Irgendwo im Koffer verstecken oder die Ummantelung der Thermoskanne aufschrauben und dort das Geld hineinlegen?

Alles verwarfen wir nach reiflicher Überlegung. Da hatte ich eine Idee, die mir hundertprozentig erschien: Wir würden als Proviant vier längliche Brötchen mitnehmen, die aber nicht gegessen, sondern nur angebissen werden sollten, damit alles echt aussähe. Die unteren Hälften würde ich aushöhlen und die fest zusammengerollten Geldscheine, in Folie gewickelt, hineinquetschen. Dann würde die herausgenommene Masse wieder reingedrückt, dick mit Butter bestrichen, damit es gut klebte, und zum Schluß würde die Kalbsleberwurst daraufgeschmiert. Schließlich käme an eine Seite ein geheimes Zeichen, daß wir hier anbeißen dürften, ohne die Scheine zu zerkauen. Gesagt – getan!

Der Abreisetag war gekommen, wir stiegen in Hannover in den Interzonenzug. Kurz vor der Grenze bekamen wir verabredungsgemäß Hunger. Wir holten die Brötchen aus der Reisetasche und stellten die Thermoskanne auf das Klapptischchen vor unseren Fenstersitzen. Ein Schluck Kaffee wurde getrunken, jeder biß sein Brötchen an der gekennzeichneten Seite an, und da kam auch schon die Grenzkontrolle in unser Abteil. Wir legten die Brötchen ins Papier zurück, nahmen unsere Personalausweise, Fahrkarten und die Einreiseerlaubnis aus der Handtasche und überreichten dem Beamten die Unterlagen.

„Welches sind Ihre Koffer?“ fragte der Kontrolleur.

Mein Mann zeigte nach oben zum Gepäcknetz.

„Was Verzollbares darin?“

„Nur Erlaubtes und auch nicht mehr als mengenmäßig zulässig.“

Das entsprach vollauf der Wahrheit, der Kontrolleur hatte ja nur nach dem Kofferinhalt gefragt.

Wir mußten noch 100 DM 1:1 in Ostmark umtauschen und erhielten dafür eine Quittung, die wir bei der polizeilichen Anmeldung vorzeigen sollten. Das war alles.

Die Beamten wandten sich den übrigen Reisenden zu. Da es nichts zu beanstanden gab, verließen sie mit guten Wünschen für den Aufenthalt in der Deutschen Demokratischen Republik unser Abteil. Uns plumpsten die Steine vom Herzen, hoffentlich hörte es niemand. Die Brötchen packten wir weg und holten unser Mittagbrot hervor: Butterbrote, Schnitzel und Gewürzgurken.

Im Nachbarabteil dauerte die Kontrolle länger, die Kontrolleure waren fündig geworden. Ein Mann mußte mit seinem Gepäck den Zug verlassen und wurde in eine Baracke geführt. Es dauerte noch eine Ewigkeit, bis der Zug die Erlaubnis zur Weiterfahrt bekam. Der Mann blieb in der Baracke.

Der Zug traf mit großer Verspätung in Dresden ein. Wir waren felsenfest davon überzeugt, daß man auf die Reisenden aus dem Interzonenzug warten würde. Aber wir sahen nur noch die Schlußlichter des Zuges, der in Richtung Bautzen abgefahren war. Doch unser Leberwurst-Geld war in der DDR angekommen.

[Eilenburg bei Leipzig, damals DDR – Oldenburg,
Niedersachsen;
60er Jahre]

Jan Eilers

Dresdner Christ-Stollen

Damals war sie etwas Besonderes, die Ampel an Ullmanns Ecke in Oldenburg. Sie wurde durch Schwellen in der Fahrbahn gesteuert, das war neu. Aber so recht funktionieren wollte das nicht, so daß man auf den altbewährten Schutzmann zurückgriff, der nun Verkehrsposten hieß. Die Verkehrsposten standen auch am Pferdemarkt, an der Stedinger Straße, am Damm, am Julius-Mosen-Platz und anderen kritischen Punkten der Stadt.

Der 24. und der 31. Dezember waren für die Posten „dikke" Tage, da war nämlich auch für sie Weihnachts- und Silvesterbescherung. Nach dem Bibelwort „Geben ist seliger denn Nehmen" stellten Radfahrer, Fußgänger und Autofahrer bunt verpackte Pakete neben die Posten, bis nur noch deren weiße Mützen und Ärmelstulpen herausragten. Das war ein schöner Brauch geworden und diente auch einem guten Zweck, denn das meiste bekamen die Oldenburger Kinderheime. Nur mit dem Hochprozentigen mußten die Verkehrsposten selber fertigwerden.

Die Posten wurden wie gute Bekannte begrüßt. Das kam daher, weil viele Oldenburger noch mit dem Rad fuhren. Und Autofahrer drehten schon mal für ein freundliches „Moin, moin!" das Fenster runter.

Wenn sich die Verkehrsposten bei ihrem Dienst Rheumatismus eingehandelt hatten, erhielten sie eine warme und

Stadtbus der 50er Jahre. Die Oldenburger nannten ihn „Pekol-Bus", nach dem Firmen-Gründer Theodor Pekol. Der Busfahrer Rudolf Hatzler war bei den Oldenburgern bekannt und beliebt wegen seines respektlosen bayerischen Mundwerks.

ruhigere Stelle im Innendienst. Als ich eines Tages zur Polizei gehen mußte, traf ich dort Beamte, die mir noch als Verkehrsposten in Erinnerung waren. Der Grund für meine Vorladung war ein Paket mit einem Dresdner Christ-Stollen von Christel aus Eilenburg in der Ostzone. Ab und zu schickte ich an ein Ehepaar in Eilenburg bei Leipzig Pakete mit Kaffee, Schokolade, Strümpfen und was sonst so üblich war. Manchmal legte ich auch etwas dazu, was drüben streng verboten war: Zeitschriften. Die Programmzeitschrift „Hör zu!" hatte als erste farbige Seiten, die bei den Menschen in der Ostzone besonders begehrt waren.

Christel und ich hatten Glück, die Pakete und auch die Illustrierten rutschten durch die Kontrollen. Christel bedankte sich und schrieb, sie hätte mir ein Paket mit selbstgebakkenem Dresdner Christ-Stollen geschickt, ein Brief läge auch dabei. Der Christ-Stollen kam an, aber der Brief fehlte.

Das Paket war kontrolliert worden, aber nicht im Osten, sondern vom Oldenburger Zoll. Den Beamten mußten beim Lesen des Briefes die Haare zu Berge gestanden haben, denn dort hieß es:

Wie Du weißt, leben wir hier im real existierenden Paradies. Daß es schön sein würde, haben wir ja erwartet, aber so herrlich haben wir es uns nicht vorgestellt. Leider habt Ihr es im Westen nicht so gut, und das liegt an Adenauer. Der muß weg. Kannst Du ihn nicht um die Ecke bringen?

Und das mit dem Eisernen Vorhang ist eine kapitalistische Lüge, den hat Adenauer geschaffen. Wenn Adenauer erst beseitigt ist, dann schlage doch ein Loch in die Mauer, damit der real existierende Sozialismus auch zu Euch kommen kann. Schreibe mal, wann Du Zeit hast, wir helfen Dir dabei, damit Ihr im Westen auch unseren hohen Lebensstandard bekommt!

Daraufhin wurde ich aufgefordert, mich bei der Polizei zu melden. Daß ich den Inhalt des Briefes schon kannte, lag an den beiden Kopien, die der Zoll freundlicherweise gemacht hatte. Eine für mich und eine für den Staatsanwalt.

So traf ich denn meine Verkehrsposten a. D. Alfred Lau, Kurt Ganz und Siegfried Goralski wieder. Der „schöne Siegfried", der Liebling aller Oldenburgerinnen von siebzehn bis siebzig, hatte meistens an Ullmanns Ecke gestanden, immer toll in Schale geschmissen – Hose und Jacke der Polizeiuniform waren hellblau –, wobei seine blitzblanken Extra-Stiefel oder sein schneeweißer, steifer Kragen schon mal gegen die Kleiderordnung verstießen. Die weiße Mütze trug er immer ein bißchen schief auf dem Kopf.

„Moin, moin, die Herren vom Eff-Bi-Ei!" begrüßte ich sie.

Na, na, ich solle doch nicht so förmlich sein, bloß weil ich wieder mal falsch geparkt hätte.

Von wegen falsch geparkt! Sie wüßten wohl nicht, wen sie vor sich hätten?

Ach nee, vielleicht Mord und Totschlag?

Viel schlimmer! Ich sollte Adenauer um die Ecke bringen und Revolution machen. Und ein Loch in die Mauer hauen. Bitte sehr, hier sei es schriftlich und ob sie mitmachen wollten?

Sie lasen es und schüttelten mit dem Kopf.

Ein Loch in die Mauer hauen?

Nun, das könne man sich ja überlegen. Alfred habe zu Hause eine pneumatische Black-und-Decker und Kurt eine elektrische Bosch. Das würde fixer gehen als mit Hammer und Meißel. Aber etwas Geduld müsse ich schon haben, sie müßten ja erst die Dienstvorschriften studieren und ihre Vorgesetzten befragen. Dann redeten wir noch eine Weile über die neuesten technischen Errungenschaften der Polizei, über den Borgward Isabella und den neuen Zweitakt-Dreizylinder-DKW-Drei-gleich-sechs, das letzte in Westdeutschland gebaute Zweitakt-Auto. Ich solle wieder mal reinschauen, sie würden sich freuen.

Es wurde kein Protokoll aufgenommen, und ich habe auch nichts unterschreiben brauchen. Wahrscheinlich haben die Beamten einen Aktenvermerk gemacht, daß das Ganze nur ein Ulk war. Die DDR-Bürger hatten ja außer Satire, Ironie und Parodie keine andere Möglichkeit, sich Luft zu verschaffen.

Als Jahrzehnte später tatsächlich Löcher in die Mauer geschlagen wurden, waren wir alle via Fernsehen dabei. Aber nur ganz wenige wissen, wie alles begonnen hatte: nämlich mit Christels Christ-Stollen und den Revolutionsgesprächen mit Alfred, Kurt und Siegfried vom zweiten Polizeirevier in Oldenburg.

(Weitere **ZEITGUT**-*Beiträge dieses Autors sind im Autorenverzeichnis am Ende des Buches vermerkt.)*

[Oldenburg, Niedersachsen – Spitzkunnersdorf bei Zittau,
Oberlausitz, damals DDR;
1965–1968]

Marianne Diepen

Patenschaft für einen DDR-Turner

Mitte der fünfziger Jahre waren mein Mann Gerold, von Beruf Lokführer, und ich der Eisenbahner-Sportgemeinschaft in Oldenburg beigetreten. Gemeinsam mit anderen Unentwegten arbeiteten wir frohgemut mit Schippe und Spaten an der Wiederherstellung der Sportanlagen. Und als unser Sohn Peter dann in die Schule kam, fand ich eine lohnende ehrenamtliche Aufgabe: Ich gründete eine Kinderturnabteilung, die prächtig gedieh und mir viel Freude bereitete. Nach einigen Wiederholungskursen übernahm ich als Leiterin der Damengymnastikabteilung ein weiteres dankbares Betätigungsfeld.

Schließlich wurden Gerold und ich in den Vorstand gewählt und fanden uns eines Tages im Jahre 1965 als Abordnung des Vereins beim Kreisturntag, einer Versammlung aller Oldenburger Turnvereine, wieder. Nachdem die auf der Tagesordnung stehenden Themen abgehandelt waren, wandte sich ein Mitarbeiter an uns alle mit der Bitte, für einen ostdeutschen Turner eine Patenschaft zu übernehmen. Sein Appell fand offene Ohren. Er verteilte Zettel mit Namen und Anschriften verdienter Sportler. *Oskar Herzog, Spitzkunnersdorf bei Zittau, 62 Jahre*, stand auf unserem.

Gleich am nächsten Tag schrieb ich einen ausführlichen Brief, stellte uns vor und erklärte ihm und seiner Familie, daß ich ihre Patentante sein möchte und ihnen in den nächsten Tagen ein Paket schicken wolle. Später erfuhren wir, daß seine Frau Susanne und seine Tochter Erika über meinen Brief höchst erregt waren. Sie hielten uns für Spione und versuchten, den freudig überraschten Oskar davon abzuhalten, meinen Brief zu beantworten. Aber der wußte bereits, daß einer seiner engen Turnfreunde aus der guten alten Zeit seine Adresse vermittelt hatte.

In einem seiner nächsten Briefe ermunterte er uns, ihn und seine Familie zu besuchen. Da wir als Eisenbahner Freifahrtscheine bekämen, könne das doch kein finanzielles Problem sein. Einige schöne Ansichtskarten aus der Oberlausitz hatte er beigelegt. Ja, das sah ganz einladend aus.

Gerold entschied, daß er seinen kurzen kostbaren Jahresurlaub 1966 doch lieber in Berchtesgaden verleben wollte. Aber unser Sohn Peter, inzwischen 16 Jahre alt, brannte darauf, in die Lausitz zu fahren. Also wurde für ihn und für mich die Einreisegenehmigung beantragt. Es dauerte lange, noch zwei Tage vor dem geplanten Reisetermin hatten wir keinen Bescheid. Erst am letzten Tag in aller Frühe traf die Genehmigung per Eilpost ein.

Der Zug in den Osten war überfüllt. Nur durch viel Glück gelang es uns, einen Sitzplatz in dem unbequemen Wagen zu finden. Die meisten Reisenden wirkten bedrückt, je näher wir der DDR-Grenze kamen, denn die Kontrolleure waren als unberechenbar bekannt. Als besonders unfreundlich galten die weiblichen. An der Grenze mußten einige ältere Leute, unter ihnen eine recht nervöse Dame, mit ihrem Gepäck aussteigen und den Grenzpolizisten ins Zollgebäude folgen. Inzwischen wurden unsere Pässe abgestempelt und die Visagebühren kassiert. Schließlich kehrten die anderen ins Abteil zurück. Die alte Dame sprach mindestens zwei Stunden kein Wort. Man hatte ihr etwas abgenommen, das sie ihrem Enkelkind mitbringen wollte.

Die Fahrt dauerte lange. Spitzkunnersdorf liegt im südöstlichsten Zipfel Deutschlands, im sogenannten Dreiländereck zwischen Polen und der Tschechoslowakei. In Neugersdorf wurden wir abgeholt. Oskars Nachbar, ein selbständiger Elektrokaufmann, lud unser Gepäck in seinen Trabi und kutschierte uns über die damals sehr holprige Straße nach Spitzkunnersdorf, wo wir liebevoll aufgenommen wurden. Den vielen Fragen konnten wir kaum folgen, zumal uns der Lausitzer Dialekt zu schaffen machte. Unsere Mitbringsel wurden mit Dankbarkeit und Freude aufgenommen. Die Kleidung, die wir trugen, fand „ehrfürchtige“ Bewunderung. Danach tat uns eine heiße Suppe gut.

Oskar und Susanne besaßen ein Einfamilienhaus aus der Vorkriegszeit. Dort wohnte auch ihre Tochter Erika mit Mann und dem dreijährigen Töchterchen Simone, ein aufgewecktes Kind, das mit dem Opa schon eifrig turnte. Um das Haus herum breitete sich ein üppiger Garten aus. Oskar war ein begabter Gärtner. Er hatte eine „grüne Hand“, ihm gedieh einfach alles. Er veredelte Rosen und seltene Blumen, die er von irgendwoher mitbrachte oder eintauschte. Man konnte bei ihm stundenlang auf der Bank sitzen und immer nur schauen. Fortan enthielten unsere Pakete stets auch ein paar Sämereien oder Blumenzwiebeln, so daß nicht nur Freunde und Nachbarn Oskars Garten bewunderten, sondern sogar Lehrer mit ihren Schülern ihn aufsuchten. Der Not gehorchend, war natürlich ein Stück Gartenland abgeteilt, um Gemüse und Obst anzubauen.

Am ersten Tag unseres Aufenthaltes führte uns Oskar ins Gemeindeamt, wo wir uns als Verwandte aus dem Westen anmelden mußten. Ich galt als Susannes Cousine. Oskar grüßte keck: „Ich will unseren Westbesuch anmelden und für jeden 60 Mark Begrüßungsgeld abholen. Wenn wir nach Oldenburg fahren, kriegen wir das auch.“

Der Bürgermeister ertrug das sehr leutselig. Aber wir mußten trotzdem pro Urlaubstag jeder zehn Mark „Eintrittsgeld“ im Verhältnis 1:1 umtauschen. Da wir zehn Tage bleiben wollten, waren das immerhin 200 DM.

Oskar stach offenbar der Hafer. Obwohl er genau wußte, daß der DDR nur an unserer harten Währung gelegen war, fragte er ungeniert: „Wozu ist der Umtausch nötig? Unsere Verwandten brauchen bei uns kein Geld."

Der Bürgermeister erklärte, das sei nur zu unserer eigenen Sicherheit, falls wir in Verlegenheit oder gar in Not gerieten, hätten wir mit der Mark der DDR gültige Zahlungsmittel bei uns.

Hinterhältig lächelnd, wollte mein Sohn Peter wissen: „Können wir im Notfall nicht mit Westgeld bezahlen?"

Und Oskar fügte scheinheilig hinzu: „Falls ihr das Geld nicht braucht, könnt ihr es am letzten Tag zurücktauschen", was der Bürgermeister sofort dementierte. Dann entließ er uns abrupt, weil er noch viel zu tun habe. Draußen fragte ich Oskar, ob er sich diese Provokation denn erlauben dürfe, ohne Repressalien fürchten zu müssen.

„Die brauchen mich noch", sagte er selbstsicher, „ich bin kürzlich geehrt worden, weil ich über 800 ehrenamtliche Arbeitsstunden beim Bau der Turnhalle investiert habe, und weil ich Übungsleiter für Männer und Frauen bin. Das stand sogar in der Zeitung."

Selbstverständlich gingen mein Sohn und ich mit zum Turnen, Peter zu den Männern, ich zu den Frauen. Die Damenturnstunde begann damit, daß alle der Größe nach antraten und eine der Turnerinnen meldete: „Oberturnwart, 22 Turnerinnen angetreten. Zwei Turnerinnen sind krank, eine hat Spätdienst und eine fehlt unentschuldigt."

Darauf Oskar: „Danke, rechts um – lauft!"

Wir liefen zu einem großen Kreis, marschierten danach in einer Art Polonäse, bis wir uns in Viererreihen formiert hatten, die Abstände gleichmäßig vergrößerten und somit die Halle ausfüllten. Dann wurden exakt gymnastische Übungen geturnt. Dazu spielte ein Klavierspieler nach Noten, die Oskar ihm vorgelegt hatte. Anschließend machten wir ein paar Übungen am Boden mit Rolle vor- und rückwärts. Die

Stunde ging schnell vorüber. Beim Ankleiden gab es eine muntere Unterhaltung. Als ich anregte, noch eine Weile beisammenzusitzen, lehnten die Frauen ab, sie müßten am nächsten Morgen sehr früh aufstehen und zur ersten Schicht gehen. In Spitzkunnersdorf befand sich ein Werk, in dem Autopolsterbezüge hergestellt wurden. Auch Oskar und der Schwiegersohn arbeiteten dort.

In den folgenden Tagen wanderten wir durch Felder und Wald, zum Breiteberg und zur Lausche, dem mit 973 Metern höchsten Berg des Zittauer Gebirges. Während wir uns an der herrlichen Aussicht erfreuten, hatte mein Sohn nichts Eiligeres zu tun, als ein Schild abzulichten, auf dem „Fotografieren verboten!" stand."

Oskar warnte ihn: „Du riskierst, daß man dir den Apparat wegnimmt!" Doch das störte unseren Halbwüchsigen nicht.

Oskars motorisierter Nachbar, der uns bereits vom Bahnhof abgeholt hatte, fuhr mit uns auch in die Sächsische Schweiz. Es wurde eine unvergeßlich schöne Fahrt. Unterwegs fielen uns nicht nur die zahlreichen reparaturbedürftigen Häuser auf, sondern auch die aufgeräumten Wälder. „Kein Wunder", klärte Erika uns auf, „die Leute brauchen Holz zum Heizen. Da wird jeder heruntergefallene Ast aufgelesen und heimgebracht."

Sie arbeitete im Konsum und regte sich sehr über einen gerade stattfindenden Wettbewerb auf, in dem die Verkäuferin mit dem höchsten Umsatz ermittelt werden sollte.

„Was sollen wir denn verkaufen, wenn wir immer nur antworten können: hamer nich?"

Den Verkäuferinnen wurde geraten, den Kunden, die Unterwäsche, Handtücher oder auch nur Gummiband kaufen wollten, ersatzweise Feudel (Wischtücher) oder andere Dinge aufzuschwatzten, die es reichlich gab.

Unsere Urlaubszeit ging schnell vorbei. Wir hatten liebenswürdige Menschen und eine zauberhafte Landschaft kennengelernt. Als wir an der Grenze gefragt wurden, ob wir DDR-

Waren oder übriggebliebene Ost-Mark mitführten, konnten wir das mit gutem Gewissen verneinen. Den Rest des umgetauschten Geldes hatten wir trotz des Protestes unserer Freunde auf den Tisch des Hauses gelegt. Für die Spardose der dreijährigen Enkeltochter. Als der Zug über die Grenze rollte, seufzte Peter: „Seht mal, hier gibt es sogar wieder glückliche Kühe."

Alles lachte und die lockere Stimmung hielt an, bis unser Oldenburger Wasserturm in Sicht war.

Zwei Jahre später, 1968, kamen Susanne und Oskar zu uns nach Oldenburg. Vor lauter Begeisterung fuhren Gerold und ich ihnen bis Bremen entgegen. Da der Zug hier nur kurz hielt, stiegen wir unverzüglich in den erstbesten Wagen ein und durchkämmten alle Abteile, bis wir unsere beiden Urlaubsgäste gefunden hatten. Das gab ein Hallo!

Am ersten Tag fragten sie: „Müssen wir heute gleich zum Meldeamt?"

„Ihr müßt überhaupt nicht!", entgegnete ich zu ihrem Erstaunen, „aber wir gehen hin, um das Begrüßungsgeld für euch abzuholen."

Danach zeigten wir unseren Gästen stolz unsere schöne, saubere Stadt, das Theater, das Schloß und den vielbewunderten Schloßgarten. Wichtiger fanden sie natürlich erst einmal die Schaufensterauslagen. Den Nachmittag verbrachten wir zur Erholung in unserem Kleingarten. Mein Mann mußte abends zum Nachtdienst bei der Bahn. Als er am nächsten Vormittag heimkam, saßen wir noch beim Frühstück. Oskar begrüßte ihn mit einem Scherz, aber Gerold blieb ernst: „Ich muß euch etwas Schlimmes sagen. Heute früh sind russische, polnische und DDR-Soldaten in die Tschechoslowakei einmarschiert. Der ‚Prager Frühling' ist zu Ende, der Hoffnungsträger Dubček wurde gefangengenommen."

Oskar und Susanne schreckten zusammen. Oskar erzählte, kurz vor der Abreise habe er daheim im Wald Russen gesehen. Auf seine Frage, was sie dort machten, hätte einer geantwortet: „Wir einmarschieren – kleiner Bruder krank."

Unsere beiden Besucher befürchteten einen Krieg und wollten sofort nach Hause. Wir redeten es ihnen aus: „Hier seid ihr doch weit vom Schuß! Etwas Besseres kann euch doch gar nicht passieren." Aber sie machten sich natürlich auch Sorgen um ihre Kinder.

Wir beschlossen, zunächst einmal abzuwarten, und bedauerten, daß weder wir noch das Haus in Spitzkunnersdorf Telefon hatten. Um auf andere Gedanken zu kommen, besuchten wir die bekannte Blumenschau in der Oldenburger Weser-Ems-Halle. Es war phantastisch dort, besonders schön waren die herrlichen Wasserspiele nach Musik. Die beiden ließen sich tatsächlich ablenken. Am Nachmittag erhielten wir ein Telegramm mit der erlösenden Nachricht: „Alles heil und gesund – genießt Euren Urlaub."

Obwohl die Aufregung noch nicht ganz abgeklungen war, lachten wir herzlich. Gerold legte eine „jubelige" Schallplatte auf, und wir köpften eine Flasche Wein.

Viele unserer Oldenburger Freunde luden uns zu sich ein, und natürlich wurde fast überall politisiert. Die beiden bekamen zahlreiche Geschenke: neben Textilien für Susanne und die anderen zu Hause auch Werkzeug für Oskar, das in der DDR nicht zu haben war.

Unser Sohn Peter konnte uns in diesen Tagen nicht besuchen. Er war inzwischen beim Bundesgrenzschutz und hatte wegen der politischen Lage Ausgangssperre.

Für einen Tag lieh sich Gerold von einem Freund dessen VW-Bully, mit dem wir zu einigen Sehenswürdigkeiten des Oldenburger Landes fuhren: zum Museumsdorf Cloppenburg, zur Lüneburger Heide und zur Nordseeküste, wo wir barfuß am Strand spazierten.

Am folgenden Tag hatte ich meine Gymnastikstunde abzuhalten und Oskar turnte mit. Er fand bei uns alles ganz anders als in Spitzkunnersdorf. Ohne anzutreten und Meldung zu machen, ohne Aufmarsch trabten wir alle locker, kreuz und quer durch die Halle. Und während der Heimorgelspieler dem Instrument schwungvolle Melodien entlockte, flogen die Arme und Beine fast von selber und manche Turnerin sang sogar mit. Zwischendurch wurde gelacht und auch mal geschwatzt. Die Turngeräte benutzten wir nicht, aber Bälle, Reifen und Bänder sorgten für fröhliche Abwechslung. Oskar war verwundert.

Da auch unsere Gymnastik-Damen von den Geschehnissen in der ČSSR sehr betroffen waren, sammelten sie heimlich für unser „Patenkind“ und überreichten ihm, als wir noch gemütlich am großen Tisch im Clubraum saßen, eine beachtliche Summe zum Einkauf im „Westen“. Susanne hatte Tränen in den Augen, aber der standfeste Oskar Herzog verbeugte sich und sagte: „Ich danke euch allen im Namen der Herzoglichen Familie.“

Unsere Gäste fanden jedoch nicht alles bei uns im Westen gut. So gefiel ihnen nicht, wie Halbstarke mit absonderlichen Frisuren trotz der reichlich aufgestellten Abfallbehälter überall Dosen, Flaschen und Papier auf die Erde warfen und sich rüpelhaft benahmen. Ich versuchte zu entschuldigen: „Oskar, das verstehen die unter Demokratie. Irgendwann werden sie zur Vernunft kommen.“

Eine gemeinsame „Butterfahrt“ auf der Nordsee durfte bei so einem Besuch im Westen nicht fehlen. Susanne und Oskar waren verblüfft, daß wir für eine Mark pro Kopf in einem klimatisierten Bus bis nach Wilhelmshaven fahren, dort auf ein Schiff umsteigen und um Helgoland herum dampfen konnten. Das Schiff durfte allerdings nicht anlegen, was an diesem Tag wegen des aufkommenden Sturmes ohnehin nicht möglich war. Der Dampfer wendete und kreuzte im Jadebusen, wo der Sturm kaum zu spüren war. Hier konnte zollfrei preiswert eingekauft werden.

Oskar sagte immer wieder: „Das glaubt mir zu Hause kein Mensch! Wer bezahlt denn das alles?“

1966: Unser „Patenkind“ Oskar Herzog aus Spitzkunnersdorf in der Oberlausitz und ich, links in der Ecke sitzend, mit den großen Mädchen auf dem Sportplatz in Oldenburg.

Ich habe versucht, alles über Zoll- und Steuerfreiheit auf See zu erklären, was mir einfiel. Und daß der Bordverkauf für die kleinen Reedereien eine wichtige Einnahmequelle geworden ist, die auch die Arbeitsplätze auf den Schiffen sichert. Schon damals allerdings wurde gemunkelt, daß die Butterfahrten abgeschafft werden sollten. Nur allgemeiner Protest hatte das bislang verhindern können.

„Bei uns würde ein Protest höchstens im Arbeitslager enden“, kommentierte Oskar meinen Vortrag.

Bevor unsere Gäste abreisten, schickten wir mehrere Pakete mit den geschenkten und gekauften Kostbarkeiten per Post ab. Die beiden sollten an der Grenze keine Schwierigkeiten bekommen.

Oskar und Susanne wurden als Rentner zweimal vom Roten Kreuz zur Erholung nach Bad Pyrmont verschickt, dazu gab es sogar Einkleidungs- und Taschengeld, und die Fahrt dorthin mit dem Bus war für sie kostenlos. Sie haben es „drüben“ nicht erzählt, um keinen Neid zu wecken und den Behörden keinen Anlaß zu geben, Besuche bei uns zu verbieten. Auch Gerold und ich fuhren noch mehrmals nach Spitzkunnersdorf.

Die Wiedervereinigung haben die beiden leider nicht mehr erlebt, aber ihre Kinder und Enkel, mit denen wir immer noch in Verbindung stehen, dürfen nun das freie Leben mit all seinen Vorzügen – aber auch mit manchen Nachteilen – genießen.

(Weitere **ZEITGUT**-*Beiträge dieser Autorin sind im Autorenverzeichnis am Ende des Buches vermerkt.)*

[Wahrburg bei Stendal, Sachsen-Anhalt, damals DDR – Berlin – Banská Bystrica, Niedere Tatra – Prag – Grenzstation bei Plzeň, Tschechien; 1967]

Maria-Elisabeth Warnke

Die Prag-Connection

Jahrzehntelang habe ich eisern geschwiegen, um beteiligte Helfer nicht zu gefährden. Nun darf ich endlich erzählen, wie sich 1967 alles zugetragen hat.

Meine Eltern, die in Lüderitz, im Kreis Stendal, wohnten, und ich waren als letzte der Sippe in der DDR zurückgeblieben. Nicht nur meine drei Schwestern hatten dem Land schon vor der einseitigen Grenzziehung den Rücken gekehrt – Christine, die jüngste, nach West-Berlin und meine älteren Schwestern Bärbel und Mechthild Ende der 40er Jahre in die Bundesrepublik –, auch alle anderen Verwandten, Onkel, Tanten, Vettern und Basen, insgesamt 18 an der Zahl, hatten Sachsen-Anhalt rechtzeitig vor der endgültigen Einmauerung verlassen.

Beruflich hatte ich eine kleine Karriere gemacht und arbeitete als stellvertretende Schulleiterin in einer Mittelstufenschule in Wahrburg bei Stendal. Die pädagogische Arbeit mit den Jugendlichen lag mir und füllte mich aus. Was mir den schulischen Alltag vergällte, war der tägliche Umgang mit meinem boshaften Schulleiter. Nicht nur, daß er sich als 150prozentiger SED-Parteifunktionär gebärdete, er schikanierte mich, wo er nur konnte. Lief etwas in der Schule schief, schob er es mir in die Schuhe. Schoß im Schulgarten der Wegerich zu sehr ins Kraut, hätte ich eben das Jäten eher veranlassen müssen. Wurde zum morgendlichen Fahnenappell die Staatsflagge verspätet am Mast angebracht, hätte ich den dafür verantwortlichen Schülern eben mehr Beine machen müssen. Einmal hatte ich mir erlaubt, in den Herbstferien nicht täglich in der Schule zu erscheinen. Als „erzieherische" Maßnahme erhielt ich den dienstlichen Auftrag, zwischen Weihnachten und Neujahr die auf dem kalten Dachboden des Schulgebäudes lagernden Schulbücher noch einmal zu zählen und zu katalogisieren.

Meine Kollegen und mich nervten zunehmend die wöchentlich angesetzten „Rotlichtbestrahlungen". Jeweils wechselnd verpflichtete der Schulleiter einzelne Lehrer dazu, nach dem Unterricht den Kolleginnen und Kollegen politische Tagesereignisse – natürlich aus dem Blickwinkel des Marxismus-Leninismus – vorzutragen.

Als ich eines Tages meine Ängste und Sorgen dem katholischen Pfarrer anvertraute, riet er mir, mich beim „Norbertinum" in Magdeburg zu bewerben. In dieser Einrichtung des bischöflichen Ordinariats konnten angehende Priester das Abitur nachholen. Endlich ein Hoffnungsschimmer! Um so größer war die Enttäuschung, als die Antwort des Bischofs eintraf: Ablehnung! In dürren Worten wurde mir mitgeteilt, daß für meine Fächerkombination Biologie/Chemie leider kein Bedarf vorhanden sei. In meiner Verzweiflung spielte ich sogar mit dem Gedanken, meinen Lehrerberuf gänzlich an den Nagel zu hängen und irgendwo als Haushälterin meinen Lebensunterhalt zu verdienen. Kurzum, ich war psychisch und physisch am Ende. Dies bemerkten meine beiden älteren Geschwister und zwei meiner Cousinen, die zum 40. Hochzeitstag meiner Eltern aus der Bundesrepublik angereist waren. Während eines abendlichen Gespräches hatte ich mir unter Tränen meinen ganzen Frust von der Seele geredet. Wieder im Westen, unterrichteten sie sofort meine Schwester Christine, genannt Kitti: Marlies – so riefen mich meine Schwestern – ist krank. Sie geht uns zugrunde, wenn sich nicht bald etwas ändert!

Der Zufall wollte es, daß Kitti bei einer Feier in ihrem Bekanntenkreis beiläufig meine Nöte erwähnte, woraufhin der Gastgeber zu ihrem Erstaunen äußerte: „Das trifft sich. Wir planen gerade wieder, fluchtwillige Menschen aus der DDR herauszuholen. Ich will sehen, was ich für deine Schwester tun kann!“ – Hinter „wir“ verbarg sich eine Fluchthelferorganisation, deren personelle Zusammensetzung und Logistik Kitti im weiteren Verlauf des Geschehens weder erfuhr noch erfahren wollte.

Bald darauf reiste meine Schwester Mechthild zu unseren Eltern nach Lüderitz. Gleich am Tag nach ihrer Ankunft besuchte sie mich zusammen mit meiner Mutter in Wahrburg. In einem von Mutter unbemerkten Augenblick flüsterte sie mir ins Ohr: „Wir holen dich hier raus! Laß aber in jedem Fall Mutter aus dem Spiel, sie weiß von nichts!“

Mir verschlug es die Sprache, und im nächsten Moment klopfte mir das Herz bis zum Hals. Nach dieser Schrecksekunde sagte ich unbesehen zu. Nur raus hier!, das war der Gedanke, der mich fortan ausschließlich beherrschte. Immer wenn Mutter den Raum verließ, nutzten wir Schwestern die Gelegenheit, um leise Einzelheiten zu besprechen. Als erstes vertraute mir Mechthild an: „Du sollst über Rumänien außer Landes gebracht werden, also bemühe dich so schnell wie möglich um einen Urlaubsaufenthalt dort!“

Gleich am nächsten Tag suchte ich in Stendal das Reisebüro auf. Man sagte mir zu, sich um einen Urlaubsplatz zu dem von mir gewünschten Zeitraum zu bemühen.*) In meinen Tagträumen wähnte ich mich bereits bei meinen Schwestern im „kapitalistischen Ausland“.

Was Mechthild und ich nicht ahnten: Zwischenzeitlich hatte sich die Situation in Rumänien so verändert, daß eine Flucht über dieses Land zu gefährlich geworden war. Nun

---

*) Privatreisen nach Rumänien wie auch in die ČSSR waren zu dieser Zeit noch nicht oder nur in Ausnahmefällen möglich.

wollten es die Fluchthelfer über die Tschechoslowakei versuchen. Treffpunkt sollte Prag sein. Wie aber sollte ich von der Änderung erfahren?

Der Postweg schien ungeeignet, es war bekannt, daß die Staatssicherheit die Briefpost in immer größerem Umfang kontrollierte. Schwester Kitti übernahm es, mir telefonisch eine verschlüsselte Nachricht zukommen zu lassen. Da Selbstwähl-Ferngespräche von West-Berlin aus in die DDR nicht möglich waren, mußte jedes normale Telefongespräch über ein Amt angemeldet werden. Der Aufbau der Verbindung dauerte nicht nur Stunden, sondern sehr oft Tage. Währenddessen hatte man sich in der Nähe des Fernsprechers aufzuhalten, um ja nicht „den Anschluß zu verpassen". Aufgrund der Dringlichkeit meldete Kitti ein sehr, sehr teures sogenanntes Blitzgespräch an und erreichte tatsächlich binnen einer Stunde Schwester Mechthild in Lüderitz. Während des Austausches mehr oder weniger belangloser Floskeln flocht sie die Worte ein: „Urlaubsänderung Tschechei!"

Mechthild begriff sofort und weihte mich umgehend ein. Allerdings bekam dabei unsere Mutter Wind von unseren Plänen und es gelang uns nur allmählich, sie zu beruhigen. Mutter sah mich schon angeschossen und verblutend im Grenzstreifen liegen, im günstigsten Falle wegen versuchter Republikflucht mindestens auf Jahre hinter Gefängnismauern.

Ich hatte Glück im Unglück, denn das Stendaler Reisebüro teilte mir mit Bedauern mit, daß Reisen nach Rumänien ausgebucht seien. Auf meine Nachfrage hin sahen sie sich auch außerstande, kurzfristig einen Platz für eine Reise in die Tschechoslowakei zu vermitteln. Also setzte ich mich in den Zug nach Ost-Berlin. Bei dem dortigen staatlichen Reisebüro wurde ich – oh Wunder der Planwirtschaft! – anstandslos mit einem Reiseplatz nach Banská Bystrica, einem Ort in der Niederen Tatra, ausgestattet, so daß ich mich voller Hoffnung und Vorfreude wieder auf die Heimreise begab.

Fast alle Lehrer in der DDR wurden während der Sommerferien dazu verpflichtet, in Ferienlagern zu arbeiten oder die ihnen anvertrauten Schüler in den Ferienspielen zu Hause zu betreuen. So hatte auch ich ein Ferienlager zu leiten. Die Unterkünfte befanden sich am Ufer eines Sees in der Nähe des Städtchens Kyritz. Während dieser Zeit quälte mich eine einzige Sorge: Wenn nur keinem der Kinder etwas zustößt! Am letzten Tag atmete ich beruhigt auf, alle Kinder konnten wohlbehalten heimkehren.

Meine Reise in die Niedere Tatra sollte am 9. August 1967, morgens um 7 Uhr, vom Berliner Ostbahnhof aus beginnen. Meine Mutter hatte für mich zwei Übernachtungen in einem der seltenen privaten Hotels in Ost-Berlin, im Evangelischen Hospiz in der Albrechtstraße, gebucht. Dort traf ich am 8. August mit meiner Schwester Mechthild zusammen, die mir genaue Instruktionen über den Ablauf der Flucht erteilte: „Du mußt am 23. August punkt 16 Uhr auf dem Wenzelsplatz in Prag sein, und zwar vor dem Denkmal des Heiligen Wenzel. Dort wird dich ein Mann ansprechen und fragen, wo denn die berühmte mittelalterliche Uhr zu finden wäre. Du wirst ihm Auskunft geben und ...“ Mechthild schnitt aus meinem Reisekostüm, das ich an diesem Tage anziehen sollte, innen eine kleine Stoffprobe für den Fluchthelfer heraus, „... daran erkennst du, daß er derjenige ist, der dich rausholen wird.“

An diesem Abend saßen wir noch lange beieinander, redeten und sprachen uns gegenseitig Mut zu, wußten wir doch beide nicht, wie die Angelegenheit enden würde.

Nach einer weiteren sehr unruhigen Nacht im Hospiz traf ich mich am nächsten Morgen mit meinen Mitreisenden. Es hatte sich eine nach Alter, Beruf und Geschlecht sehr gemischte Gruppe zusammengefunden. Pünktlich fuhr der Zug in Richtung Banská Bystrica ab. Laut Reiseplan sollte sowohl auf der Hin- als auch auf der Rückfahrt für einen Tag in Prag Station gemacht werden, um die Sehenswürdigkeiten der Goldenen Stadt bewundern zu können. Doch nun teilte uns der Reiseleiter mit: „Die Besichtigung Prags auf der Rücktour muß leider entfallen!"

Ich erschrak. Jetzt war guter Rat teuer. Ich unterdrückte die aufkommende Panikstimmung. In den zwei Urlaubswochen würde ich Zeit zum Überlegen haben und bestimmt einen Ausweg finden.

Die Tage am Urlaubsort konnte ich nicht genießen, im Gegenteil, es wurde die quälendste Zeit meines Lebens. Neben der Frage, wie ich am Rückreisetag einen Stopp in Prag bewerkstelligen sollte, plagte mich ein zweites, nicht vorhersehbares Problem. Eine alleinreisende junge Frau hängte sich an mich und wurde, da sie mir nicht von der Seite wich, langsam lästig. Was mache ich nur, wenn sie darauf besteht, nach Prag mitzukommen?

Kurzentschlossen änderte ich mein Verhalten und gab mich ihr gegenüber ausgesprochen häßlich. Ich wußte mir keinen anderen Rat. Das Problem erledigte sich von selbst, als sich die Frau bei einer Gebirgswanderung beide Beine brach und das Bett hüten mußte. Fortan war ich wieder nett und fürsorglich zu ihr.

Was Prag betraf, war mir mittlerweile auch eine Lösung eingefallen. Ich erinnerte mich an ein tschechisches Ehepaar namens Dvořák. Beide waren während des Krieges unabhängig voneinander als Zwangsarbeiter nach Lüderitz deportiert worden. In der Fremde hatten sie sich im Haus meines Onkels Paul kennengelernt und geheiratet. Nach dem Zusammenbruch kehrten sie 1945 wieder in ihre Heimatstadt Prag zurück. Die beiden mußten mir nun als Vorwand dienen.

Ich ging eines Morgens zum Reiseleiter und klagte ihm mein Leid, daß ich durch die Änderung des Reiseplanes nun leider nicht meine Bekannten in Prag besuchen könne, obwohl dies vor Reiseantritt fest verabredet worden sei. Er reagierte, wie von mir einkalkuliert: „Ach, da werde ich Ihnen helfen. Ich gebe Ihnen die Fahrkarte und die Schlafwagenbescheinigung. Sie fahren dann am Abend vorher nach Prag, besuchen Ihre Bekannten und stoßen am Haupttor des Hradschin gegen 18 Uhr wieder zu unserer Gruppe!“

In mir kam Mitleid auf. Du Ärmster, mußte ich denken, was wirst du für Ängste ausstehen, wenn ich zum vereinbarten Treffpunkt nicht erscheine. Doch von jetzt an durfte ich nur noch an mich denken.

Als man am nächsten Tag hektisch nach einem mitgereisten jungen Mann suchte, hatte ich Mühe, einen klaren Kopf zu behalten. Wenn der getürmt ist, wird es schwierig werden für mich. Gottlob erschien er am Abend wieder in der Unterkunft, er hatte sich nur verlaufen.

Der gemeinsamen Abschlußfeier am Abend vor dem Abreisetag konnte ich nichts abgewinnen. Bekleidet mit dem vereinbarten Kostüm saß ich wie auf Kohlen und wartete ungeduldig auf den Zeitpunkt, an dem ich allein zum Bahnhof aufbrechen und in den Nachtzug nach Prag einsteigen konnte. Die Waggons waren voll bis auf den letzten Platz. Mein Schlafwagenschein war ja erst für die nächste Nacht ausgestellt, also saß ich während der Fahrt eng gedrängt auf meinem Gepäck in einem Abteil neben einem tschechischen Soldaten. Wir schwiegen uns mangels Sprachkenntnissen gegenseitig an, tauschten und rauchten aber unentwegt Zigaretten miteinander.

Als der Zug gegen 7 Uhr im Prager Hauptbahnhof einlief, strahlte die Sonne schon, es war trocken und warm. Als erstes gab ich meinen Koffer in der Gepäckaufbewahrung auf – wo er möglicherweise noch heute liegt. Danach nahm ich die Straßenbahn Richtung Stadtzentrum und schlenderte über den Wenzelsplatz, um mich mit den Örtlichkeiten vertraut zu machen. Viel Wartezeit lag noch vor mir, denn das Treffen sollte ja erst nachmittags stattfinden. Nie im Leben habe ich in so wenigen Stunden so viele Kirchen besichtigt. Auch meine Gebete, mein Vorhaben möge gelingen, sind nie wieder derart inbrünstig ausgefallen.

Meine Armbanduhr zeigte Viertel vor vier, als ich mich wieder auf dem Wenzelsplatz befand und die Leute, die sich an der vereinbarten Stelle aufhielten, beobachtete. Punkt 16 Uhr stand ich mit klopfendem Herzen direkt unter dem Heiligen. Im nächsten Moment meinte jemand zu mir: „Können Sie mir sagen, wo die mittelalterliche Uhr zu finden ist?"

Da! Eine männliche Stimme mit der Parole! Ein Schreck fuhr mir in die Glieder, meine Knie schlotterten leicht und eine plötzliche Blutleere im Gehirn ließ mich die vereinbarte Antwort nicht sofort finden. Ich drehte mich langsam um und erblickte einen mittelgroßen, einfach gekleideten jungen Mann. Mein Gegenüber, den ich zunächst fälschlicherweise für einen Tschechen hielt, sah vertrauenerweckend aus. Da war die Aufregung wie weggeblasen und ich dachte nur noch: Nun sieh man zu, wie du mich hier rausbringst!

Verstohlen zeigte er mir den in seiner Hand verborgenen kleinen Kostümstoffetzen, bestellte mir Grüße von Mechthild und Kitti und teilte mir mit gedämpfter Stimme mit, daß er mich schon seit einer Viertelstunde genauestens beobachtet habe. „So, nun gehen Sie mal schön geradeaus weiter, ich sage Ihnen rechtzeitig rechts oder links, wenn Sie die Laufrichtung ändern sollen."

Nach etwa 100 Metern gesellte er sich zu mir und nach kurzem Fußweg standen wir vor einem großen, weißen amerikanischen Straßenkreuzer. Heute weiß ich, es war ein Chevrolet. Er öffnete mir die Tür zum Beifahrersitz. Nach gut einer halben Stunde Fahrt ließen wir die letzten Häuser Prags hinter uns. Wir waren zwei oder drei Kilometer gefahren, da bog mein Begleiter von der Hauptstraße ab und lenkte das Fahrzeug in einen Waldweg. Kurz danach, wir waren durch Bäume und Büsche vor unerwünschten Blicken weitgehend geschützt, stoppte das Auto. Wortlos reichte mir mein Helfer eine Hose und bedeutete mir, sie über meine Kleidung zu ziehen. Während ich mich in die Hose zwängte, begann er mit einem Schraubenzieher das Armaturenbrett des Wagens abzumontieren. Hinter dem Brett befand sich ein kleines, verschaltes Versteck. Alle Kabel und Bauteile, die man normalerweise hinter dem Armaturenbrett vermutet, waren verlegt worden. Eine Person normaler Größe konnte in diesem Verschlag in der gekrümmten Haltung eines Embryos Platz finden. Mein Helfer nickte mir aufmunternd zu. Mit seiner Hilfe kletterte ich in den Hohlraum. Er reichte mir meine Handtasche nach und begann unverzüglich, das Armaturenbrett wieder anzuschrauben. Dann war es stockdunkel.

Zuvor hatte ich eine Beruhigungstablette geschluckt und mich noch einmal in die Büsche geschlagen, denn während der vor uns liegenden Fahrt würde ich dazu keine Gelegenheit haben. Der Motor sprang an. Um mich herum dröhnte es und roch nach einer Mischung von Benzin, Schmieröl und Gummi. Angst kam in mir nicht auf. Die Tablette tat ihre Wirkung. Außerdem betete ich noch einmal vertrauensvoll zu Gott, und das beruhigte mich zusätzlich.

An den Geräuschen merkte ich, daß wir den Waldweg verließen und wieder die asphaltierte Landstraße erreicht hatten. Während der nun folgenden Strecke sprach mein Fahrer ab und zu beruhigend auf mich ein, Belangloses und Nebensächliches. Ich antwortete nicht immer, da ich seine Worte wegen des Motorlärms manchmal nicht verstehen konnte. Das schien ihn aber nicht zu stören. Manchmal kam ich ins Sinnieren: Träume ich diese absurde Situation nur?

Das Radgepolter und die einseitig belasteten, allmählich schmerzenden Gliedmaßen bewiesen mir das Gegenteil. Nach etwa anderthalb Stunden, ich hatte den Sinn für Zeitabläufe etwas verloren, kam von draußen eine laute und strenge Anweisung, ab sofort keinerlei Geräusche von mir zu geben. Offensichtlich befanden wir uns unmittelbar vor der Grenzstation bei Plzeň. Blitzartig ging es mir siedendheiß durch den Kopf: „Der Wecker!“ – Blödsinnigerweise hatte ich meinen Wecker in der Handtasche liegenlassen! Was, wenn er nun während der Kontrolle plötzlich klingelte?

Ich begann zu schwitzen. In der Enge war es mir unmöglich, ihn in der Tasche zu finden und abzustellen. Panische Angst kroch in mir hoch. Während ich immer noch krampfhaft nach einem Ausweg grübelte, war das Auto zum Stehen gekommen. Ich vernahm tschechische Sprachfetzen und undeutliche deutsche Worte. Einmal glaubte ich das Wort „Panne“ gehört zu haben. Oh Gott, wenn wir eine Panne haben, wird das Auto in einer Werkstatt untersucht und mein Versteck wird entdeckt werden, schoß es mir durch den Kopf und ich sah mich in Gedanken schon in Handschellen.

Nach bangen Minuten setzte sich unser Auto wieder in Bewegung und nach kurzer Fahrt und einem knapp bemessenen Halt hörte ich mit riesiger Erleichterung die vertraute Stimme meines Retters: „Ich habe unseren Grenzern nichts gesagt, die brauchen auch nicht alles zu wissen!“

Kurze Zeit später konnte ich aus dem Verlies kriechen. Überglücklich reckte ich meine Glieder und sah meinem Fluchthelfer zu, wie er zunächst die Nummernschilder wechselte. Als er auch das Armaturenbrett wieder angeschraubt hatte, holte er aus dem Kofferraum zwei Flaschen Pilsener Bier. Wir setzten uns in das staubige Gras des Straßengrabens und tranken schweigend in langen Zügen. Die Sonne strahlte heller, der Himmel erschien mir blauer und die Dächer der entfernt liegenden Gehöfte leuchteten in viel kräftigerem Rot, als ich es in Wahrburg jemals gesehen hatte. Ich war im Westen! Ich war frei!

PS. Natürlich handelten die Fluchthelfer nicht selbstlos. Üblich war eine Summe von etwa 10 000 DM. Wegen der bekanntschaftlichen Beziehungen meiner Schwester zu einem der Beteiligten zahlte ich etwas weniger und konnte den Betrag in mehreren Raten langsam „abstottern“.

Aufgeschrieben von Hans-Peter Kutscha nach Erzählungen seiner Cousine Maria-Elisabeth Warnke.

[Berlin-Lichtenrade (West-Berlin);
1968]

Lothar Böttcher

Hochsitz

Sonntags sitze ich auf meinem Hochsitz. Um Wild zu beobachten?

Nein!

Ich schaue über die Mauer. Kalt ist es. Schneeflocken tanzen lautlos durch den stillen Morgen. Nebelfetzen fliegen darüber wie lädierte Flügelschwingen meines Mammutvogels – riesengroß.

Am Boden liegen die Samenhülsen von Kiefernzapfen – Eichhörnchen fraßen sie.

Die Mauer grau, hoch und lang.

Ein Streifen umgepflügter Boden: der Todesstreifen, sauber und glatt, mit den tödlichen Minen.

Daran grenzt eine Asphaltstraße. Dahinter Laufdraht. Bluthunde hetzen an ihm entlang. Heulende, fellberstende, bellende Ungeheuer.

Dann, preußisch geordnet, hohe, schlanke Peitschenmaste – Flutlicht zerreißt die schützende Nacht.

Junge Burschen – Uniformierte – fahren auf klapprigem Motorrad zum Wachturm.

Asphaltstraße. Hinter ihr spanische Reiter, ein Streifen Land, ein hoher Stahlzaun, dann die Weite märkischer Felder. Aus dem Nebelmeer wachsen Häuser heraus, Bäume, Felder, Wälder – mein Land.

Die Uniformierten ersteigen ihren Aussichtspunkt. Jetzt,

Juli 1971: Mauer und Beobachtungsturm an der Ringslebenstraße in Berlin-Neukölln. Dahinter liegt der Kreis Königs Wusterhausen in der DDR.

zwischen den hohen Kiefern hindurch, haben sie mich entdeckt. Ich denke: Setze ein freundliches Gesicht auf, ich bin nicht ihr Feind.

Sie nehmen die Feldstecher herunter und lachen. Warum lachen sie? Mache ich auf sie einen komischen Eindruck? Erscheine ich ihnen so fremd?

Ich denke: Du könntest mein Bruder sein, du mein Vetter.

Nur fünfzig Meter voneinander entfernt, können sich drei Menschen einer Nation derart fremd sein?

Drei Menschen in einem Land, in einer Stadt, über eine Mauer hinweg – eine Mauer, die Welten trennt.

Sonntags sitze ich auf dem Hochsitz und schaue hinüber zu meiner Stadt – unerreichbar.

[Ost-Berlin;
Frühjahr 1968]

Clemens Kugelmeier

Unglücklich das Land, das Helden nötig hat

Höhepunkte unserer Schülerfahrten nach Berlin, die ich als Lehrer aus dem Westen Deutschlands begleitete, waren Theaterabende. Dieses Mal hatten wir uns Karten für das Brecht-Theater am Schiffbauerdamm in Ost-Berlin besorgt. Auf dem Programm stand „Das Leben des Galilei". Was uns an diesem Brecht-Stück besonders interessierte, was es für uns so lebendig und zeitnah machte, war die Bewältigung des Zwiespalts. Da war einerseits der moderne Fortschrittsglaube, der sich gegen das überlebte alte System erhob und nun auch zur Parole des Sozialismus geworden war; andrerseits gab es da das Beispiel, wie ein zutiefst autoritäres Regime mit Andersdenkenden umging. Einer Praxis, wie sie uns tagtäglich von den Machthabern in der DDR vor Augen geführt wurde.

Das Theater ist vollbesetzt, und mit dem Erlöschen der Lichter tritt Stille ein. Noch hebt sich der Vorhang nicht. Statt dessen wird die Stoffwand von einem Scheinwerfer angestrahlt, und auf dem dunklen Rot erscheint als vergrößertes Dia-Bild wie auf Pergament der von Brecht verfaßte Vorspann; dies geschieht auch bei den folgenden fünfzehn Szenen und ist sehr wirkungsvoll. So zunächst bei Bild 1:

Galileo Galilei, Lehrer der Mathematik zu Padua,
will das neue kopernikanische Weltsystem beweisen.
In dem Jahr sechzehnhundertundneun

schien das Licht des Wissens hell zu Padua
aus einem kleinen Haus.
Galileo Galilei rechnete aus:
Die Sonn' steht still,
die Erd' kommt von der Stell'.

Dann hebt sich der Vorhang, und es folgen die Dialoge, folgt die Handlung, die zum Prozeß führt.
Der Ausspruch des Schülers Andrea läßt Hoffnung aufkeimen:

O früher Morgen des Beginns!
O Hauch des Windes,
der von neuen Küsten kommt!

Man muß unwillkürlich an Columbus denken, der gleichfalls den Weg zu neuen Küsten öffnete, an den Beginn der Neuzeit. Wir sehen dem langwierigen Prozeß zu, der Auseinandersetzung mit der staatlichen und besonders der kirchlichen Autorität. Galilei wird aufgefordert, seine Lehre zu widerrufen. Man zeigt ihm die Folterwerkzeuge, er versteht die Drohung. Und widerruft.

Seine Schüler sind fassungslos. Von ihrem bis dahin bewunderten und verehrten Meister hatten sie alles andere erwartet als eine feige Kapitulation.

Und dann die erschütternde 13. Szene, in der die Glocken von San Marco in Venedig den erzwungenen Widerruf verkünden. Von der Straße herauf hört man einen Ansager die Erklärung Galileis verlesen:

„Ich, Galileo Galilei, Lehrer der Mathematik und Physik in Florenz, schwöre ab, was ich gelehrt habe: daß die Sonne das Zentrum der Welt ist und an ihrem Ort unbeweglich, und die Erde ist nicht Zentrum und nicht unbeweglich. Ich schwöre ab ... mit redlichem Herzen und nicht geheucheltem Glauben all diese Irrtümer und Ketzereien ... und jeder anderen Meinung, welche der heiligen Kirche entgegen ist.“

Und in Brechts Stück geht es weiter: (Es wird dunkel. Als es wieder hell wird, dröhnt die Glocke noch, hört dann aber auf. Galileis Schüler sind noch da.)

ANDREA (laut): „Unglücklich das Land, das keine Helden hat!"

(Hereingetreten ist Galilei, beinahe bis zur Unkenntlichkeit verändert durch den Prozeß. Er hat den Satz Andreas gehört. Einige Augenblicke wartet er an der Tür auf eine Begrüßung. Da keine erfolgt, denn die Schüler weichen vor ihm zurück, geht er, langsam und seines schlechten Augenlichtes wegen unsicher, nach vorn, wo er einen Schemel findet und sich niedersetzt.)

ANDREA: „Ich kann ihn nicht ansehen. Er soll weg!"

FEDERZONI: „Beruhige dich."

ANDREA (schreit Galilei an): „Weinschlauch! Schneckenfresser! Hast du deine geliebte Haut gerettet? (Setzt sich) Mir ist schlecht!"

GALILEI (ruhig): „Gebt ihm ein Glas Wasser!"

(Man holt Andrea von draußen ein Glas Wasser. Die anderen beschäftigen sich nicht mit Galilei, der horchend auf seinem Schemel sitzt. Von weitem hört man wieder die Stimme des Ansagers.)

ANDREA: „Ich kann schon wieder gehen, wenn ihr mir ein wenig helft."

(Sie führen ihn zur Tür. In diesem Augenblick beginnt Galilei zu sprechen.)

GALILEI: „Nein. Unglücklich das Land, das Helden nötig hat."

Soweit Galilei mit seiner Antwort an seinen Schüler. Und soweit Brecht. Bei den letzten Worten geschieht im Saal Überraschendes, ja Unglaubliches: In einem Winkel des Parketts entsteht Bewegung: Zunächst hören wir verhaltenes Klatschen, doch dann breitet sich der Beifall zu den Rängen hin aus.

Und dann das Bestürzende: Von der Rückwand her flammt ein Scheinwerfer auf und leuchtet suchend die Reihen ab, aus denen das Klatschen kam. Einige Sekunden verharrt er am „Tatort“ und taucht ihn in blendendes Licht.

Das Klatschen verstummt. Man glaubt fast zu spüren, wie sich die Hände verstecken. Wie bei Schülern, die bei etwas Unerlaubtem ertappt worden sind.

Es wird wieder dunkel, und das Stück geht weiter. Auch auf der Bühne versinkt die Handlung in Mutlosigkeit, beinahe Hoffnungslosigkeit.

Das Leben wäre aber trostlos, wenn es nicht doch ein wenig Hoffnung gäbe. Wie sagte doch Galilei?

„Angesichts von Hindernissen mag die kürzeste Linie zwischen zwei Punkten die krumme sein.“

Also, das galileische Wagnis geht weiter: das auf der Bühne, das im Parkett – und das draußen im Leben.

Rechte Seite: Mai-Demonstration 1961 in Ost-Berlin Unter den Linden. Oben: Aktivisten des Siebenjahrplanes (1959–1965) tragen Portraits ihrer „Helden der Arbeit“ auf Metallgestellen im Mai-Umzug.
Unten: Den Abschluß der Demonstration bilden die Angehörigen der Betriebskampftruppen. Auf ihrem Spruchband wird die DDR als „der einzig rechtmäßige deutsche Staat“ bezeichnet.
Fotos: Clemens Kugelmeier.

Es lebe die DDR
der einzige rechtmäßige deutsche Staat!

[Köthen, Sachsen-Anhalt – Berlin – Ilmenau, Thüringen, damals DDR – Kiew, Ukraine – Baden-Württemberg; 1953–1990]

Evelyn Steudel

Getrennte Wege

Als ich sie 1953 am Institut für Lehrerbildung in Köthen kennenlernte, waren wir beide 19 Jahre alt. Sie fiel mir sofort auf und faszinierte mich. Gisela war groß und kräftig, schwarzhaarig und braunäugig, hatte wehende kurze Lokken und einen stets geöffneten Mund zum Lachen oder Erzählen. Sie gab den Ton an, strahlte Selbstsicherheit und Unabhängigkeit aus, alle scharten sich um sie. In Wittenberge war sie als behütetes Einzelkind in einem bürgerlichen Haus aufgewachsen. Gisela ging überwiegend westlich gekleidet, womit sie bereits in die Auffälligkeitsstufe I rückte. Vor einem Jahr war ihr Freund, ihre langjährige Jugendliebe, in den Westen gegangen. Dort studierte er nun und wollte sie gern nachholen. Sie litt unter diesem Konflikt, entschied sich aber dafür zu bleiben. Niemals wollte sie ihre Eltern verlassen.

Parteibonzen beobachteten sie sehr, und einmal kam es schließlich zum Eklat. An einem Sonntagmorgen weigerte sie sich als einzige von 420 Studenten, mit der Herde ins Kino zu gehen, um pflichtgemäß den Film „Ernst Thälmann" anzusehen. Er sollte Aufsatzthema werden. Sie blieb im Bett und pflegte sich. Wir bewunderten sie alle sehr, hatten aber auch Angst um sie. Am selben Abend noch mußte sie sich dafür in einer vierstündigen FDJ-Versammlung vor sechzig FDJ-lern verantworten.

Gisela sagte, sie habe den Film schon gesehen, warum solle sie ihn zweimal sehen? Den Aufsatz könne sie sehr wohl schreiben. Sie war nicht bereit einzusehen, daß sie damit die Weltfriedensbewegung geschädigt habe. Als wir alle um 24 Uhr todmüde ins Bett wollten, beschworen wir sie: „Mensch, Gisela, nun übe doch endlich deine Selbstkritik!"

„Nein!" schrie sie und dabei blieb sie.

Zunächst passierte nichts, doch war ihr der erste Platz auf der „schwarzen Liste" der politisch Unzuverlässigen von nun an sicher. So kam es, daß sie nach dem Examen keine Schulstelle in Ilmenau erhielt, wohin ihre Eltern gerade gezogen waren, sondern mit uns in die „Strafversetzungskolonie" nach Vorpommern in ein winziges Dorf gehen mußte. Sich wehren war zwecklos. Mit mir in den Westen wollte sie auch nicht. Ilmenau war ihr Ziel. Doch die Schulbehörde blieb hart. Zum Glück hatte sie eine sehr resolute Mutter. Auf Grund deren die Regierung in Berlin maßlos nervender Eingaben gelang es Gisela nach einem Jahr doch, die begehrte Stelle in Ilmenau zu erhalten. Endlich geschafft! Nun fehlte zu ihrem Daseinsglück noch ein Ehemann, aber bei ihren hohen Ansprüchen wollte sich so schnell keiner einstellen.

Ich war unterdessen aus dem winzigen vorpommerschen Dorf nach dem Westen geflüchtet und hatte dankbar und begeistert ein viersemestriges Zusatzstudium an einer westdeutschen Pädagogischen Hochschule absolviert. Ohne politische Indoktrinierung erwarben wir ganz neue Kenntnisse in Pädagogik und Psychologie, befaßten uns intensiv mit der modernen westdeutschen Literatur und erweiterten unsere Englischkenntnisse, das ungeliebte Russisch schnell vergessend. Aber nach dem Examen haderte ich wieder mit meinem Los: denn wie seinerzeit in der DDR wurden wir Junglehrer auch hier im Westen aufs Dorf geschickt, und ich landete am Rande des Teufelsmoors. Mein Ziel, eines Tages wieder in meiner Geburtsstadt Berlin zu leben, behielt ich fest im Auge. 1963 gelang mir endlich die Versetzung dorthin.

Gisela hatte sich inzwischen sehr gut in Ilmenau eingelebt. Wir unterhielten eifrig Briefkontakt, und ich freute mich, daß ich ihr so manchen kleinen Wunsch im Westpaket erfüllen konnte. Nun war sie Mitte zwanzig, attraktiv wie eh und je und im Beruf erfolgreich. Endlich tauchte der Richtige auf: Boris, ein russischer Student aus Kiew, der dort an der Technischen Hochschule studierte. Ich bekam 1960 ein wundervolles Hochzeitsbild von einem ringewechselnden, glücklich strahlenden jungen Paar und einen Brief: „Und nun ziehe ich für immer in die Sowjetunion, in das Land, in dem die besten Menschen der Welt wohnen."

Mich traf beinahe der Schlag, als ich diese Worte las! Was war mit ihr geschehen? Sie, die stets Opponierende, die Westschuhe, Westzigaretten und Schokolade liebte, mit einem Russen verheiratet?

Auf dem Foto sah er ja blendend aus, aber mit ihm in dieses kommunistische Land ziehen – ich konnte es nicht fassen! Ich wagte nicht zu fragen, ob die Liebe so riesengroß ist, daß sie alles ertragen wird, was dort auf sie zukommt, oder ob ihm bei ihr eine Gehirnwäsche gelungen sei. Mit Sicherheit wurde unsere Post genauestens kontrolliert. Also wartete ich auf die Briefe aus Kiew, die bald folgen sollten.

Während Boris in Kiew an der Universität lehrte, unterrichtete Gisela dort deutsche Sprache und Literatur jenen Studenten, die später in der DDR studieren wollten. Tochter Diana wurde geboren. Als Giselas Vater gestorben war, zog auch ihre Mutter zu ihr nach Kiew. Doch trotz des vollen Lobes über das Leben in der Sowjetunion verschwieg Gisela mir nicht, daß ihre Mutter bereits wenige Jahre später wieder nach Ilmenau zurückgekehrt ist. Von da an las ich ihre Briefe noch aufmerksamer und konnte zwischen den Zeilen die große Enttäuschung lesen. Irgendwann bekam ich ein wunderschönes Foto von einem sehr russisch aussehenden kleinen Schulmädchen mit einer großen Propellerschleife im Haar; Tochter Diana wuchs problemlos zweisprachig auf.

Als ich gegen Ende der Sommerferien 1968 am Spätnachmittag gerade von Sylt nach Berlin zurückkam, fand ich zu Hause einen Brief vor mit der Nachricht, daß Gisela sechs Stunden Aufenthalt in Ost-Berlin habe. Sie war auf dem Rückweg von Ilmenau nach Kiew und erwartete mich im Restaurant des Ostbahnhofes.

Ich hatte noch drei Stunden Zeit. Schnell räumte ich den soeben aufgefüllten Kühlschrank leer, fuhr mit meinem Auto zu dem Mauerloch „Übergang Heinrich-Heine-Straße" und dann weiter zum Ostbahnhof. Dank meines bundesdeutschen Passes – viele West-Berliner besaßen einen – war das ohne weiteres möglich. Zweimal suchte ich vergeblich die Bahnhofsgaststätte nach Gisela ab. Beim dritten Mal erkannte ich sie: Da saß eine unauffällige, rundliche Frau mit trauri-

Westdeutsche warten 1963 am Grenzübergang Heinrich-Heine-Straße geduldig auf ihre Einreisegenehmigung in den Osten.

gen Gesichtszügen, neben ihr ein kleines Mädchen mit einer großen Schleife im Haar. Das mußte sie sein!

Ihr Bericht war herzergreifend: harter Existenzkampf, tägliches Anstehen auf der Straße oder in kalten Läden bis zu vier Stunden nach dem Allernötigsten: Kartoffeln, Brot, Mohrrüben, Kohl, Äpfel, und das jahrelang. Alle zwei Jahre fuhr sie in die DDR, um Nähgarn, Reißverschlüsse, Schuhe und Unterwäsche zu kaufen. Die ganze Familie lebte in einer kleinen Zwei-Zimmer-Wohnung und bis vor kurzem mit der Mutter zusammen. Von Lebenslust und Lebensfreude war nichts mehr zu spüren! Ich sah eine alte verbrauchte Frau mit hoffnungslosen Augen. Von meinen gerade erlebten sechswöchigen Sommerferien auf Sylt wagte ich kaum zu berichten, auch mein neues Auto erwähnte ich nicht.

Zwei Jahre nach diesem Wiedersehen beschlossen Gisela und Boris, dem gelobten Land den Rücken zu kehren. Zwei weitere Jahre dauerte der Kampf um ihre Ausreiseformalitäten. Anfang der siebziger Jahre war Gisela wieder in Ilmenau an ihrer alten Schule, wo sie mit großem Hallo empfangen wurde. Fortan unterrichtete sie nur noch Russisch von der fünften bis zur zwölften Klasse. Boris kam ein Jahr später nach, bei ihm dauerten die Formalitäten länger. Er sollte an der TH in Ilmenau eine Dozentur bekommen, aber bald nach seiner Ankunft starb er an einer unheilbaren Krankheit.

Langsam kehrte wieder Ruhe ein in Giselas Leben. Die DDR wurde zunächst für sie zum Paradies. Aber etwas blieb von ihrem Leben in Kiew haften: Sie stellte sich nie wieder in einem Geschäft in einer langen Schlange an. Sie kaufte nur noch das, was man ohne großes Anstehen erhielt, egal, worauf sie dabei verzichten mußte.

Die Wende 1989 wurde auch ihre persönliche Wende. Tochter Diana zog bald darauf mit ihrem Freund nach Baden-Württemberg. Gisela, die zwangsweise in den Vorruhestand gehen mußte, kam später nach. Ade, Ilmenau.

Sie, die immer aktiv war und ihr Leben selbst bestimmte, wollte auch hier im Westen Deutschlands ein Quentchen Unabhängigkeit erwerben, und so machte sie noch mit 59 Jahren ihren Führerschein. Nun ist sie über 60 Jahre alt und wieder eine attraktive Frau. Sie hat ihre eigene Wohnung im Haus von Tochter und Freund und trägt es mit der ihr eigenen Würde, daß sie keine Witwenrente bekommt, und daß an ihrer Rente die zwölf Jahre Lehrtätigkeit in Kiew nicht angerechnet worden sind. Eingaben an den Petitionsausschuß des Bundestages blieben zwecklos, da es kein diesbezügliches Abkommen mit der Sowjetunion gegeben hatte.

Gisela begreift die Westler nicht, die nach Rußland in dieses „Chaos-Land" reisen. Russisch sprechen und Wodka trinken hat sie aus ihrem Leben gestrichen. Einmal im Jahr trifft sie sich in Ilmenau mit ihren früheren Freunden wieder. Die meisten von ihnen leben seit der Wende an anderen Orten, in neuen sozialen Bindungen und in neuen Tätigkeitsbereichen. Wenn sie von ihrem früheren festen Zusammenhalt reden, klingt oft ein bißchen Wehmut an, aber das Rad der Zeit möchte niemand zurückdrehen.

Seit Gisela in Baden-Württemberg lebt, ist sie kein Ossi mehr, sagt sie, aber auch kein Wessi, und lachend nennt sie sich einen Wossi. Sie ist dabei, das gemütliche Ländle für sich zu entdecken. Den Wechsel der Zeiten haben wir zwei Freundinnen hinter uns gebracht. Die großen Ereignisse des Weltgeschehens verfolgen wir jetzt überwiegend vom Fernsehsessel aus. Seit langem sind wir beide verwitwet, blicken zurück auf anstrengende Schuldienstjahre und viel zuviele Umzüge. Darin sind wir uns einig: Unseren Töchtern wünschen wir ein Leben ohne die vielen radikalen Umbrüche, wie wir sie erleben mußten.

(Weitere **ZEITGUT**-*Beiträge dieser Autorin sind im Autorenverzeichnis am Ende des Buches vermerkt.)*

[West-Berlin – Kontrollpunkt Hirschberg nahe Hof, Vogtland – Kyritz, Brandenburg – Neustadt/Dosse, damals DDR – Grenzübergang Lauenburg; 60er bis 80er Jahre]

Hans Peter Kutscha

Meine Volkspolizisten

„Was? Sie haben bei der Grenzkontrolle immer in der Autoschlange gestanden, die am langsamsten abgefertigt wurde? Das kann gar nicht sein! Da hätten wir uns doch treffen müssen."

Jeder Zeitgenosse, den ich vor oder nach der Wende über seine Erlebnisse an der deutsch-deutschen Grenze befragte, reagierte so oder ähnlich. Vor dem Berlin-Abkommen der Alliierten von 1971 gestaltete sich eine Transitreise von West-Berlin durch die DDR in die Bundesrepublik äußerst schwierig. Sie war mit langwierigen Prozeduren verbunden. Von den zahlreichen Begegnungen mit den Grenzpolizisten verliefen die meisten „normal". Die bizarren aber haben sich fest in mein Gedächtnis eingegraben.

Das Organ

Einmal stand ich am Ende einer langen Schlange am Kontrollpunkt Hirschberg. Nur entnervend langsam konnte ich Autolänge für Autolänge in Richtung Abfertigungshäuschen vorrücken. Plötzlich schien mir einer der Uniformierten ein Handzeichen zu geben. Ich deutete seine Handbewegung jedenfalls so, daß ich an all den anderen Wartenden vorbei bis auf seine Höhe vorfahren sollte. Na gut! Ich folgte der ungewöhnlichen Weisung und rollte bis an die Schranke, die die Straße zur Hälfte sperrte und an die sich der Grenzbeamte anlehnte. Dieser musterte mich völlig verblüfft. Sein Gesicht lief leicht rot an. Ruckartig stieß er sich vom Pfosten ab, sein Körper straffte sich. Er nahm gewissermaßen äußerlich und innerlich die Haltung an, die seine Dienstvorschrift für strenge Amtshandlungen vorsah: „Ihre Babiere, bidde!“

Der Tonfall, in dem er seine Aufforderung vortrug, verhieß nichts Gutes! Einen Schritt zurücktretend, blätterte er schweigend im Ausweis und kontrollierte die grüne Ausreisekarte. Danach steckte er beide Dokumente in die Außentasche seines Uniformrockes, trat wieder an mein Auto und fragte in noch schärferem Ton: „Wie gom Sen eichentlich dazu, blötzlich aus der Golonne der dransidreisenden Bürcher där BRD auszuscheern?“

Verdutzt entgegnete ich: „Aber Sie haben mich doch zu sich gewinkt!“

Mit noch mehr Haltung – mehr ging einfach nicht –, schleuderte er mit donnernder Stimme mir entgegen: „Sie wern doch nich ernsthafd behaubden wolln, daß een Organ der Deutschen Demogradschen Rebublik eem Bürcher där BRD absichdlich fehlerhafde Handzeichn gegäben had! Sie bleim mit Ihrn BeGaWe solange hier stähn, bis ich Ihnen die Weiderfahrd durch die Aushändichung der Durchreisebabiere geschdadde!“ Sprachs, ging zwei Schritte zurück, lehnte sich wieder an seinen Stützpunkt und ließ seinen Blick gelangweilt über mich hinwegschweifen.

Was sollte ich tun? Ich mußte mich in mein Schicksal fügen und machte es mir im Wageninneren bequem. Nur durfte ich dabei nicht die Augen schließen. Ich hätte womöglich neuerliche Anweisungen des „Organs“ verpaßt.

Nach etwa einer halben Stunde trat der Grenzer an meinen Wagenschlag und reichte mir wortlos die Papiere. Dann salutierte er und hieß einen der neben mir vorrückenden Autofahrer anzuhalten. Durch Handzeichen bedeutete er mir, in die sich öffnende Lücke zu schlüpfen. Ohne mir weiter Beachtung zu schenken, nahm hernach das Organ der DDR seine verantwortungsvolle Tätigkeit an der Schranke wieder auf. Mit Groll, aber erleichtert rollte ich im Pulk der Leidensgenossen in Richtung Kontrollhäuschen.

Der Pfiffikus

Mein Freund und ich wollten zum Fischen nach Ratzeburg. Am Kontrollpunkt Staaken rückten wir, während das Auto auf dem Parkplatz stand, zu Fuß inmitten der Menschenschlange langsam Schritt für Schritt in Richtung Grenzbaracke vor. Endlich erreichten wir einen der Schalter. Der hinter dem Fenster sitzende uniformierte Zollbeamte heischte, den Grenzbestimmungen der DDR folgend, von uns Auskunft über unsere Westgeldbeträge und andere mitgeführte Wertgegenstände. Die Frage nach einem Fotoapparat hatte mein Freund bereits verneint. Er ergänzte freiwillig: „Wir führen aber einen Bootsmotor mit."

„Welche Marke?" wollte der Zöllner wissen.

„Evinrude."

„Wie heißt das Ding?"

Langsam, gleichsam buchstabierend, wiederholte mein Freund: „Evinrude!"

Der Beamte schien etwas verwirrt. Nach kurzem Zögern entschied er: „Is' gut, ich schreib' einfach: Ein Bootsmotor!"

Der Wegelagerer

Ein Jahr später, wieder wollten wir nach Norden. Kurz nachdem wir ein Verkehrsschild mit dem Hinweis auf eine Geschwindigkeitsbegrenzung passiert hatten, stand in der Nähe von Kyritz urplötzlich ein Volkspolizist vor uns auf der Fahrbahn und gab Handzeichen zum Anhalten. Nach umständlicher Kontrolle der Fahrzeug- und Personalpapiere erklärte er barsch: „Sie sind zu schnell gefahren!"

„Das kann nicht sein", entgegnete mein Freund, „ich habe genau die vorgeschriebenen 40 km/h eingehalten!"

„Das müssen Sie auch!" erklärte der Vopo in nunmehr

versöhnlichem Ton, „gestern ist hier eine Frau aus 'm Westen mit ihrem Auto in den Graben gerast. Ihre Klamotten lagen überall verstreut herum. Auch Bananen. Haben Sie vielleicht Bananen dabei?"

„Nein."

„Apfelsinen oder Zitronen?"

„Nein, auch die leider nicht", erwiderte mein Freund, „aber Schokolade haben wir. Wollen Sie welche?"

Der Polizist nickte und nahm ohne zu zögern die aus dem offenen Seitenfenster gereichte Tafel. Völlig ungeniert fragte er dann noch: „Führen Sie nicht auch Zigaretten mit?"

„Wir sind Nichtraucher", gaben wir unisono zur Antwort.

Die Enttäuschung war ihm deutlich vom Gesicht abzulesen. Er kontrollierte noch einmal aufmerksam das Wageninnere. Ganz offensichtlich hielt er nach weiteren begehrenswerten Dingen Ausschau. Erfolglos! Daraufhin trat er ein, zwei Schritte zurück, hob die Stirn und sagte mit amtlicher und deutlich stärkerer Stimme: „Ich werde von einer Anzeige absehen. Beachten Sie aber in Zukunft die Verkehrsvorschriften unseres Staates genauer!"

Seine Handbewegung gab das Zeichen zur Weiterfahrt. Wir folgten ihr unverzüglich.

Der sächsische Spiegel

Bei erfahrenen Ost-West-Reisenden standen Grenzpolizistinnen im Ruch, strenger zu sein als ihre männlichen Kollegen. Ich machte eine andere Erfahrung.

Wer von den Westberliner Autofahrern kannte ihn nicht, den großen, rechteckigen Spiegel, der auf einem Fahrgestell mit zwei Rädern ruhte, die reflektierende Fläche nach oben. Gesteuert wurde dieses Kontrollinstrument mit einer langen geschwungenen Stange, was dem Kontrolleur erlaubte, jeden Quadratzentimeter des Fahrzeug-Unterbodens zu beäugen. Meist führte der Beamte auch einen langen, biegsamen Stab aus geflochtenem, weißlackierten Draht mit sich.

Im Transit. Am Kontrollpunkt Drewitz im Landkreis Potsdam machte ich eine ungewöhnliche Bekanntschaft.

Er fädelte ihn in den Stutzen des Benzintanks ein. Durch intensives Stochern versuchte der Polizist, eine eventuell an diesem Ort versteckte Konterbande aufzuspüren.

An einem Sonntagmorgen wollten meine Frau und ich nach Stendal reisen. An der Kontrollstelle Drewitz unterwarfen wir uns den üblichen Prozeduren und reichten unsere Reisedokumente aus dem Seitenfenster. An diesem Tag führte eine Polizistin die Spiegelkontrolle durch. Gleich nach ihrem ersten prüfenden Hinschauen kam die kategorische Aufforderung: „Steichen Se bidde mal aus!"

Ich gehorchte mit mulmigem Gefühl in der Magengrube.

„Gucken Se mal nei!"

Ich guckte. Aufgrund ihres Tonfalls erwartete ich, das Spiegelbild eines fluchtbereiten, am Unterboden meines Autos sich festkrallenden Einheimischen zu erblicken. Gott sei Dank, Fehlanzeige! Ich konnte nichts Auffälliges entdecken. Fragend sah ich zur filia saxoniae hinüber.

Leicht den Kopf schüttelnd, meinte sie, nunmehr mit einem gewissen mitleidigen Ton in der Stimme: „Sähn Se wärklich nischt?“
„Nein“, erwiderte ich nervös und zermarterte mein Gehirn. Man konnte ja nie wissen, ob nicht eine neuartige Schikane auf einen wartete.

„Nu! Ihr Ausbuff hat zwee gleene Löcher, dän wärn Se wohl balde rebariern lassen müssen!“ lautete die verblüffende Aufklärung.

Aufatmen. Erleichtert bedankte ich mich von ganzem Herzen für den wohlgemeinten Rat. Mit einem verschmitzten Lächeln und dem Wunsch für einen angenehmen Aufenthalt in der DDR wurden wir von ihr in Gnaden entlassen.

Der Schizophrene

Einmal sollte uns die Fahrt in den kleinen brandenburgischen Ort Neustadt an der Dosse führen. Unser Kirchenchor gedachte, dort bei der Einweihung einer Orgel mitzuwirken. Auf dem Hinweg wollten wir zudem den legendenumwobenen, mumifizierten Ritter Kahlbutz besuchen. Die Sänger fuhren getrennt in eigenen PKWs, eine gemeinsame Busfahrt wäre von den DDR-Behörden nicht genehmigt worden. Schon gegen fünf Uhr morgens bogen wir am Kontrollpunkt Staaken in die vorgeschriebene Fahrspur ein. Wir waren um diese Zeit die einzigen „Kunden“.

Aus dem Schlagschatten einer Baracke löste sich eine Gestalt. Wir harrten der üblichen Rituale. Der Grenzer legte grüßend die Hand an die Mütze: „Guten Morgen! Ihre Papiere bitte!“ Mit scharfem Blick verglich er aufmerksam das Foto im Ausweis mit dem lebenden Original.

„Wohin fahren Sie?“

„Nach Neustadt an der Dosse.“

„Komisch“, bemerkte er, „ist da heute was Besonderes los? Sie sind bereits das dritte Auto nach Neustadt!“

Wir gaben uns verwundert: „Keine Ahnung!“

Er reichte uns die Papiere zurück und verwies auf das seitlich gelegene, niedrige Holzgebäude. Dort sollte der 1:1-Pflichtumtausch von 25 DM pro Person in Mark der DDR stattfinden. Er selbst machte sich ebenfalls in Richtung Baracke auf den Weg. Wir betraten den Flachbau. Wer saß dort barhäuptig hinter dem Schalterfenster? Unser Grenzpolizist!

Meine Frau schob ihm die Geldscheine zu. Er jedoch machte keine Anstalten, sie entgegenzunehmen. Seelenruhig setzte er seine Dienstmütze auf, wünschte uns erneut einen „Guten Morgen“ und verlangte unsere Reisedokumente.

Ungläubig blickten wir erst uns, dann ihn an. Wollte er uns auf den Arm nehmen? Vor eben einer Minute hatte er uns doch nach ausführlichem Studium unsere Ausweise wieder in die Hand gedrückt. Zeit zum Überlegen blieb nicht, denn schon deutlich ungnädiger und mit erhöhtem Stimmaufwand wiederholte er: „Ihre Dokumente bitte!“

Im Geiste den Kopf schüttelnd, taten wir, wie uns geheißen. Unbeeindruckt von unserer Verwirrung verglich er abermals die Fotos mit unseren Gesichtern. Danach gab er Ausweise und Einreiseberechtigungen zurück und begann gleichmütig die Formalitäten des Geldumtausches abzuwickeln.

Der Pädagoge

An einem Dezembertag brachen wir von West-Berlin aus zum Besuch des Weihnachtsmarktes nach Lübeck auf. Seinerzeit war der Ausbau der Autobahn Richtung Hamburg noch nicht abgeschlossen. Man fuhr auf der Bundesstraße 5 bis zum Grenzübergang Lauenburg. Da ich mehrmals im Jahr zum Fischen in den Norden fuhr, kannten mein Wagen und ich diese Strecke aus dem Effeff. Etwa einen Kilometer vor dem eigentlichen Grenzgebiet stoppte uns ein Grenzbeamter. Natürlich hielt ich brav an und reichte unaufgefordert die Reiseunterlagen aus dem Auto. Der Vopo nahm sie und sagte nach einigen Minuten genauen Studiums der Papiere wie beiläufig: „Wenn Sie die Straßen der DDR befahren, Herr

Kutscha, müssen Sie auch die Vorschriften der DDR befolgen!“

Ich bejahte pflichteifrig, war mir aber keiner Schuld bewußt.

„Steigen Sie bitte aus!“ verlangte der Grenzer mit vorwurfsvoller Miene.

Mit einiger Beklemmung folgte ich der Aufforderung.

„Drehen Sie sich um, und gehen Sie die Straße zurück, und zwar solange, bis ich Halt rufe!“

Was sollte ich machen? Ich gehorchte und kam mir dabei – als gestandener Lehrer – wie ein ungezogener Schüler vor, der in die Ecke geschickt wird. Nach ungefähr fünfzig Metern erscholl das „Halt!“, dann der Ruf: „Umdrehen!“

Ich parierte.

„Was sehen Sie auf der rechten Straßenseite?“

Langsam erschien mir die Situation grotesk. Ich brüllte zurück: „Ein Schild mit der Aufschrift: Halt! Weiterfahrt nur auf Handzeichen.“

„Jetzt können Sie wieder zurückkommen!“

Ich konnte mir den Einwand nicht verkneifen: „Dieses Schild hat in der vorigen Woche noch nicht dort gestanden! Ich bin diese Strecke doch erst am Sonnabend gefahren.“

„Stimmt“, gab er ungerührt zu. „Da sehen Sie mal, wie wichtig es ist, ständig die Augen offen zu halten! Ich nehme an, Sie beherzigen meine Mahnung, denn das nächste Mal kommen Sie mir nicht so glimpflich davon!“

Er gab die Papiere zurück, hob seine Hand grüßend an die Dienstmütze und hieß mich weiterfahren.

Die Stimme vom Turm

„Ein Spaziergang wird uns guttun!“ Meine Frau hatte recht, bei diesem strahlenden Sonnenschein mußte man einfach ins Grüne. Wenig später stand unser Auto auf dem Parkplatz in der Nähe des Hubertussees in Frohnau. Der kleine Teich liegt in einem West-Berliner Waldstück, das damals wie ein Auswuchs in das Gebiet der DDR hineinragte. Die Erbauer der Befestigungen hatten diese hier im Umfeld des Sees einige Meter vor der Grenze errichtet. Nur die von den westlichen Behörden aufgestellten Schilder: „Halt! Sie verlassen den französischen Sektor!“ deuteten auf den tatsächlichen Grenzverlauf hin.

„Laß uns einen Blick über die Grenzanlagen tun“, schlug meine Frau vor, und schon war eine kleine, sandige Anhöhe erklommen. Höchstens dreißig Meter vor uns begannen die Sperranlagen: der hohe Drahtzaun, danach der Stacheldraht. Dahinter liefen große Wachhunde unruhig, aber aufmerksam an langen Führungsleinen hin- und her. Nach einem schmalen, geharkten Sandstreifen zog sich die Betonstraße für die Fahrzeuge der Nationalen Volksarmee hin, und, etwas weiter entfernt, ragte der große Wachturm aus Beton in den blauen Himmel. Seine Fenster, hoch oben angebracht, gestatteten den östlichen Wachposten einen ungehinderten Blick nach allen Seiten. Wir verharrten vielleicht einige Sekunden an diesem Platz, als uns eine herrische Stimme zusammenfahren ließ. Über Lautsprecher scholl es vom Wachtturm herüber: „Bürger der selbständigen Einheit Westberlin! Sie befinden sich widerrechtlich auf dem Staatsgebiet der Deutschen Demokratischen Republik! Wir fordern Sie auf, unverzüglich die Grenzverletzung zu beenden und das Hoheitsgebiet der Deutschen Demokratischen Republik zu verlassen!“

Gleich danach wiederholte die Stimme in demselben drohenden Tonfall den Befehl.

Wir taten dem unerbittlichen Grenzschützer den Gefallen und bewegten uns die zwei Meter bis hinter das Schild. Mehr aus Trotz denn aus Neugier verharrten wir noch eine Weile, bis wir betroffen zurück zum Auto schlenderten.

(Weitere **ZEITGUT**-*Beiträge dieses Autors sind im Autorenverzeichnis am Ende des Buches vermerkt.)*

[Halle/Saale – Grünheide bei Erkner, Brandenburg – Autobahnkontrollpunkt Beelitz, damals DDR – Berlin-Grünau – Grenzbahnhof Berlin-Friedrichstraße; 1969 – Mai/Juli 1970]

Hans-Joachim Musiol

Vorkommnisse

Von 1968 bis 1972 studierte ich an der Universität in Halle an der Saale Pädagogik, Französisch und Geschichte. Das Literaturangebot in Französisch war mehr als dürftig. Im „Internationalen Buch“, der einzig passenden Buchhandlung, hatten die Romanistikstudenten die zwei Regalreihen schnell durchgesehen. Besonders haperte es an einsprachigen Wörterbüchern und an Belletristik. Wir bekamen eine lange Liste an Pflichtlektüre, aber davon gab es kaum etwas zu kaufen. Selbst die Lehrbuchreihe, mit der ein wesentlicher Teil der Sprachausbildung bestritten wurde, war nicht im DDR-Buchhandel erhältlich. Also mußte das alles „besorgt“ werden, und das ging nur über Kontakte ins westliche Ausland. Einerseits hieß es „Abgrenzung vom Klassenfeind“, andererseits war jeder von uns das gesamte Studium über damit beschäftigt, seine „Westkontakte“ zu intensivieren – vor allem nach Frankreich. Selbst die Dozenten und Lehrer hielten uns dazu an, alle Möglichkeiten zu nutzen, um mit der Sprache immer wieder in Kontakt zu kommen und sich „Sachen mitbringen“ zu lassen.

Unser größtes Problem war die Anwendung der Fremdsprache außerhalb des Institutes. Eine Reise oder gar ein Studienaufenthalt in Frankreich – undenkbar!

Deshalb konnte man zur Leipziger Messe an französischsprachigen Ständen oft Mitstudenten treffen. Ich hatte mir im Interhotel in Halle, das zur Messezeit ausschließlich mit westlichen Gästen belegt war, einen Job gesucht: Kofferträger, nachts Schuhputzer, Autowäscher und Dolmetscher an der Rezeption. Alles, was im Hotel französischsprachig ablief, regelte ich, der Hotelboy. Ich war zufrieden, konnte ich doch Französisch sprechen, genoß eine gewisse Sonderstellung und die Trinkgelder konnten sich auch sehen lassen, zumal es Westgeld gab!

Eine andere Möglichkeit des Sprachkontakts eröffnete sich uns Studenten bei Dolmetschereinsätzen in den Semesterferien. Die DDR wollte ihre Errungenschaften auch im westlichen Ausland publik machen. So kam es unter Mithilfe der „Gesellschaft DDR – Frankreich“ zu einem Schüleraustausch, allerdings nur einseitig. Das war Klassensolidarität: arme französische Arbeiterkinder, die es sich nicht leisten konnten, in die Ferien zu fahren – die SED machte es möglich. In Frankreich, von der Kommunistischen Partei organisiert, bezahlten die Franzosen nur einen Bruchteil dessen, was der Aufenthalt eigentlich kostete. Dabei waren es recht komfortable Ferien; viel, sehr viel, wurde geboten! Auf diese Weise verbrachten jedes Jahr Tausende junger Franzosen ihren Sommerurlaub in der DDR. Im Sommer 1969 verlebte ich als Betreuer vier wunderschöne Wochen im Betriebsferienlager des VEB Funkwerke Köpenick in Grünheide bei Erkner. Für einen angehenden Lehrer war das einfach perfekt! Arbeit mit Kindern, von früh bis abends Französisch, und dazu wurde diese Tätigkeit auch noch bezahlt!

Mit Denis, dem französischen Betreuer der etwa 20köpfigen Gruppe – offiziell Delegation genannt – bahnte sich bald eine Freundschaft an. Schon während dieses ersten Einsatzes wurde angefragt, ob ich im kommenden Jahr wieder zur Verfügung stünde. Natürlich sagte ich zu, und auch Denis wollte im nächsten Jahr wiederkommen. In unzähligen Gesprächen mit den französischen Gästen fiel mir auf, daß die Franzosen fast nichts von der DDR wußten. An Politik wa-

Als Pädagogik-Student betreute ich in den Semesterferien Kinder aus Frankreich. Eine Aufnahme von mir Anfang der 70er Jahre.

ren sie nicht sonderlich interessiert und bei der obligatorischen Darstellung der „Errungenschaften“ unseres sozialistischen Staates hörten sie nur höflich zu. In Berlin nun wurde aber DDR-Politik sichtbar durch Mauer und strenges Grenzregime. Das stieß in der Regel auf wortloses Darüberhinwegsehen. In den vielen Jahren, die ich als Dolmetscher gearbeitet habe, gab es kaum einen französischen Jugendlichen, der zur Teilung Berlins Zustimmung geäußert hätte.

Und da gab es noch eine Kleinigkeit, oder sollte man dazu besser sagen, eine grobe Unhöflichkeit?

Normalerweise wird ein Gast nicht an der Bahnhofstür, sondern am Zug, verabschiedet. Aber was war schon normal im Grenzbahnhof Friedrichstraße? – Nicht auf dem Bahnsteig, der schon Grenze war, sondern im „Tränenpavillon“, der Ausreisehalle für S- und U-Bahn und Fernzüge in Richtung West-Berlin, hatte das zu geschehen. So wurden viele positive Eindrücke, die die Jugendlichen mit in ihre Heimat nahmen, zunichtegemacht – eine Meisterleistung unserer Führung, der politisches Fingerspitzengefühl fremd war.

Jeden Sommer kamen einige hundert junge Franzosen nach Berlin, und das bedurfte einiges an Vorbereitungen. Für die Ferienlageraktion im Sommer 1970 wurde Denis von der französischen Seite beauftragt, letzte Einzelheiten mit den dafür verantwortlichen Genossen in Berlin abzustimmen. Er wurde dazu offiziell eingeladen. Eines Tages im Mai erhielt ich einen Anruf: „Ich bin jetzt in Köln auf der Fahrt nach Berlin. Wenn es dir möglich ist, würde ich dich gern zu den Absprachen als Dolmetscher mitnehmen."

Da ein Student zeitlich recht flexibel ist, sagte ich freudig zu. Er wolle in sechs bis sieben Stunden in Halle sein, ich müßte nur zusteigen. Und so war es auch. Freude über das Wiedersehen, kurze Pause mit ein paar belegten Broten und Kaffee, hinein in seinen auffallend gelben Renault R4 und ab ging es über die Autobahn Richtung Berlin. Wir kamen aber nur bis zur Kontrollstelle Beelitz. Dort stoppten Volkspolizisten unsere recht flotte Fahrt. Ich vermutete eine Geschwindigkeitsübertretung, denn ab Halle fuhren wir auf der Autobahn konstant 130 km/h, 100 km/h waren aber nur erlaubt. Denis mußte aussteigen und reichte dem Vopo seine Papiere. Ich wollte ebenfalls aus dem Wagen, aber mir wurde per Handzeichen angedeutet, im Auto zu bleiben. Da es sehr warm war, kurbelte ich die Scheibe herunter und konnte auch hören, was sich abspielte.

Der obligatorischen Nummernschildüberprüfung folgte zuerst eine technische Inspektion: Licht, Abblendlicht, Blinker, Hupe, Motorklappe auf. Denis konnte mir zuraunen: „Ils sont fous!" („Die sind wohl verrückt!")

Daraufhin wurde er barsch angefahren, daß er sich im Kontrollbereich nicht mit Privatpersonen zu unterhalten habe. Denis verstand es nicht, also redete er weiter, worauf ich sagte, er hätte jetzt mit mir Redeverbot. Nun wurde auch mir bedeutet zu schweigen.

Immer wieder wurde der Paß von Denis durchgeblättert, die Zählkarte untersucht, und weil das länger dauerte und der Kontrolleur wieder und wieder den Kopf schüttelte, gesellte sich ein zweiter Vopo hinzu und murmelte: „Der muß die Transitstrecke verlassen haben, hier, der darf nur von Marienborn nach West-Berlin."

Beide gingen um das Auto, beglotzten nochmals die Kennzeichen: „Da stimmt was nicht, und dann versteht der uns nicht, hole mal den ..." Ein Name wurde genannt.

Nach einigen Minuten erschien der dritte Vopo, ein Offizier. Der ließ sich kurz Bericht erstatten, fragte nach, ob der da – ich war gemeint – schon kontrolliert sei. „Noch nicht? Dann mal los!"

Mein „Paßport" wurde verlangt. Durch das Fenster reichte ich meinen blauen Personalausweis der DDR.

„Was? Sie sind ja Bürger der DDR! Was machen Sie in einem westlichen Fahrzeug – wollten wohl abhauen?"

Ich mußte aussteigen und wurde „zwecks Klärung dieses Sachverhaltes" vorläufig festgenommen. Wir zwei mußten uns nun, bewacht von einem Polizisten, neben das Fahrzeug stellen. Der zweite durchsuchte das Auto und der Offizier verschwand in der Baracke, wahrscheinlich wollte er telefonieren. Nach einer Weile tauchte er wieder auf, immer noch unsere Papiere in der Hand. Endlich konnte ich ihm erklären, wie ich in dieses Auto gekommen war und warum.

„Wenn das so ist, wie Sie sagen, angenommen, das ist so, dann ist das eine Verletzung des Transitabkommens, und wenn der Franzose da gut rauskommt aus dieser Sache, dann können Sie übersetzen, daß er über West-Berlin die DDR zu verlassen hat! Doch das werden die Genossen klären, die ich verständigt habe. Bis dahin bleiben Sie bei uns."

Jetzt wurde ich wirklich ungeduldig, mir reichte es, und ich forderte von ihm den gefalteten Briefbogen, der in Denis'

Paß lag. Den wollte ich übersetzen. Knurrend reichte er mir das Blatt, die offizielle Einladung, die ich jetzt auf Deutsch vorlas. Sein Gesicht wurde immer länger. Auch war da eine Telefonnummer angegeben, die bei auftretenden Problemen anzurufen sei. Ich verlangte, mir dieses Telefonat zu ermöglichen.

Unsicher geworden, brachte mich der Offizier in sein Dienstzimmer, und bald hatte ich einen Herrn vom Ministerium für Auswärtige Angelegenheiten der DDR am Hörer. Der fiel aus allen Wolken, als ich ihm mitteilte, daß wir zwei vorübergehend festgenommen worden seien. Er könne aber leider den bewaffneten Organen keine Weisung erteilen, deshalb müsse er über den Dienstweg gehen ..., in ein paar Minuten aber sei die Sache geklärt.

Nun wurde auch Denis hereingeführt, und ich teilte ihm kurz die Entwicklung mit. Der Vopo wurde zusehends freundlicher, er bot Zigaretten an, wir lehnten dankend ab. Nach nicht einmal zehn Minuten klingelte das Telefon. Am anderen Ende der Leitung mußte wohl die Luft brennen, ich konnte einige Wortfetzen mithören und die waren nicht gerade angenehm für den Offizier, der mit hochrotem Kopf in strammer Haltung immer wieder in den Telefonhörer hineinstammelte: „Jawohl, wird sofort erledigt ... jawohl, zu Befehl, Genosse General, jawohl ...“

Damit war das Telefonat beendet. Immer wieder sich entschuldigend brachte uns der Offizier zum Auto. Von den anderen beiden Vopos war nichts zu sehen, die hatten wohl Wind bekommen und sich schleunigst verzogen.

Später sagte Denis im Auto zu mir: „Unglaublich, wie die mit uns umgesprungen sind. Wie müssen die sich erst aufführen, wenn man nicht offizieller Gast ist ...“

Denis, damals Mitglied der Kommunistischen Partei Frankreichs, trat vier Jahre später aus dieser Partei aus. Seine Gründe teilte er mir bei unserem letzten gemeinsamen Ferienlagereinsatz mit.

Im Sommer dieses Jahre wurden wir in einer Schule an der Regattastraße in Grünau untergebracht, wunderbar gelegen und nicht weit zum Strandbad und zur S-Bahn. Dort logierte ebenfalls eine italienische Kinder- und Jugendgruppe. Die vier Wochen vergingen mit Baden, Sport, Besichtigungen und Ausflügen wie im Fluge. Besonders beliebt waren die abends von uns organisierten Discos, die auch von einer Menge deutscher Jugendlicher besucht wurden. Es waren für uns alle wunderschöne Tage!

Am Morgen des Abreisetages dann die allgemeine Hektik, die letzte gemeinsame Fahrt mit dem Bus zum Bahnhof Friedrichstraße. In der Ausreisehalle herrschte ein unglaubliches Gewühl. Hunderte Kinder und Jugendliche warteten auf die Ausreisekontrolle. Die verschiedensten „westlichen" Sprachen schwirrten durch die Luft. Schließlich waren die Franzosen an der Reihe. Ein Grenzoffizier las Name für Name vor, und dann ging der zu Kontrollierende mit seiner carte d'identité, seinem Personalausweis, durch die Kontrolle zum Transitbahnsteig. Nun kam meine Gruppe zur Abfertigung. Händeschütteln, Umarmung, Tränen. Plötzlich fluchte der vor mir stehende Offizier, der die Namen aufrief: „Mistdurchschlag, kaum zu lesen ... wer soll denn das aussprechen können?" Offenbar war er in diesem Durcheinander sehr genervt. Schweißperlen rannen über sein Gesicht. Bei einem Namen war es dann soweit. Keiner wußte, wen er da eben aufgerufen hatte – die Kinder lachten. Der Grenzer blickte sich hilfesuchend um, der Kontrollablauf stockte.

Da wir die gesamte Zeit hinter ihm gestanden und uns schon über ihn amüsiert hatten, klopfte ich ihm auf die Schulter: „Geben Sie her, ich lese vor und Sie brauchen nur noch zu kontrollieren."

Der Offizier starrte mich einen Augenblick verwundert an und reichte mir dann wortlos die Liste. Also las ich die einzelnen Namen vor, verabschiedete mich dabei von den Kindern und der Grenzer kontrollierte.

„Kommst du noch mit zum Zug?“ – Jedesmal mußte ich diese Frage verneinen. Der letzte Franzose ging durch die Sperre, letzter Gruß – das war’s. Vier Wochen anstrengende, aber auch schöne Arbeit lagen hinter mir. Ich gab die Namensliste zurück. Eine andere französische Gruppe wurde jetzt abgefertigt, und der Offizier bat mich, deren Namen ebenfalls zu lesen. Wieder ging Kind für Kind durch die Sperre. Mittlerweile hatte sich die Ausreisehalle stark geleert, und nur einige Privatreisende strebten der Kontrolle zu. Ich gab die Blätter zurück.

„Danke, Mäsjö, merci“, der Offizier blickte auf seine Armbanduhr. „In fünf Minuten“ – er zeigte die fünf Finger –, „schnell! Zug fährt gleich ab!“

Dabei schob er mich durch den Paßkontrollgang. Jemandem von seiner Truppe rief er zu: „Braucht nicht mehr – habe ich schon – der muß noch zum Zug hoch“, und er bugsierte mich weiter durch den schmalen Gang auf eine Tür zu, die sich wie von Geisterhand öffnete.

Was ging mir in diesen Sekunden nicht alles durch den Kopf! Ich brauchte nur den Stufen zu folgen – schon wäre ich in West-Berlin. Trennung von Eltern und Bruder, was ist mit dem Studium ...?

Nein, das kam zu plötzlich, außerdem hatte ich zu dieser Zeit nie ernsthaft über ein Weggehen nachgedacht. Wie angewurzelt blieb ich stehen, drehte mich um: „Ich bin kein Franzose, ich bin nur der Dolmetscher!“

Der Uniformierte hatte sofort begriffen, wurde aschfahl, schaute sich kurz um und raunte mir zu: „Um Gottes willen, zu keinem ein Wort, das kostet uns Kopf und Kragen!“

Ich nickte und ging die paar Meter zurück. Er blieb mitten im Gang breitbeinig stehen, offenbar hatte er sich wieder gefaßt. Draußen nahm mich der Lärm der verkehrsreichen Friedrichstraße auf.

Bis zum Fall der Mauer wußten nur zwei Menschen von diesem Vorkommnis: der Offizier und ich.

[Leipzig, Sachsen, damals DDR – Köln, Rheinland;
August 1973 – Frühjahr 1974]

Helga Brachmann

Angst

„Was für ein gemeiner Scherz“, war mein erster Gedanke. Was hatte die Männerstimme eben am Telefon gesagt? – „Ihre Tochter Barbara ist in die Bundesrepublik geflüchtet.“

Das konnte doch nicht wahr sein! Wie sollte ein junges Mädchen den Stacheldraht, die Selbstschußanlagen und die Mauer überwinden?

An der Grenze wurde doch scharf geschossen! Und ein Schlupfloch im Eisernen Vorhang gab es doch auch nicht! Republikflucht im Jahr 1973 – das war lebensgefährlich, das war strafbar, auch für Mitwisser und Helfer.

Dann hatte der anonyme Anrufer hinzugefügt, Barbaras Freundin sei auch geflohen, ich solle der Mutter Bescheid geben, er wußte die Adresse. Ach ja – langsam konnte ich meine Gedanken ordnen –, ich hatte nach seinem Namen gefragt, er aber hatte stattdessen das Gespräch mit den Worten beendet: „Barbara läßt Sie grüßen, Sie sollen ihr nicht böse sein und sie hätte Sie sehr lieb!“

Das war eine typische Redewendung meiner Tochter, keine Frage. Wieder und wieder nahm ich die kurze Mitteilung zur Hand, die ich abends auf der Flurgarderobe gefunden hatte: „Bleibe übers Wochenende bei Joachim, komme übermorgen zurück. Tschüs! Babs.“

Joachim war ihr Freund, er besaß kein Telefon. Hoffentlich war meine Tochter dort, am anderen Ende der Stadt!

Qualvolles Grübeln bis zum Morgen. Oder war Bärbel gar einem Verbrechen zum Opfer gefallen und der Täter wollte mich durch seinen Anruf auf eine falsche Spur führen?

Wie oft hatte ich meine Jüngste gebeten, sich nicht von Fremden im Auto mitnehmen zu lassen. Oder sollte gar dieser Rheinländer eine Flucht organisiert haben?

Barbara hatte mir von einem „tollen West-Mann" vorgeschwärmt, den sie in einer Gaststätte während der Leipziger Frühjahrsmesse flüchtig kennengelernt hatte. Aber der Mann sei katholisch und verheiratet, habe auch drei Kinder. Es war doch unmöglich, daß dieser Kaufmann ein junges Mädchen unterstützen, geschweige denn aufnehmen konnte! Was wollte Bärbel allein in einem anderen Land, ohne einen Pfennig Geld? Oder hatte sie ihr Sparbuch geplündert?

Aber der Umtausch brächte ja viel zuwenig, um sich eine Existenz aufbauen zu können! Und zu meinem Bruder konnte sie doch auch nicht gehen, die Wohnung war zu klein und mir wäre es schrecklich peinlich gewesen, wenn Bärbel meine Verwandten um Unterstützung gebeten hätte!

Hier war das Zuhause meiner Tochter, hier begann in wenigen Tagen das Medizinstudium, das sie so hartnäckig angestrebt hatte! Hier lebte ihr Freund, der junge Arzt Joachim! Und was würde diese Flucht für meine anderen Kinder und mich bedeuten? Berufliche Nachteile? Oder gar Haft?

Gut, ich hatte nichts geahnt, aber ob man mir das glauben würde? Brachte man gar den kurzen Besuch bei meinem schwerkranken Vater in Stuttgart mit Bärbels Verschwinden in Zusammenhang? Aber – da war keiner!

Fünf Monate waren seitdem vergangen. Konnte man mir daraus einen Strick drehen?

Und was würde nun aus meiner neuen und interessanten Tätigkeit an der Hochschule für Musik in Leipzig werden? Ich hatte nur die mündliche festversprochene Zusage. Wenn sich Barbaras Flucht als Tatsache erweisen würde, nähme mich kein staatliches Institut als Lehrkraft. Nur gut, daß ich die jetzige Stellung im Theater als Repetitorin noch nicht gekündigt hatte!

„Also doch, ich habe Babs schon seit einer Woche nicht gesehen", stieß Joachim am nächsten Morgen wütend hervor.

Verblüfft fragte ich: „Was heißt hier also doch?"

„Ein anderer Mann, natürlich! Hab ich's doch geahnt!" Mehr war aus dem jungen Mann nicht herauszubringen.

Was für ein Mann? Bärbel hatte viele Verehrer. Ob es der Rheinländer war, dieser „tolle West-Mann", dem ich damals beim Anruf zur Zeit der Frühjahrsmesse den Umgang mit meiner Tochter auszureden versucht hatte?

Barbara wußte doch, wie hart unerlaubter Grenzübertritt bestraft wurde! Ihr war auch klar, was diese Flucht für die übrige Familie bedeuten würde. Sie hatte mir ja selbst in allen Einzelheiten von der Verhaftung einer Kollegin erzählt, deren Freund in den Westen verschwunden war.

Wie mußte ich mich jetzt verhalten? Die Arbeit hatte meine Tochter gekündigt, da würde man so schnell nichts merken – aber sie war doch eingeschriebene Studentin! Es würde sehr auffallen, wenn jemand das Medizinstudium nicht antrat. Verheimlichte ich Bärbels Verschwinden, machte ich mich der ‚Beihilfe zur Republikflucht' verdächtig.

Nach reiflichem Überlegen, etwa 24 Stunden nach dem anonymen Anruf, benachrichtigte ich das nächste Polizeirevier und beschrieb die Ereignisse.

„Da müssen Se 'ne Vermißtenmeldung aufgeben! Aber ich sag's Ihnen gleich, wenn wir jedes junge Mädchen suchen wollten, das mal nachts nicht heimkommt, hätten wir viel zu tun. Hab'n Se 'ne Garage? ... Ja? Sehen Sie dort nach! Hab'n Se 'nen Keller? ... Ja? Auch dort suchen! Schließlich gibt es ja auch bei uns Verbrechen. Hab'n Se noch mehr Kinder? ... Ach, alle erwachsen? Na, dann fahr'n Se hin und fragen dort erstmal, auch die Freunde der Vermißten fragen, dann könn' Se wieder anrufen!"

Es war am späten Nachmittag des Sonntags, da würde ich die jungen Leute kaum alle antreffen. So bestellte ich die Taxe für den nächsten Morgen 6 Uhr. Quer durch die Stadt fahrend, befragte ich Kinder und Schwiegerkinder, auch Bärbels Freundinnen. Nichts. Keiner wußte etwas.

Die Arbeit und die Konzentration darauf fielen mir schwer, immer wieder rollten mir Tränen aus den Augen – gegen meinen Willen. Endlich, am Abend, verschaffte mir ein Anruf meines Bruders aus Stuttgart etwas Erleichterung.

„Ich wollte es anfangs gar nicht glauben, aber deine Jüngste ist auf irgendeine geheimnisvolle Weise über die Grenze nach West-Berlin gelangt. Sie rief hier an, ich soll dir sagen, es ginge ihr gut, und sie ließe wieder von sich hören!"

„Hast du die Adresse?"

„Weiß ich auch nicht, hat sie nicht nennen wollen!"

Meine Tochter lebt! Kein Verbrechen! Doch – wie ging es jetzt weiter?

Ich rief dieses Mal auf dem Polizeipräsidium an und meldete, was ich von meinem Bruder erfahren hatte. Bereits zwei Stunden später stand ein Eilbote vor der Tür, und ich wurde für den nächsten Vormittag zu einer Vernehmung bestellt.

Eine nicht endenwollende Fragerei und immerzu dasselbe in diesem kalten, grau-kahlen Raum! Als Mutter müßte ich doch wissen, mit wem meine Tochter Umgang hatte.

„Ich kontrolliere nicht eine 23jährige! Außerdem bin ich bei meinem Beruf oft abends nicht zu Hause!"

Aber dieses Argument beeindruckte den hartnäckigen Frager keineswegs. „Weshalb hat Ihre Tochter unsere Republik verlassen? Mit wem hatte sie im Westen Kontakt? Wer gab ihr die Anweisungen zur Flucht? Wer hat ihr geholfen? Wie war der Fluchtweg?"

Und immer wieder meine Antwort: „Ich weiß es doch auch nicht!"

Man drohte mir, vor Gericht würde man meine Mitwisserschaft schon herausfinden, und ich sei mir doch wohl im klaren darüber, was unerlaubter Grenzübergang, Landesverrat oder gar Spionage meiner Tochter für mich bedeutete?

In meiner Not äußerte ich die Vermutung, daß vielleicht der verheiratete West-Mann hinter der Flucht stecken könne. Ich erzählte, daß ich am Telefon den Rheinländer gebeten hatte, sich von meiner Tochter zurückzuziehen, und daß wenige Wochen später ein Päckchen aus Köln gekommen sei. Daraufhin hatte ich brieflich meine Bitte wiederholt, sich nicht mehr zu melden.

„Dann kennen Sie also den Mann! Wie heißt er? Wo wohnt er?"

„Ich habe den Mann nie gesehen, ich weiß es nicht!"

„Das sagen Sie immerzu! Wie können Sie einen Brief geschrieben haben, wenn Sie Namen und Adresse des Mannes nicht kennen?"

„Ja, natürlich!" Zum Glück fiel mir ein, daß ich seinerzeit die Anschrift des Absenders auf dem Packbogen abgeschrieben hatte, um den Brief abschicken zu können.

„Und wo ist die Adresse?"

„Ich habe sie nicht aufgehoben! Barbaras Freund wollte sie heiraten. Da fand ich es nicht gut, wenn ich die Anschrift eines anderen Verehrers in unser Verzeichnis geschrieben hätte. Aber vielleicht ist das Packpapier noch im Keller?"

„Na, das haben wir gleich!"

Und nun fuhren zwei in Zivil gekleidete Männer mit mir in meine Wohnung. Der gesuchte Packbogen fand sich schnell. Fast gleichzeitig kam die Post, ein Eilbrief.

„Das ist Bärbels Schrift", entfuhr es mir. Ich mußte den Brief im Beisein der Fremden öffnen und lesen, dann nahmen sie mir das Schreiben weg. „Liebe Mama", hatte da gestanden, „sei mir nicht böse, ich hab' Dich sehr lieb. Mir geht es gut. Ich melde mich wieder! Babs!"

Der Poststempel ließ deutlich Köln erkennen, ein Absender fehlte. Nun wurde das Packpapier geglättet – und richtig, der Mann wohnte in einem kleinen Ort nahe Köln.

„Da haben wir ja den Jugendfreund", spottete einer der Männer. Mir war nun auch klar, daß der Verheiratete hinter Barbaras Flucht steckte. Wieder und wieder versuchte ich, die beiden herumstehenden Männer zu überzeugen, daß dieses Verschwinden doch nichts mit Politik zu tun hatte. Junge Mädchen seien zu allen Zeiten durchgebrannt, wenn es um die große Liebe ging.

„Das überprüfen wir noch! Von jetzt an übergeben Sie uns jeden Brief Ihrer Tochter! Sie dürfen ihn aber vorher öffnen und lesen!" Dann wurde Barbaras Zimmer versiegelt.

Endlich war ich allein! Vor Angst war ich krank! Die Gerichtsverhandlung! Auch war mir der Gedanke, daß mein Kind sich nun wahrscheinlich als Geliebte aushalten ließe, entsetzlich. Angst hatte ich auch vor dem Gefängnis. Bestraft sollte ich werden für etwas, das ich weder gewußt noch veranlaßt hatte! Ich brachte keinen Bissen herunter, nachts fand ich keine Ruhe.

Wochen vergingen, dann durchsuchten zwei Frauen Bärbels Zimmer. Sie beschlagnahmten die Möbel, die Bücher, die Kleidung, den Plattenspieler, das Radio. „Das wird alles von uns abgeholt!"

„Darf ich denn gar nichts behalten? Schließlich sind das die Sachen meiner Tochter, das meiste hat sie doch von mir!"

„Sie können die Möbel von uns kaufen! Alles andere kommt weg!" – So schrieb ich einen Scheck aus und „erwarb" dadurch die Schrankwand und den Couchtisch.

Dann begann das Durchwühlen der Einrichtung. Man fand Bärbels Adreßbüchlein, holte das noch unverbrannte Papier aus dem Ofen, leerte den Papierkorb aus. Jedes Zettelchen, jeder alte Briefumschlag, jede Notiz – alles wurde gelesen.

„Wer ist das? Was bedeutet diese Abkürzung? Von wem ist diese Postkarte? Wer ist Häschen?"

Eine qualvolle Fragerei!

Das Sparbuch wurde gefunden. Vor einem Monat war eine größere Summe abgehoben worden.

„Aha, da hat also Ihre Tochter ihr Geld abgehoben, um es im Westen zum Schwindelkurs umzutauschen!“

„Aber nein, Barbara hat das Geld ihrer ältesten Schwester zum Möbelkauf geborgt!“

„Das kann ja jeder behaupten! Beweise?“

Froh war ich, daß meine Tochter mir seinerzeit das formlose Blatt gegeben hatte, auf dem meine Älteste sich verpflichtete, monatlich 500 Mark zurückzuzahlen.

„Und jetzt zahlt Ihre große Tochter an uns die Raten. Uns gehört jetzt das Sparbuch! Name und Adresse?“

Endlich ging man, das Zimmer wurde erneut versiegelt. Meine Furcht blieb und quälte mich weiter.

Nach einiger Zeit wurde Barbaras Zimmer ausgeräumt, bis auf die Möbelstücke, die ich „gekauft“ hatte. Zu meinem Schreck gaben mir die Männer den Schlüssel nicht, sondern schlossen ab und steckten ihn ein.

Ich protestierte. Barsch wurde ich zurechtgewiesen: „Nichts da, den Schlüssel müssen wir im Rathaus abliefern!“

Also, auf zum Wohnungsamt. Ich dachte, ich höre nicht recht: „Den Schlüssel behalten wir und weisen Ihnen eine Person in das freigewordene Zimmer ein!“

Das hatte mir noch gefehlt! Ein fremder Mensch in der kleinen 2-Zimmer-Wohnung! Ich führte an, daß ich täglich auf dem Instrument üben müsse, daß ich oft zu Hause mit Kollegen probte. Und da hatte ich Glück! Mein Gegenüber erinnerte sich jetzt, daß ich Pianistin war und nach einigem Hin und Her bekam ich dann Bärbels Zimmerschlüssel zurück.

Die versprochene Arbeit an der Hochschule erhielt ich nicht. „Wir wissen schon Bescheid!“ So empfing mich der Prorektor. „Und im übrigen wird diese Stelle mit einem Gesellschaftswissenschaftler besetzt! Mit der Republikflucht Ihrer Tochter hat das nichts zu tun. Wir sind doch keine Nazis, bei uns gibt es keine Sippenhaft!“

Nun, ich wußte es besser ...

Meine Tochter Barbara mit ihrem West-Mann Silvester 1973/74. Es war der erste Jahreswechsel, den sie nach ihrer geglückten Flucht im Westen erlebte.

Herbst, Winter, Frühling verstrichen. Da flatterte mir Barbaras Heiratsannonce ins Haus. Aus Köln! Mit dem tollen West-Mann! Erstaunlich, wie schnell es mit der Scheidung gegangen war.

Ich schickte die Anzeige an das Polizeipräsidium mit der Bemerkung, nun sei es wohl erwiesen, daß es sich bei der Flucht meiner Tochter um Liebe gehandelt habe. Ich hörte nichts mehr! Ich begann aufzuatmen.

Nach neun Jahren machte eine Amnestie Bärbels Besuch hier möglich. Als junges Mädchen war sie fortgegangen, nun hatte sie zwei Kinder an der Hand!

Wie die aufregende Flucht im Kofferraum über die Grenze verlief, zugedeckt mit Stroh, das erfuhr ich erst nach dem Fall der Mauer.

Heute liegen die geschilderten Ereignisse 31 Jahre zurück. Aber wenn ich an die Zeit nach Barbaras Verschwinden denke, davon erzähle oder darüber schreibe, fühle ich immer noch die Beklemmung, die Sorge, die Furcht und die ANGST von damals.

[Berlin-Frohnau (West-Berlin) – Bad Freienwalde – Brandenburg/Havel, damals DDR; 70er Jahre]

Ingeborg Hoffmann-Sagebiel

Fast ein Katzensprung

Wir West-Berliner der siebziger Jahre sind nicht nur Privatpersonen, wir sind zwangsläufig auch politische Menschen. Eine Mauer umgibt uns. Schutzstreifen, Stromkabel und Grenzpolizisten, die schußbereit ihre Waffen tragen. Es hat eine Zeit gegeben, da bin ich spaziert, ohne die Grenze wahrzunehmen. Jetzt blicke ich vom Dach unseres Hauses auf die Mauer. Hinter dem Garten unseres Nachbarn wurde eine Straße, die eine Sackgasse ist, von drei Seiten eingemauert. Bewohner mußten ihre Häuschen verlassen, Unbekannte zogen ein. Die Welt scheint dort zu Ende zu sein. Anderswo öffnet sie sich auf Anordnung, für Transitzwecke. Richtung Osten dürfen wir nur mit Passierschein, Richtung Westen geht es im allgemeinen mit dem Transitzug ab Bahnhof Zoo. Diesen Zug zwischen den Grenzen zu verlassen ist nicht erlaubt.

Wenn wir am Rande West-Berlins wohnenden West-Berliner vor dem Mauerbau nur über ein Feld laufen mußten, um einen kleinen Ausflug ins Brandenburgische zu machen, dann ist dasselbe Unterfangen heute mit großer Umständlichkeit verbunden: einen Passierschein beantragen, was erst seit Ende 1963 möglich ist, ihn nach zwei Tagen abholen. Wir können nicht mehr einfach von Frohnau über das Feld nach Stolpe wandern, sondern müssen mit dem Bus nach Tegel fahren, dort in den grenzüberschreitenden Bus einsteigen, uns an der Grenze der Kontrolle unterziehen, von Hennigsdorf mit dem Bus nach Stolpe fahren, bis wir dann endlich auf der anderen Seite des Feldes stehen und hinüber zu unserem heimatlichen Frohnau schauen. Kaum ein Katzensprung entfernt und doch so weit.

Später habe ich mir einen westdeutschen Paß besorgt, mit zweitem Wohnsitz bei meiner Freundin Ulli in Rendsburg. Mit diesem Paß darf ich ohne Passierschein nach Ost-Berlin, das vereinfacht zumindest dort den Besuch.

In den Sommerferien wollen wir meine Schwester in Wales besuchen. Weil am Bahnhof Zoo immer viel Gedränge ist, beschließen wir, am Bahnhof Friedrichstraße in den Tran-

MINISTERRAT DER DEUTSCHEN DEMOKRATISCHEN REPUBLIK
Ministerium des Innern
WC 858967 563034 den 29.06.89

Berechtigungsschein zum mehrmaligen Empfang eines Visums

Herr/Frau DR. HOFFMANN, GEB. SAGEBIEL
INGEBORG
Geburtsdatum 20.03.25 sowie — mitreisende Kinder
ist berechtigt, ein Visum zur einmaligen Einreise und Ausreise OHNE Kraftfahrzeug, gültig
vom/am 04.07.89 bis 24.00 Uhr
nach KREIS EBERSWALDE

vom/am ---- bis ---- 24.00 Uhr
nach

bei den Grenzübergangsstellen der DDR zu empfangen. Das Visum wird gebührenpflichtig erteilt.
Der Berechtigungsschein hat eine Gültigkeit von 6 Monaten vom Tage der Ausstellung gerechnet.

DDR (11) DVP - Paß- und Meldewesen
Frantzke
PM 68c

West-Berliner brauchten in den 80er Jahren einen „Berechtigungsschein" zum Visum-Empfang. Das war ein lästiges Verfahren, weil man diesen Schein bereits längere Zeit vor Fahrtantritt persönlich beantragen und abholen mußte. Spontane Reisen waren nur möglich, wenn man einen „Mehrfachschein" beantragte. Den gab es allerdings jeweils nur für einen DDR-Kreis, den man bereits im Antrag nennen mußte.

sitzug einzusteigen. Der Bahnhof liegt im Osten der Stadt und ist für aus- und einreisende Westler mit Passierschein oder mit westdeutschem Paß zugleich Kontrollpunkt. Wir fahren also mit der S-Bahn bis Friedrichstraße, wo der Zug im Untergrund ankommt. Wegweiser führen uns hinauf zum Fernbahnsteig. Hier oben ist ein Hinüber und Herüber nicht möglich, eine Wand steht zwischen den Gleisen.

„Nach Schönefeld einsteigen!" dröhnt es aus dem Lautsprecher. Ich höre, wie hinter dem dichten Sichtschutz eine S-Bahn abfährt.

Unser Zug steht schon bereit, aber die Waggontüren sind noch verschlossen. Wir müssen vor einer weißen Linie warten. Ich blicke hoch, sehe, daß oben unter dem Glasdach in der Bahnhofshalle auf einem Steg Uniformierte mit schußbereiten Waffen patrouillieren. Dann werden die Türen aufgeschlossen, und auf Ansage dürfen wir einsteigen. Langsam rollt der Zug aus dem Bahnhof hinaus. Kurzer Stop in West-Berlin am Bahnhof Zoo. Die Abteile füllen sich; gut, daß wir schon Sitzplätze haben. In Griebnitzsee halten wir uns für die Kontrolle bereit. Uniformierte der DDR gehen von Abteil zu Abteil, tun sich wichtig. Wir müssen den Ausweis hingeben, ein Papier wird in doppelter Ausfertigung ausgestellt: ein Blatt für uns, das andere für die Kontrolleure.

Der Zug rollt weiter, gleich erreichen wir Brandenburg an der Havel, wo Großmutter Alma begraben liegt. Es gibt dort die Grabstelle unserer Ahnen, eingefaßt mit einem kleinen Metallzaun. Wie oft bin ich mit den Großeltern dorthingegangen, auch später – bis am 13. August 1961 von einem Tag zum anderen alles anders wurde. Der Friedhof ist vom Zug aus zu sehen. Obwohl keiner der Verwandten mehr in Brandenburg wohnt, fühle ich mich noch immer mit dieser Stadt verbunden. Dann durchfahren wir Kirchmöser. Hier bin ich früher ausgestiegen, um nach Woltersdorf, dem Geburtsort von Oma Alma, zu gelangen.

Der Transitzug fährt und fährt, ohne Halt. Schließlich erreichen wir Marienborn, die Grenzstation. Uniformierte kontrollieren innen und außen den Zug, suchen mit Hunden nach versteckten Flüchtenden. Ich hoffe, sie finden keinen.

Helmstedt: Wir sind im Westen. Von nun an hält der Zug öfter. Wir beobachten die Ein- und Aussteigenden. Schließlich passieren wir die Grenze zu Holland, fahren mit der Fähre über den Kanal und erreichen Großbritannien. Gewiß, es gibt auch hier im Westen Grenzen und Kontrollen, aber die sind kein Vergleich zu denen im Osten. Angst kommt nicht hoch, kein Stocken des Atems.

Nach wunderschönen Ferientagen geht es dieselbe Strekke zurück. Ich habe nicht erwähnt, daß in Helmstedt jedesmal die Lokomotive gewechselt und der Lokführer abgelöst wird. In Marienborn wieder Ausweiskontrolle. Wir bekommen das Papier zurück, das besagt, wir dürfen durch die DDR reisen. Transitreisende. Dann rollt der Zug weiter, unaufhaltsam, und in Gedanken bin ich schon zu Hause.

Doch was ist das? Am Bahnhof Brandenburg bleibt der Transitzug plötzlich stehen. Ein Lokomotivschaden, wie sich herausstellt. Geschenkte Zeit für mich! In aller Ruhe wandern meine Augen hinüber zum nahen Friedhof. Lebendige Bilder sind auf einmal da und eine Zufriedenheit: Ihr könnt mich nicht wirklich fernhalten ...

Ich sollte die Grabstätte meiner Großmutter wieder einmal aufsuchen! In Gedanken versunken, merke ich nicht, wie der Zug wieder rollt. Noch einmal Kontrolle, dann erreichen wir glücklich die Insel, die unser Zuhause ist.

Mein Sohn Andreas, der es liebt, Stätten unserer Familiengeschichte aufzusuchen, hat mir vorgeschlagen, Passierscheine für Bad Freienwalde und für Brandenburg zu beantragen. Sie werden genehmigt. Zuerst fahren wir nach Bad Freienwalde, den Ort meiner Kindertage. Nachdem wir die Grenze passiert haben, fallen alle Vorhänge. Wie selbstverständlich tauche ich ein in die vertraute Erinnerung. Der Zug nimmt die letzte Kurve und fährt in den Bahnhof ein.

Das alte Haus meiner Kindertage in Bad Freienwalde/Oder. Rechts oben haben wir gewohnt.

Wir spazieren durch das Städtchen. Gewiß, die Lebendigkeit vergangener Jahre ist verschwunden, aber die früheren Bilder sind fest in meinem Gedächtnis verankert.

Ein anderes Mal fahren Andreas und ich nach Brandenburg, zunächst mit der S-Bahn bis Wannsee. Dort steigen wir in den Bus, der uns über die Grenze bringen soll. Ach, herrje! Unterwegs bemerkt eine Frau plötzlich, daß sie ihren Ausweis vergessen hat. Also zurück, die Frau verläßt den Bus. Der zweite Versuch geht gut, wir überqueren reibungslos die Grenze. Durch den Zeitverzug verpassen wir jedoch den vorgesehenen Bus, unser Plan gerät durcheinander. Zu Fuß laufen wir zur Hauptstraße und nehmen den Linienbus nach Potsdam-Stadt. Dort steigen wir in die Straßenbahn nach Potsdam-Pirschheide, von dort fahren wir mit dem Fernzug nach Brandenburg.

Der Friedhof in Brandenburg soll erst am Ende unserer Reise in die Vergangenheit stehen. Zuerst nehmen wir die Kleinbahn, um in das Dorf meiner Ahnen zu kommen. Als Kind wurde ich in Kirchmöser immer mit dem Handwagen abgeholt, da kam der Koffer drauf. Heute bin ich ohne Gepäck, dafür wiegen die Bilder der Erinnerung schwer. Andreas ist ein guter Zuhörer. Im Dorf hat sich fast nichts verändert. Doch, der Krämerladen ist nicht mehr da. Wir gehen zum Friedhof. Von der Grabstätte meiner Urgroßmutter ist nur noch der Stein übriggeblieben. Minuten des Gedenkens. Dann kehren wir zurück nach Brandenburg. Wie oft war ich als Kind in dieser Stadt!

Hier lebten die Großeltern Sagebiel, wohnten Tanten und Onkel. Hier stieg ich um, wenn ich ins Dorf der Urgroßmutter fuhr. Wir laufen zum Friedhof, der nahe am Bahnhof liegt. Die Gießkannen hängen immer noch an derselben Stelle. Heute habe ich etwas Mühe, die Grabstätte der Ahnen zu finden. Zu lange bin ich nicht hier gewesen! Vetter Horst sorgt dafür, daß sie erhalten wird.

Bevor wir über Potsdam zurück nach West-Berlin fahren, haben wir noch Zeit. Wir setzen uns auf dem Bahnsteig auf eine Bank. Ein Zug rollt an uns vorbei, ein Transitzug.

Ja, seit Ende des Krieges fügen wir uns in die Gegebenheiten, zu Beginn der Blockade 1948 sind wir bewußt zu Menschen des Westens avanciert. Ich denke, unser Teil von Berlin ist der glücklichere, denn die Mauer, die uns umgibt, ist für uns nicht unüberwindbar. Zu jeder Zeit können wir unsere Insel verlassen, per Flugzeug, Transitzug oder Transitbus. Wir dürfen unser Leben in Freiheit gestalten, unsere Träume verwirklichen.

(Weitere **ZEITGUT**-*Beiträge dieser Autorin sind im Autorenverzeichnis am Ende des Buches vermerkt.)*

[Berlin-Lichtenrade (West-Berlin); 1972]

Lothar Böttcher

Balkonsonntag

Ich lebe ganz im Süden unserer geteilten Stadt. Hübsch ist es hier draußen. Ich nenne sie Gartenstadt, weil wir umgeben sind von vielen alten Gärten, die wiederum begrenzt werden von einem Kiefernwäldchen – dann kommt die Mauer: grau, hoch, endlos lang, fast unüberwindbar, trennend, tränenreich. An anderer Stelle reichen die Felder von drüben bis an den Todesstreifen. Im Winter sind die Felder grün, wenn das Wintergetreide aufgelaufen ist, im Sommer golden, wenn es reift.

In meiner Stadt ist es viel zu eng. Viele Menschen leben hier wie auf einer Insel. Sommertags liege ich auf dem Balkon und schaue in tiefgrüne Fichtenwipfel. Ich träume mich in unser schönes großes Land hinein. An der Wand reifen glutrote Tomaten; sie halten mir die Mücken fern. Ich denke, es könnten Orangen in Tunis sein – schöne lockende Ferne. In den Balkonblumen schwirren Bienen und Falter. Heiß ist es. Der Himmel ist ausdruckslos, transparent. Wenn ich mich aufrichte, erschrecke ich vor den sich auftürmenden Hochhäusern.

Am späten Nachmittag halte ich Teestunde: Darjeeling-Orange-Pekoe. Die Sonne gleitet tiefer und tiefer. In meiner Lektüre bin ich ein ganzes Stück weitergekommen. Die Luft kühlt sich ab. Von den Balkonwänden strahlt die aufgespeicherte Wärme zurück. Eine Formation pfeiliger Wildenten schnellt über mir dahin. Die Sonne senkt sich hinter mein Manhattan. Wie eine riesige Orange taucht sie ein ins Häusermeer. Später steigt warmes Abendrot auf. Unruhig suchen die Gefiederten ihre Nachtquartiere. Erst Dämmerung, dann Dunkelheit tiefatmende Stille.

Plötzlich vom Ortszentrum das aufgeregte Tatütata der Feuerwehr, dann noch einmal, dann Stille.

Ich stehe auf und gieße die Blumen. Hitzespeichernd, matt harren sie in ihren Kästen aus. Dann lege ich mich wieder. Kühlende Luft, vom Osten kommend, zieht über mich hinweg. Ein Balkonsonntag geht zu Ende. Still horche ich in mich hinein. Ich nehme meinen Atem wahr, höre meine Herzschläge.

Jetzt höre ich es ganz deutlich, das Geräusch, worauf ich so lange gewartet habe. Ich höre es nur, wenn die Luft von Osten kommt. Jetzt wieder und noch einmal - den langen anhaltenden Pfeifton der Dampflokomotive von drüben. Der Zug vom Ostbahnhof nach Potsdam–Außenring.

Ich denke: Potsdam, schönes Potsdam - meine Liebe.

Ich denke: Sanssouci mit Filzpantoffeln riesengroß, an Windspielgräber und an Teehaus. Ein Hauch umgibt mich plötzlich wie vom Alten Fritz. Potsdam mit Hans-Otto-Theater. Die A. hatte hier ihre erste Premiere in Matusches „Dorfstraße“. Ich saß in der ersten Reihe, mein Herz schlug ratternd bis zum Hals. Nachts durch die Jägerstraße, wo die A. wohnte - schöne Bürgerhäuser.

Potsdam, Potsdam, schönes Potsdam.

Lange liege ich in sternenklarer Nacht. Das milchige Licht vom Mond fällt auf die Häuserschiffe - umwogen von Unfreiheit.

Plötzlich Schüsse! Schüsse von drüben! Sie zerreißen die Stille, den Frieden der Nacht. Leuchtkugeln steigen auf. Taghell ist es entlang der Mauer. Die Grenzhunde kläffen.

Hat einer die Flucht versucht? Geschafft?

Im Minenfeld liegengeblieben?

Viele Fragezeichen stehen in dieser Nacht.

Zu viele Nächte gab es mit Fragezeichen in dieser Stadt. Dann wieder das Pfeifen, das Dampfablassen der Lokomotive: der Gegenzug.

Potsdam. Ich denke nur Potsdam, immer nur Potsdam – damals vor elf Jahren. Und ich denke noch mehr: Brandenburg mit Stadttheater – welch glückliche Zeit! An riesige Seen, an die schwimmenden Rosen darauf und an den Geruch von Calmus. An den grenzenlosen Flug der Libellen – ich wollt', ich wäre eine.

In Gedanken nehme ich den Dampfgeruch der Lokomotive wahr. Ganz tief atme ich Potsdam ein.

Ich liege auf dem Balkon, hinter der Mauer – unüberwindbar, Stunden. Warte auf das Pfeifen der Züge von und nach Potsdam. In Gedanken hänge ich mich an. Mit geschlossenen Augen – träumend – reise ich nach Potsdam.

Ein Balkonsonntag in meiner Stadt.

(Weitere **ZEITGUT**-*Beiträge dieses Autors sind am Buchende vermerkt.)*

[Mettendorf, Südeifel – Stolberg, Harz – Erfurt, Thüringen – Grenzbahnhof Gerstungen, damals DDR; März 1974]

Manfred Glashagen

Stippviste im anderen Deutschland

Nachdem die Funktionäre der SED meinen Glauben an die Theorien von Marx und Engels gründlich zerstört hatten, packte ich mein Bündel – mehr war es nicht – und ging 1955 in den Westen. Die Bildung von Betriebskampfgruppen, die Vorbereitungen zur Aufstellung der Nationalen Volksarmee, die Bespitzelung der Menschen sowie zahlreiche unbegründete Verhaftungen hatten nicht in mein idealistisches Weltbild gepaßt. Mein Entschluß, lieber eine ungewisse Zukunft in Kauf zu nehmen, war wahrscheinlich meinem jugendlichen Wagemut entsprungen – ich war damals 22 Jahre alt. Auf dem Weg von einem Deutschland in das andere lagen wochenlange Aufenthalte im Aufnahmelager Berlin-Marienfelde, im Jugendlager Sandbostel, im Lager Bad Antogast mit vielen Befragungen und einer Menge Bürokratie.

Erst nach 19 langen Jahren, im März 1974, hatte ich den Mut, meine Eltern zu besuchen, die in der DDR geblieben waren. Meine „Republikflucht“ war inzwischen verjährt. Bundesbürger durften mit einer Einladung von Verwandten und einer Aufenthaltsgenehmigung der ostdeutschen Behörden in die DDR einreisen. Visum, Einreisestempel, Ausreisestempel, Zwangsumtausch waren bürokratische Hürden, die ich mit Gelassenheit und Humor überwand.

Geld wird den Reisenden zwar überall auf der Welt aus der Tasche gezogen – Händler, Hotels, Restaurants, alle wollen am Tourismus verdienen –, in der DDR aber war es der Staat selbst, der mit dem Zwangsumtausch die westlichen Besucher abkassierte. Er benötigte dringend Devisen. Deshalb wurde alles Mögliche, von Blütensamen über Pflanzstecklinge, Münzprägungen, Porzellan bis zu Briefmarken mit Sperrwert für Devisen verhökert. Der Gipfel war die Einsetzung eines „Devisenbeschaffers" und die Einrichtung von „Intershopläden", in denen man nicht in der Landeswährung, sondern nur mit „harter Währung" bezahlen konnte.

Der Zwangsumtausch von D-Mark in Ost-Mark fand im

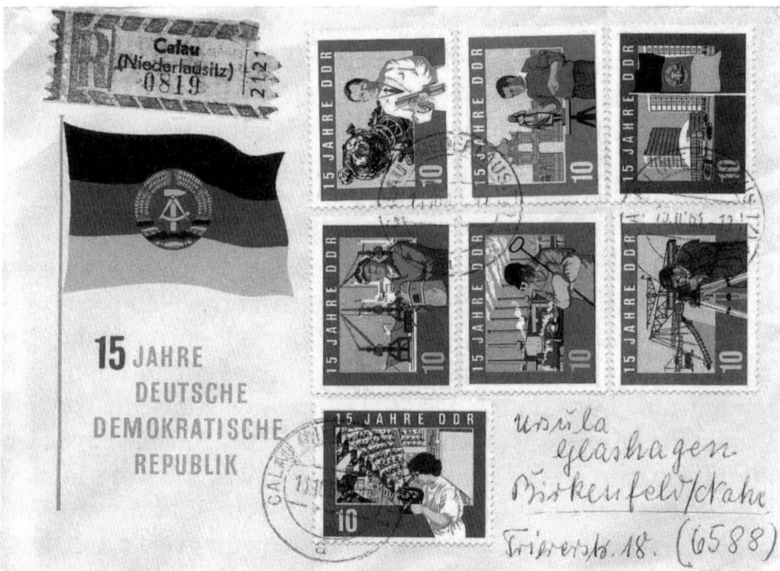

Sonderbriefmarken zum 15. Jahrestag der DDR 1964. Als Devisenbringer wurden in den ehemaligen Ostblockländern häufig Sonderbriefmarken in geringer Stückzahl aufgelegt und nur zu erhöhten Preisen abgegeben. In einer Serie wurde fast immer eine Marke nur in geringer Auflage und völlig überteuert ausgegeben. Dieser „Sperrwert" war praktisch genauso teuer wie der komplette Satz. In der DDR selbst konnten diese Marken nur mit einem Sammlerausweis des Deutschen Kulturbundes bezogen werden.

Zug statt. Ich wollte die Ost-Mark so schnell wie möglich wieder loswerden. Als eine stattliche Dame ins Abteil trat, mit einem Bauchladen vor sich, auf dessen blauem Samt DDR-Sondermünzen in Silber lagen, meinte ich, das sei eine gute Gelegenheit. Ich war so naiv, allen Ernstes zu glauben, die Münzen seien für DDR-Mark zu kaufen!

Mich traf ein bitterböser Blick. Die Dame muß mich wohl für einen Marsmenschen gehalten haben, der die Gepflogenheiten und Devisentricks der DDR nicht kannte.

Die Reise nach Stolberg sollte mir ein Stück Kindheitserinnerung zurückbringen. Ich wollte Fritze und Gundel treffen, mit Herbert reden und auch mit dem alten Lockenmüller, dem Lockenduwert. Aber keiner war mehr da. Die ehemaligen Schulkameraden waren in alle Winde verstreut. Sie waren weggegangen, um in Industriekombinaten wie Leuna zu arbeiten. Dafür waren andere Familien zugezogen.

Alles, was ich sah, war mir fremd geworden. Die einst bunten Fachwerkhäuser des Harzstädtchens waren grau, die Farben abgeblättert oder verblichen. Ich lief durch die Straßen und suchte in den Fenstern der Häuser vergeblich nach vertrauten Gesichtern. Ich ging den Bandweg entlang, der auf halber Höhe um die Stadt führt, und traf niemanden, den ich kannte. Der Glaube, einen Teil meiner Kindheit wiederfinden zu können, war ein Irrtum. Nur im Rathaus traf ich eine Frau, die mir bekannt vorkam. Sie war schwarz gekleidet, schmal und verhärmt. Wir sahen uns an und waren wohl beide ziemlich erschrocken, wie sehr wir uns verändert hatten. Wenn mich mein Gedächtnis nicht trog, hatten wir vor Jahrzehnten gemeinsam den Konfirmationsunterricht besucht und uns sogar schüchtern und flüchtig geküßt. Keiner sprach den anderen an.

Zwischen meinen Eltern und mir hatte sich längst eine Kluft aufgetan. Sie wußten nicht viel über mein Leben, und ich hatte keinen Anteil mehr an ihrem. Am vertrautesten waren mir noch die Namen auf den Grabsteinen des Friedhofes, wo auch meine Großmutter ihre letzte Ruhe gefunden hatte. Meine Aufenthaltsgenehmigung lief vom 25. bis 30. März. Doch schon am dritten Tag meines Besuches überfiel mich ein Unbehagen, eine Art Enge. Ich mußte weg hier!

Doch aus der DDR auszureisen war auch nicht so einfach. Ich brauchte ein Visum, das mir die Ausreise über den Grenzübergang Gerstungen gestattete. Die Paßstelle im Ort war nur dreimal in der Woche besetzt. Bei der Anmeldung hatte sich die Mitarbeiterin nicht erweichen lassen, mir auch gleich den Ausreisestempel zu geben. Vorschrift oder Schikane?

Eigeninitiative hatte ich im Westen inzwischen gelernt, und so fuhr ich für ein paar Ost-Mark und eine Schachtel West-Zigaretten als Trinkgeld kurzentschlossen mit einem Taxi zur Paßstelle in die Kreisstadt, wo ich mein Ausreisevisum auf den letzten Drücker erhielt. Höflich, aber nicht untertänig, erlaubte ich mir noch die Frage: „Was wäre gewesen, wenn ich ohne Ausreisevisum im Zug gesessen hätte?"

„Die hätten Sie zurückgeschickt!" so die knappe Antwort.

Der Zug, der mich von Sangerhausen nach Nordhausen und Erfurt bringen sollte, fuhr nur jeden zweiten Tag. Ich hatte den falschen Tag erwischt. Die schlechten Zugverbindungen machten eine Übernachtung in Erfurt nötig. Ich steuerte den „Erfurter Hof" an, bequem gegenüber dem Hauptbahnhof liegend. Die Dame an der Rezeption fragte nach der Reservierung – doch ich hatte keine. Mit geschultem Blick muß sie an meiner Kleidung erkannt haben, daß ich aus dem Westen kam und gab mir ein schönes Zimmer, das damals noch mit Ostgeld bezahlt werden konnte. Als ich den Kofferträger im Fahrstuhl fragte, ob er zwei Mark Ost oder zwei Mark West Trinkgeld haben wolle, entschied er sich für Ostmark. Entweder war er linientreu, oder er glaubte, ich wollte ihn auf die Probe stellen. Zu dieser Zeit war für DDR-Bürger der Besitz von Westgeld noch verboten. Auch die Einfuhr von Mark der DDR in die DDR war illegal. Das hinderte die Banken in der Bundesrepublik nicht daran, mit dem Wäh-

Stolberg im Harz mit Blick zum Schloß. Nach 19 Jahren besuchte ich im März 1974 zum ersten Mal wieder meine Eltern in der DDR.

rungstausch Geschäfte zu machen. Für die meisten Bundesbürger lohnte es sich aber kaum, West-Mark zu Kursen von 1:5 oder ähnlich „schwarz“ zu tauschen, man hatte schon Mühe, das Zwangsumtauschgeld in der DDR auszugeben. Das Warenangebot in den Läden war besonders in kleineren Ortschaften recht dünn. Grundnahrungsmittel, Speisen und Getränke waren billig, weil staatlich subventioniert. Eine Mahlzeit im Restaurant und ein Bier waren mit dem Tagessatz von 25 Mark mehrfach möglich. Umso mehr wunderte ich mich über das Frühstücksbüffet im Hotel: Es war reichlich, aber jeder Butterwürfel, jede Scheibe Käse oder Wurst war mit Pfennigpreisen auf Papierschnipseln ausgezeichnet!

Im Bahnhof erkundigte ich mich bei einer Dame in Uniform: „Auf welchem Bahnsteig kommt der Interzonenzug nach Frankfurt am Main?“

Sie musterte mich von oben bis unten, warf mir von der Seite einen vernichtenden Blick zu und sagte: „Interzonenzüge gibt es nicht. Der Zug nach Frankfurt am Main läuft auf diesem Bahnsteig ein."

Der Zug kam, ich stieg ein. Auf meine Frage an den Schaffner, ob der Speisewagen vorne oder hinten sei, grinste der nur und meinte: „Der ist heute nicht dran."

Die Fahrt war trotzdem ganz unterhaltsam. Bei der Ausreise in Gerstungen fragte mich ein junges Mädchen in Grenzer-Uniform, ob ich etwas anzumelden hätte.

„Nein", antwortete ich, „es gab ja nichts zu kaufen."

Keine Reaktion in ihrem Gesicht. Mit versteinerter Miene fügte sie lakonisch hinzu: „Wenn Sie das nächste Mal in die Deutsche Demokratische Republik einreisen und etwas kaufen, müssen Sie die Belege aufheben und bei der Ausreise vorweisen. Merken Sie sich das!"

Die späteren Familientreffen fanden bei uns im Westen in Mettendorf statt, als Eltern und Schwiegereltern, inzwischen Rentner, uns besuchen durften. Irgendwann wurde von Staats wegen für Ost-Rentner die Besuchszeit auf dreißig Tage festgesetzt. Wer länger im Westen bleiben wollte oder konnte, mußte „krank werden". Das war nicht schwierig. Ein Attest vom Hausarzt und ein Stempel vom Amtsarzt – der stempelte großzügig, weil es um Menschlichkeit ging – genügten, die Reiseunfähigkeit nachzuweisen. DDR-Bürger, die noch nicht im Rentenalter waren, durften, wenn überhaupt, nur mit einer Sondergenehmigung in den Westen reisen. Sogenannten Geheimnisträgern, das waren unter anderem Direktoren und staatliche Angestellte, waren selbst Telefonkontakte und Briefwechsel verboten. Die damaligen Noch-nicht-Rentner unserer Familie lernte ich erst nach dem Mauerfall kennen.

(Weitere **ZEITGUT**-*Beiträge dieses Autors sind am Buchende vermerkt.)*

[Aurich, Ostfriesland –
Olbernhau, Erzgebirge, damals DDR;
Sommer 1975]

Anneliese Ohlenburg

Fremdes, deutsches Land

Es waren Sommerferien. Ich war gerade 13 Jahre alt geworden, als ich 1975 zum ersten Mal meine Verwandten in der DDR kennenlernen sollte. Meine Mutter stammte aus Chemnitz. Sie war gleich nach dem Krieg nach Ostfriesland gekommen und hatte seitdem nur selten die Möglichkeit gehabt, in ihre Heimat zu reisen. Aber nun sollte es schließlich klappen. Für mich war es sehr aufregend, kannte ich doch Urlaubsfahrten so gut wie gar nicht.

Einen ersten Dämpfer bekam ich, als meine Mutter mir Anweisungen gab, wie ich mich „drüben" zu verhalten hätte: „Egal, was du siehst, egal was du über die Dinge denkst, sprich es nicht laut aus! Wir oder unsere Verwandtschaft könnten Schwierigkeiten bekommen. Also, wenn du etwas sagen oder wissen willst, warte damit, bis wir unter uns sind!"

Ich, die ich zu allem meine Meinung kundtat, sollte den Mund halten? Ja, wohin fuhren wir denn?

Endlich war es soweit. Zusammen mit meinen Eltern saß ich im Zug. Je näher wir der Grenze kamen, desto mulmiger wurde mir. So ähnlich mußte sich jemand fühlen, der sich auf dem Weg ins Gefängnis befindet: Herzklopfen, Magendrehen.

Dann kam die erste deutsch-deutsche Begegnung. Finster dreinschauende Zöllner, kein Lächeln in ihren Gesichtern. Sie fragten nach den Ausweisen, „baten" uns, die Koffer zu öffnen. Alles in Ordnung. Im Nebenabteil wurde eine Frau durchsucht und aus dem Zug geführt. Sie hatte, wie wir hörten, Schallplatten dabei, die waren nicht erlaubt.

Nach Stunden kamen wir in Chemnitz an, das damals Karl-Marx-Stadt hieß. Ein Vetter holte uns ab und fuhr uns mit seinem Auto, einem Trabant, nach Olbernhau. Was sich hier Hauptstraße nannte, kannte ich im Westen als Nebenstraße, holprig, schlecht ausgebaut.

Aus Ostfriesland war ich es gewohnt, daß jedes Haus einen penibel gepflegten Vorgarten hat und daß Auffahrten mindestens einmal in der Woche gefegt werden. Hier war es ganz anders. Vorgärten gab es fast gar nicht. Gras wuchs bis an die Mauern. Die Auffahrten waren aus Sand und die Häuser sahen überwiegend grau aus. Der Putz bröckelte. Manche Dächer schienen nur notdürftig geflickt.

Auch um das Haus von Onkel und Tante stand es nicht besser. Beim Eintreten hatte ich das Gefühl, in ein anderes Jahrzehnt zu kommen. Es lag nicht, wie bei uns, überall Teppichboden. Es gab kein Badezimmer, auch keine Dusche. Man wusch sich in der Küche in einem kleinen Handwaschbekken. Einmal in der Woche wurde eine Zinkbadewanne in die Küche gestellt, in der sich nacheinander die ganze sechsköpfige Familie badete. Am ungewöhnlichsten aber war für mich die Toilette – ein Plumpsklo!

Trotzdem schienen Onkel, Tante, Vetter und Cousine zufrieden zu sein. Sie kannten es halt nicht anders. Und ich würde die zwei Wochen, die wir hier verbringen wollten, sicher auch überstehen. Außerdem wollten wir auch Verwandte besuchen, die in Chemnitz wohnten. Dort würde es sicher moderner aussehen, dachte ich. Von Mutters Familie wurden wir drei ganz herzlich empfangen. Alle herzten, drückten und küßten uns. Ich wurde von jedem begutachtet, denn mich kannte man ja nur von Fotos. Meine Geschwister, die alle wesentlich älter sind als ich, waren schon vor mir „drüben“ gewesen.

„Und du bist unsere Anneliese. Ja, wie geht es dir denn? Was macht die Schule? Hast du Hobbys?"

Was, bitteschön, sollte ich antworten? Besser gesagt, was durfte ich? Durfte ich sagen, daß ich in der Schule relativ gut bin und am liebsten Englisch und Französisch mochte? Oder war das schon schlimm, wo doch Reisen nach London und Paris für die Leute nicht möglich waren. Und konnte ich sagen, daß ich gerne Musik höre? Vor allem welche? War doch im Zug eine Person wegen Schallplatten mitgenommen worden. Sollte ich preisgeben, welche Bücher ich lese?

So blieb ich, die man zu Hause auch das Schnatterlieschen nannte, relativ still und einsilbig. Meine Mutter sprang teilweise für mich ein. Da meine Mutter ihre Geschwister lange Jahre nicht gesehen hatte, gab es jede Menge zu erzählen. So fiel es nicht auf, daß ich lieber zuhörte und schwieg.

Bei den Verwandten kamen zu jeder Mahlzeit Unmengen an Lebensmitteln auf den Tisch. Bereits morgens gab es Kuchen in allen Variationen, dazu Brötchen, Brot und jeden denkbaren Belag. Nur Obst war rar. Aber das hatte Mutter mir vorher erzählt. Zu Hause hatte ich oft geholfen, wenn Pakete für die Verwandtschaft mit Apfelsinen, Kaffee, Tee und Schokolade gepackt wurden. Die Leute mußten viel weniger zu essen haben als wir, hatte ich gedacht. Vielleicht war ich deshalb über den reichlich gedeckten Tisch so erstaunt?

Die Gastfreundschaft war phantastisch. Wo immer wir hinkamen wurde viel aufgetafelt, waren die Menschen herzlich, nicht nur uns gegenüber, sondern auch untereinander. Ich hatte das Gefühl, daß die Leute im Osten mehr zusammenhielten als bei uns. Vielleicht lag es daran, daß nicht alle alles hatten und sich vielerlei, vor allem Handwerkszeug und Gerätschaften, untereinander ausborgten?

So wurde denn so manches Mal aus einer kleinen Reparatur am Haus ein größeres Nachbarschaftstreffen.

Besonders fiel mir die Kleidung der Menschen hier auf.

Ich war gerade in ein Alter gekommen, in dem man anfängt, sich zu schminken und auf moderne Klamotten zu achten. Daß meine Onkel und Tanten Sachen trugen, die nicht meinem Geschmack entsprachen, war noch nachvollziehbar, schließlich waren sie schon „alt“. Aber was die jungen Leute anhatten, das waren doch Modelle, die man bei uns vor mindestens zehn Jahren schon abgelegt hatte!

Kein Wunder, ging es mir durch den Kopf, daß meine Mutter neben den Lebensmittelpaketen oft auch Pakete mit abgelegter Kleidung rübergeschickt hatte.

In Olbernhau und in Chemnitz kamen wir an etlichen Modegeschäften vorbei. Die Sachen sahen zwar nicht unbedingt so aus, wie ich es von uns kannte, aber ich hatte gedacht, im Osten gäbe es überhaupt keine Modegeschäfte.

In den 14 Tagen, die wir im Erzgebirge verbrachten, hatte ich oft das Gefühl, in einer anderen Welt zu sein, in der die Zeit stehengeblieben war. In den Städten sah es auch nicht viel besser als auf dem Lande aus. Bei unserem ersten Besuch in Chemnitz war ich enttäuscht und überrascht zugleich: Tante, Onkel und die zwei Kinder wohnten in einem Mehrfamilienhaus in einer Zwei-Raum-Wohnung ohne Badezimmer. Aber bei ihnen gab es eine „richtige“ Toilette!

Fasziniert haben mich die niedrigen Preise. Zu Hause bekam ich 20 Mark Taschengeld. So wußte ich, was Essen am Imbiß kostete und wie teuer Bücher waren. Hier im Osten war alles viel billiger. Schon für fünf Ostmark konnte man feudal speisen. Zuhause bekam ich für fünf Mark gerade mal ein paar Pommes und einen Hamburger.

Eine Tante hatte mir 50 Ost-Mark geschenkt. Ich hatte Mühe, das Geld auszugeben. Nachdem ich mir einen Krimi, eine lederne Schreibmappe, Wolle und andere Kleinigkeiten gekauft hatte, war immer noch Geld übrig. Natürlich wußte ich damals nicht, daß die Menschen viel weniger als im Westen verdienten. Als Kind macht man sich darüber wenig Gedanken.

Am Ende des Urlaubs hatten wir alle Geschwister meiner Mutter besucht, die in der Gegend lebten. Ein Bruder wohnte in Ost-Berlin und bekleidete dort einen besonderen Posten, so daß er keinen Kontakt zu uns haben durfte. Erst nach der Wende sahen sich Bruder und Schwester nach gut 40 Jahren wieder.

Ich hatte einiges von der schönen Landschaft gesehen, hatte gelernt, daß nicht hinter jedem Busch ein Spitzel sitzt, so daß ich irgendwann auch im Erzgebirge zum Schnatterlieschen wurde.

Am Tag der Rückreise war ich wieder sehr aufgeregt. Schließlich hatte ich etliche Dinge geschenkt bekommen beziehungsweise gekauft. Würden mich die Zöllner auch aus dem Abteil holen?

Obwohl alle mir versicherten, daß ich nichts Unerlaubtes im Koffer hätte, blieb ich ängstlich.

An der Grenze erlebte ich auch diesmal ernst dreinblikkende Zöllner und sah, wie eine Person aus dem Abteil geholt wurde. Es ging um Bettwäsche. Ich weiß noch, wie mein Vater empört meinte, Bettwäsche gäbe es auch bei uns, die müsse man wirklich nicht über die Grenze schmuggeln.

Glücklich zu Hause angekommen, durfte ich jetzt wieder alles sagen, was ich dachte. Grenzenlose Freiheit, die man erst richtig schätzen lernt, wenn man das Gegenteil erlebt hat.

[Hannover, Niedersachsen – Grenzkontrollpunkt Marienborn – Langenhessen bei Werdau, Sachsen; 1949/1976]

Renate Strebel

Klassentreffen

In einer neblig-kalten Novembernacht im Jahre 1949 mußte ich meine Heimat verlassen. Ich war zwölf Jahre alt. Meine Mutter sah sich durch die politischen Verhältnisse gezwungen, die Reise in den Westen illegal zu wagen. Wir lebten in einem kleinen Dorf in Sachsen und mein Vater war in Hannover. Dorthin, in seine Geburtsstadt, war er aus englischer Kriegsgefangenschaft entlassen worden. Er wollte, daß wir zusammen in Westdeutschland lebten und nicht in der gerade eben gegründeten Deutschen Demokratischen Republik. Doch eine normale Ausreise in den Westen war uns nicht erlaubt. So blieb uns nur die Flucht über die deutsch-deutsche Grenze.

Erst unser zweiter nächtlicher Fluchtversuch gelang unter dramatischen Umständen. Wir hatten nach stundenlangem Marsch fast die Grenze erreicht, als russische Grenzsoldaten unsere Flüchtlingsgruppe entdeckten. Schüsse fielen im Morgengrauen. Dank unseres Fluchthelfers erreichten wir unversehrt westliches Gebiet bei Bad Harzburg. Von dort fuhren wir mit dem Zug nach Hannover, in eine von den Bombenabwürfen des Krieges nahezu völlig zerstörte Stadt. Ich fühlte mich in eine andere, fremde Welt katapultiert. Das also war meine neue Heimat.

Im Januar 1950 kam ich in eine neue Klasse mit 50 Mitschülerinnen. Kriegsbedingt waren wir aus allen Teilen

Deutschlands zusammengewürfelt. Das Heimweh packte mich, doch es gab kein Zurück. Jetzt wollte ich wenigstens meiner Freundin Christa in Sachsen schreiben, wie es mir ging und was ich hier erlebte. Mir lag vor allem am Herzen, ihr zu erklären, warum ich ohne Abschied von ihr und meiner Klasse gehen mußte. Doch meine Eltern verboten mir strikt jeglichen Briefwechsel mit ihr, was ich als sehr ungerecht empfand. Heftige Auseinandersetzungen folgten.

„Sind wir nun hier in Freiheit und Sicherheit oder nicht?" fragte ich meine Eltern. „Also kann ich ihr doch auch einen Brief schreiben!"

Meine Eltern ließen sich von mir jedoch nicht überzeugen, sondern verlangten, ich müsse unbedingt gehorchen und das mir auferlegte Schreibverbot einhalten, sonst würde unserer Familie viel Leid geschehen. „Willst du das?" fragte mein Vater mit Zornesröte im Gesicht.

Nein, nein, das wollte ich natürlich nicht. Private Telefongespräche waren in jener Zeit noch nicht möglich, außerdem wären sie mit Sicherheit abgehört worden. Noch heute, ein halbes Jahrhundert später, erinnere ich mich an die Argumentation meiner Eltern: „Der Arm der Russen reicht bis nach Hannover, merke dir das!"

Aus Angst, nicht aus Einsicht, war ich gehorsam. Ich begrub den Wunsch eines Briefwechsels mit meiner Freundin Christa tief in mir. In meinen Gedanken war ich aber oftmals dort, wo ich nicht sein durfte – daheim. Als meine Freundin Christa und ich Mitte der fünfziger Jahre einen ersten zaghaften Briefwechsel wagten, konnten wir uns nicht alles schreiben, was uns bewegte und was wir dachten. Briefe aus der Bundesrepublik wurden in der DDR geöffnet und zensiert, das wußten wir. Wir waren schon froh, uns auf den ausgetauschten Fotos zu sehen. Seit unserer Trennung in Kindertagen hatten wir uns doch sehr verändert. Wir waren jetzt beide 18 Jahre alt. Diesen ersten Briefkontakt stellten wir bald danach aus unterschiedlichen Gründen wieder ein.

Nach meiner Flucht in den Westen 1949 sahen meine Freundin Christa, rechts, und ich uns lange Zeit nur auf Fotos, die wir austauschten. Die Aufnahmen stammen aus den Jahren 1955 und 1956.

Eine Rolle spielte dabei sicher die Angst meiner Eltern gegenüber einem Briefwechsel mit Christa, wie auch die Tatsache, daß Westkontakte in der DDR zwar nicht verboten, aber auch nicht gerade erwünscht waren. Sie wurden systematisch überwacht und zogen für die Betroffenen mitunter erhebliche Nachteile nach sich. 1961 begrub der Mauerbau jegliche Hoffnung auf ein Wiedersehen in der Heimat. So verloren wir uns 20 Jahre lang aus den Augen.

Im Frühjahr 1976 erhielt ich eines Tages einen Brief mit unbekanntem Absender. Ungläubig las ich von einer Einladung zum Treffen meiner ehemaligen Klasse aus Kindertagen. Der Brief kam von Christa! Freudentränen tropften mir auf das Briefpapier. Wie hat sie mich nur gefunden? Woher hatte sie meine Adresse?

Wir waren inzwischen beide verheiratet und trugen andere Familiennamen. Im nächsten Brief erfuhr ich, daß Chri-

An den
Deutschen Kulturbund

962 W e r d a u
Straße der Befreung

Fraureuth, 26.4.76

Am 11. Juni 1976 von 17,00 - 12,00 Uhr beabsichtigen wir,

unser Klassentreffen in der Gaststätte Hamberger
(ehemals Kändler) Langenhessen,Mittelweg

durchzuführen.

Es handelt sich um die Klasse von 1943 - 1951.

Teilnehmer sind: 44 ehem. Schüler
4 Fachlehrer
1 Diskotheker

Die einleitenden Worte spricht Doris Seidel
Das Programm sieht vor:

Von 17,00 - 17,30 Uhr Kaffeetrinken, von 20,00 - 21,00 Uhr Abendbrot.
Einen großen Raum des Abends werden berufliche Austausche und bisherige Erlebnisse der Schüler einnehmen. Man wird auch einen Rückblick in Verbindung mit unseren Lehrern auf die Vergangenheit werfen, die manchmal gewiss nicht einfach war, vorallem nach dem Jahre 1945, wo Altes und Neues in den Köpfen der Menschen im Widerstreit stand und noch nicht das geboten wurde, was der Jugend heute Selbstverständlichkeit ist. Dabei werden manche Schilderungen aus der damaligen Zeit die Lachmuskeln anregen aber auch sehr nachdenklich stimmen. Zwischendurch werden Lieder gesungen und auch das Tanzbein geschwungen. Den Diskotheker haben wir gebeten, selbst bei Ihnen vorzusprechen.

Wir bitten Sie um baldige Auswertung unseres Treffens und hoffen im Namen unserer Schüler auf einen zusagenden Bescheid.

Besten Dank im voraus.

Im Anhang erhalten Sie eine Aufstellung über Name, Wohnort, Beruf und Arbeitsstelle der Schüler.

Mit freundlichen Grüßen die Verantwortlichen
Regina Wild, Langenhessen, Crimmitsch.Str.50 B
Doris Seidel, Fraureuth, Fritz-Heckert-Ring 36
Christa Weidlich, Leubnitz, Rud.-Breitsch.-Str. 30
Güther, Peter, Langenhessen,Mittelweg

Als offizielle Veranstaltung mußte das Klassentreffen von der Schule, vom Rat des Kreises, hier vertreten durch den Deutschen Kulturbund, und von der örtlichen Polizeibehörde genehmigt werden.

sta mich durch einen Nachforschungsantrag beim Einwohnermeldeamt der Stadt Hannover ausfindiggemacht hatte, sicherheitshalber über eine Verwandte in der Bundesrepublik. Freudestrahlend gab ich den Brief meiner Mutter. Ihr erster angstvoller Kommentar war: „Ich an deiner Stelle würde nicht hinfahren. Was ist, wenn sie dich dort verhaften, wo doch westdeutsche Teilnehmer beim Klassenfest ausdrücklich unerwünscht sind?“

Ja, da stand wirklich im Antrag auf Genehmigung des Schülertreffens beim Kulturamt: „Im Anhang erhalten Sie eine Aufstellung über Name, Wohnort, Beruf und Arbeitsstelle der Schüler.“

Das Schülertreffen mußte erstens von der Schule, zweitens vom Rat des Kreises, Abteilung Kultur, und drittens von der örtlichen Polizeibehörde genehmigt werden. Und es durften keine Schüler auf der Liste stehen, die nach Westdeutschland verzogen waren. Diese Einschränkung galt offiziell bis zur Wende 1989, wenngleich bei späteren Klassenfesten öfter ehemalige Schüler aus Westdeutschland teilnahmen, jedoch zu später Stunde erst. Die Angst vor Kontrollen und deren Folgen blieb bestehen.

Meine Mutter redete sich in Rage: „Du hast deine Kinder, deine Familie hier, vergiß das nicht!“

Mein Vater war zu Beginn des Jahres 1976 verstorben. Mutters Sorge war, sie könnte mich durch meine „Abenteuerlust“, wie sie die Reise in die DDR nannte, verlieren.

Ich grübelte tage- und nächtelang. Endlich, nach fast 30jähriger Trennung, war ein Wiedersehen in greifbare Nähe gerückt und jetzt sollte es wie eine Seifenblase zerplatzen?

Zweifel nagten selbst dann noch in mir, als ich den Entschluß zu reisen längst gefaßt hatte. Ich wollte vertraute Wege in meiner Heimat gehen und alte Freundinnen wiedersehen. Als Seelenstütze nahm ich meinen Sohn Rainer mit auf die Reise, den jüngsten meiner vier Buben, er war gerade zehn. Dieses Alter galt bei den DDR-Behörden als „unbedenklich". Mein Mann stand im Staatsdienst. Dieser Personenkreis erhielt damals prinzipiell keine Aufenthaltsgenehmigung.

Meine Aufenthaltsgenehmigung mußte Christa bei den örtlichen Polizeibehörden unter Vorlage ihres Personalausweises beantragen. Der „Antrag auf Einreise in die DDR" erforderte umfangreiche Angaben zum Reisenden: Namen, Geburtsdaten, Anschrift, Paßnummer, Ausstellungsbehörde. Zudem wurden Angaben zur ausgeübten Tätigkeit, zur Arbeitsstelle, zum erlernten Beruf, Reiseziel, Kfz-Kennzeichen, Grenzübergangsstelle, Angaben zu mitreisenden Kindern unter 16 Jahren und früherer Wohnsitz in der DDR, einschließlich letzter Wohnanschrift sowie Personenkennzahl und Verwandtschaftsverhältnis verlangt. Dieser Antrag wurde in Berlin bearbeitet und dauerte in der Regel vier bis acht Wochen. Bei der Reise durfte die Dauer des genehmigten Aufenthaltes weder unter- noch überschritten werden. In unserem Fall waren es drei Tage, vom 10. bis 12. Juni 1976.

Als ich endlich mit Rainer im Interzonenzug saß, überkam mich ein Zittern vor den Kontrollen und allen Unwägbarkeiten, die ich bei dieser Reise befürchtete. Es gab eine lange Liste der Gegenstände, die nicht in die DDR eingeführt werden durften, ebenso war geregelt, was aus der DDR nicht in die Bundesrepublik Deutschland ausgeführt werden durfte. Alles, was man bei sich führte, mußte auf einer Liste stehen, die der Reisende bei Kontrollen an der Grenze vorzuzeigen hatte.

Hinzu kam die Ungewißheit, ob wohl Personen der Staatssicherheit in Zivil mitreisten?

Angst und Schweigen waren daher meine Reisebegleiter, auch nachdem wir die Grenzstation Marienborn passiert hatten. Wenn ich meine Ängste nicht verbergen konnte, sah mich mein Sohn fragend an: „Mami, is was?" – Wie konnte er ahnen, was in mir vorging.

Kurz bevor der Zug nach mehr als achtstündiger Fahrt im

Bahnhof von Werdau einfuhr, war meine innere Anspannung beinahe unerträglich geworden. Erst nach dem Aussteigen, als ich Heimatboden unter meinen Füßen spürte und die Begrüßung meiner Freundin und ihrer Familie überschwengliche Freude auslöste, kam Erleichterung auf. Alles war glattgegangen! Nur ein Gefühl des Gefangenseins, das ich schon im Zug ab der Grenze spürte, belastete mich noch. Der Abend im Kreise der Familie meiner Freundin verlief aber so fröhlich und unbeschwert, daß dieses Gefühl für Stunden verging. Als mein Sohn und ich noch am selben Abend von meiner Freundin pflichtgemäß dem Hausbetreuer vorgestellt werden mußten, kam erneut Bedrückung auf, obwohl es die Schwiegereltern meiner Freundin waren, die als ehemalige Hauseigentümer diese Aufgabe wahrzunehmen hatten. Damals gab es in der DDR in jedem Mehrfamilienhaus einen sogenannten Hausvertrauensmann, der ein Hausbuch führte, in das die Besucher eingetragen werden mußten. Bei verdächtigem Verhalten der Besucher war er verpflichtet, das den örtlichen Überwachungsbehörden zu melden.

Was sind drei Tage, wenn man die Zeiten für Hin- und Rückfahrt und für die lästigen An- und Abmeldeformalitäten bei der Paß- und Meldestelle des Volkspolizei-Kreisamtes abrechnet?

Sie reichten kaum, um einen Abstecher nach Werdau, den Ort meiner Kindheit, zu machen. Diese Stadt grenzt zwar unmittelbar an Langenhessen, meinen alten Heimatort, doch um 17 Uhr des zweiten Besuchstages begann bereits unser Klassentreffen. Während meiner Stippvisite auf fast vergessenen Wegen, dem Besuch meines ehemaligen Wohnhauses, meiner Schule und der alten Bärmühle mit dem großen Wasserrad, raste die Zeit. Kindheitserinnerungen und die Realität prallten aufeinander. War jetzt nicht alles kleiner, enger und verfallener als früher? Oder kam es mir nur so vor?

Wir mußten uns beeilen, für solche Gedanken war jetzt kein Raum.

Als wir dann etwas verspätet die Gaststätte „Hamberger“ in Langenhessen betraten, waren die meisten ehemaligen Mitschülerinnen und Mitschüler bereits anwesend. Mich zu erkennen war für sie leicht. Doch ich hatte Probleme zu erkennen, wer an den langen, festlich gedeckten Tischen saß. Schließlich lagen 27 Jahre dazwischen und aus uns Kindern waren Enddreißiger geworden. Das Eis brach schnell, alle begrüßten mich herzlich mit den Worten: „Kennst du mich noch, Renate? Ich bin die Regina, die Doris, die Erika und der Günther ...“

So ging es munter weiter mit viel Hallo und Wiedersehensfreude. Wenn nur meine Angst nicht gewesen wäre. Ich war die einzige Teilnehmerin aus der Bundesrepublik. Die vier Verantwortlichen, die für das Klassentreffen mit ihrer Unterschrift bei der örtlichen Abteilung Kultur des Rates des Kreises bestätigt hatten, daß niemand aus dem „feindlichen Ausland“ an dem Klassentreffen teilnehmen würde, zeigten wahrlich Zivilcourage! Sie hätten ziemliche Schwierigkeiten bekommen und mußten mit Konsequenzen bis zum Verlust des Arbeitsplatzes rechnen, wenn bei einer Kontrolle meine Anwesenheit entdeckt worden wäre.

So war es während des gesamten Abends unumgänglich, den Eingangsbereich der Gaststätte zu beobachten. Zu einem Plausch mit meinen ehemaligen Mitschülerinnen und Mitschülern wagte ich mich nicht vor die Gaststätte. Und sogar zu den Toiletten, die etwas abseits lagen, begleitete mich meine Freundin. Die Musik vom Diskotheker, wie sie den Diskjockey hier nannten, verdrängte unsere Befürchtungen wenigstens zeitweise und wir tanzten und vergnügten uns bis weit nach Mitternacht.

„Weißt du noch, Renate?“ war an diesem Abend die meistgebrauchte Redewendung. „Weißt du noch, wie wir mit unseren Fahrrädern ohne Gummibereifung den Berg hinuntergesaust sind? Und, daß wir die ersten waren, die Pioniere wurden? Mit Stolz trugen wir die blauen Halstücher. Und

Bei einem späteren Klassentreffen 1986 in Langenhessen wagte ich mich mit aufs Bild. Meine Freundin Christa steht vorn im gestreiften Kleid und ich links davon hinter der Mitschülerin Irmgard Seidel mit den weißen Sandaletten.

Wimpel hatten wir mit aufgesticktem Namen, die wir zu allen Ausflügen und Veranstaltungen mitnahmen. Die Pionierorganisation unserer Schule hieß ,Hans und Sophie Scholl'. Weißt du, Renate, das war eine Aufregung, als du damals einfach verschwunden warst! Im Ort gab es über euch viele Gerüchte."

Ich erzählte, wie damals alles ablief und warum ich nichts sagen durfte, als meine Mutter heimlich die Flucht in den Westen plante. Und meine Freundin Christa schilderte, wie sie diesen Tag erlebte:

„Ich stand wie stets auf dem Weg zur Schule unten auf der Straße und habe deinen Namen gerufen. Immer wieder, aber du bist nicht heruntergekommen. Da bin ich nach oben zu eurer Wohnung gerannt und habe an der Vorsaaltür (sächsisch für Flurtür) geklingelt. Doch alles blieb still. Ich wußte überhaupt nicht, was los ist. Ich konnte nicht begreifen, daß du einfach nicht mehr da warst!“

So ließen wir unseren Kindheitserinnerungen freien Lauf, mal traurig-besinnlich, mal lustig und vergnügt. Ein großes Hallo gab es kurz nach Mitternacht, als Hans, ein ehemaliger Mitschüler, der jetzt ebenfalls in der Bundesrepublik lebte, noch vorbeischaute. Aus Angst vor Kontrollen kam er nicht früher. Ein anderer Mitschüler aus dem Westen war zwar im Ort bei seinen Eltern zu Besuch, traute sich aber gar nicht zu kommen. Weit nach Mitternacht trennten wir uns glücklich und zufrieden, Kontrollen der Volkspolizei hatte es zum Glück nicht gegeben.

Noch am selben Tag mußten mein Sohn und ich die Heimreise antreten. Die Fahrt verlief wieder mit Anspannung, jedoch ohne Komplikationen. Sobald der Zug die Grenze passiert hatte und mit westdeutschem Personal besetzt war, ging ein Aufatmen durch die Reisenden. Die Mienen erhellten sich, man lächelte sich zu und wagte auch ein paar Worte der Unterhaltung. Am Hauptbahnhof in Hannover nahm uns mein Mann mit großer Erleichterung in Empfang. Zu Hause gab es viel zu erzählen. Meine beiden älteren Söhne Harald und Frank, 19 und 17 Jahre alt, unterbrachen mich: „Mutti, hör bloß auf zu sächseln! Das hört sich ja schrecklich an!“

„Was ist daran so schrecklich?“ fragte ich etwas gereizt zurück. „Dialekt ist ein Stück Heimat.“

In diesem Augenblick wurde mir bewußt, daß ich ein kleines Stück Heimat mit nach Hause genommen hatte. Und ich merkte, daß mein quälendes Gefühl des Beengtseins verschwunden war. Freiheit, dieses Wort hat seit dieser Zeit für mich wieder eine ganz besondere Bedeutung gewonnen und wohl für meine Familie ebenfalls.

(Weitere **ZEITGUT**-*Beiträge dieser Autorin sind am Buchende vermerkt.)*

[Leipzig, Sachsen, damals DDR – Ost-Berlin;
1975 – 1977]

Helga Brachmann

Mein Sohn und die „Magdalene"

Mein Sohn Christian Kunert, genannt Kuno, war als Gitarrist, Sänger und Keyboardspieler das jüngste Mitglied der Klaus Renft Combo, die Anfang der siebziger Jahre in dem kleinen Land DDR große Bekanntheit besaß. Den jungen Musikern ging es gut, sie wurden gefördert und gefeiert, sie verdienten überdurchschnittlich. Wenn ich damals in ein Schulmusikzimmer kam, hing dort entweder ein Plakat der Combo oder aber mein Sohn lachte mich von einem Gruppenfoto her an. Ich arbeitete als Lehrerin an der Hochschule für Musik „Felix Mendelssohn Bartholdy" in Leipzig.

An einem Sommerabend 1975 traf ich dort auf dem Korridor meine Schwiegertochter Karin, ich hatte gerade meinen Sohn auf dem Klavier bei seinem Staatsexamen als Posaunist begleitet. Warum sah Karin so elend aus?

Kaum allein mit ihr, erfuhr ich: „Chris wird immer übermütiger und unvorsichtiger. Dauernd höre ich, er brauche seine Freiheit! Freiheit privat – denk nur, er will die Scheidung einreichen –, auch Freiheit sonst! Neulich hat er vor Publikum gesagt: ‚Ein Staat, der mich nicht hinreisen läßt wohin ich will, ist nicht mein Vaterland oder meine Heimat!' Mama, ich habe solche Angst!"

Oh, das konnte ich verstehen – wer 1975 in der DDR gelebt hat, wird es nachfühlen. Ich war besonders aufgewühlt und besorgt, hatte ich doch erst vor zwei Jahren Befragun-

Die Klaus Renft Combo in der legendären Besetzung. Kuno, Christian Kunert, vorn in der Mitte. „Zwischen Liebe und Zorn“, „Apfeltraum“, „Cäsars Blues“ – ab 1972 folgte ein Hit dem anderen. 1973 erschien bei Amiga die erste LP. Aufgrund der kritischen Texte und des Verhaltens auf der Bühne wurde die Band im September 1975 endgültig verboten. Foto: Beilage zur LP „Hallo Nr. 4“, Amiga, 1972.

gen, Verhöre und eine Hausdurchsuchung hinter mir, weil meine jüngste Tochter Barbara illegal durch den Eisernen Vorhang geschlüpft war.

Wenige Wochen nach unserer Begegnung rief Karin an, die Scheidung sei ausgesprochen, man lebe aber weiter zusammen, auch wegen ihrer Tochter, der kleinen Denise. Obwohl nur zwanzig Autominuten entfernt, sahen wir uns wenig.

Der nächste Anruf meiner Schwiegertochter erschreckte mich wieder: „Die Combo ist verboten! Chris ist nun ohne Einnahmen. Ich habe eine Anstellung gefunden, auch einen Kindergartenplatz für Denise.“

Was würde nun werden? Würde der SED-Staat Ruhe geben, konnte Christian in ein Sinfonieorchester als Posaunist gehen? Würde mein Sohn jetzt den Mund halten können, um sich und die Familie nicht zu gefährden?

Zu ihrem Geburtstag besuchte ich Karin und erfuhr, daß Christian zusammen mit dem Liedermacher Gerulf Pannach zur Messezeit Gemüsekisten geschleppt hatte, denn sein Geld war bald aufgebraucht. Beide bastelten an einem Programm zu zweit. Sie hofften, daß die neuen Texte der „Kommission“ gefallen würden und sie dann zu zweit auf Tournee gehen könnten.

Telefon hatten Karin und Christian nicht. Ein Brief meines Sohnes alarmierte mich, ich traute meinen Augen kaum, als ich das las:

> *Mutter, ich war zur Musterung bestellt! Hab' einfach eine Postkarte geschickt, ich wäre verreist. Da haben mich doch eines Abends vier Bullen abgeholt, ein paar Stunden dabehalten und gedroht, mein Verhalten könne für mich sehr unangenehm enden. Und zu viert haben mich die Bullen auch wieder heimgebracht. Die können mich mal ...*

Wollte sich Christian noch mehr mit der Obrigkeit anlegen? Genügte das Auftrittsverbot nicht? Mein Sohn wußte doch, ein Musterungsbescheid war doch kein Faschingsscherz! Da gab es kein Erbarmen.

Ich fuhr baldmöglichst zu der jungen Familie. Chris schimpfte auf den „Blödmann“ Egon Krenz*) und ich höre mich heute noch sagen: „Wenn du so weitermachst, landest du im Kittchen!“

„Na, dann lande ich eben dort, ist mir doch egal!“

War das Mut? War das Trotz? Ich versuchte es mit sanfter Art, er möge doch an Karin und die Kleine, vielleicht auch an seine Schwestern denken. Ich redete gegen eine Wand.

„Ich will meine Freiheit!“

---

*) Egon Krenz war damals noch Chef oder offiziell Erster Sekretär des Zentralrates der FDJ und damit oberster Schirmherr der Jugendbands.

Christian holte ein Büchlein, Texte von Wolf Biermann, der mir damals nur dem Namen nach bekannt war.

„Die Sachen sind gut gemacht“, mußte ich anerkennen, „mit Scharfsinn und Witz. Aber so etwas kann man doch unmöglich hier bringen!“

Ich erfuhr, daß Biermanns Vater als Jude den Nationalsozialismus nicht überlebt hatte.

„Und für diese Scheiß-DDR ist Biermanns Vater nicht gestorben!“ Christian schwärmte fast von dem wesentlich älteren Liedermacher, der schien eine Art Vaterfigur für ihn zu sein. Den eigenen Vater hatte mein Sohn verloren, als er vier Jahre alt war. Was hatte Christian vor? Er schien so unbedacht, schien Angst und Furcht nicht zu kennen!

Konnte ich denn nie in Ruhe meinem Beruf nachgehen? War es denn zuviel verlangt, daß ich meine vier erwachsenen Kinder ebenfalls zufrieden in ihren Berufen und in ihren Familien wissen wollte? Aussichtslos schien mir die Rebellion meines Sohnes!

Anfang November 1976 weckte mich mein Lebensgefährte mitten in der Nacht, nebenan lief der Fernseher. Sehr aufgeregt – ganz gegen seine Art – berichtete er: „Biermann gibt gerade im Westfernsehen ein Konzert. Zum Teil toll! Aber eben hat er geäußert: ‚Falls die in der DDR mich nicht wieder einreisen lassen, werden meine Freunde Christian Kunert und Gerulf Pannach mir helfen’!“

Das hatte Biermann da soeben auf der Bühne gesagt? Ja, war denn der Mann verrücktgeworden? Wie konnte er seine jungen Bewunderer dort nennen?

So etwas Egoistisches, Rücksichtsloses, der Mann kannte doch die DDR-Verhältnisse! Was würde jetzt mit Chris und seinem Freund passieren?

Wut, Angst, Ungewißheit machten die Konzentration beim Unterrichten schwer, andererseits lenkte mich die Arbeit auch etwas ab. Nach der unerfreulichen Debatte kürzlich wagte ich nicht, zu meinem Sohn zu fahren.

Endlich, nach etwa zehn Tagen, rief Karin an: „Ich bin in der Telefonzelle.“

„Was ist passiert?“

„Kann ich dir nicht sagen!“ Die Stimme der jungen Frau verriet Kummer und Aufregung.

„Ich komme heute abend zu euch. Ich hab doch das Auto, das geht schneller!“

„Nein, ich bin am Sonntag gegen zehn bei dir!“

Warum das alles? Noch drei Tage Warten! Was war bloß passiert? War mein Sohn geflüchtet oder gar inhaftiert?

Endlich war Sonntag. Wortlos und weinend gab mir die Schwiegertochter eine Postkarte: „Lies selbst!“

Ihr Ehemann Christian Kunert wird zwecks Klärung eines Tatbestandes vorläufig bei uns festgehalten.
Unterschrift, Datum, Adresse.

Also doch Haft! Mir verschlug es die Sprache.

„Wieso Ehemann? Ihr seid doch geschieden?“ brachte ich endlich hervor.

„Chris hat das nicht in seinen Ausweis eintragen lassen. Die denken, wir sind noch verheiratet!“

„Aber das bekommt doch die Stasi baldigst heraus!“

„Ja, aber hör zu: Ich habe schon Verbindung zu Rechtsanwalt Wolfgang Vogel aufgenommen. Du weißt, wer das ist?“

„Habe von ihm gehört.“

„Also, Vogel sagt, es darf nur eine Kontaktperson zu Chris gehen, ihm schreiben und ihn besuchen. Gilt er als geschieden, bist du, Mama, diese Person. Sind wir noch ein Ehepaar, dann bin ich das! Darum habe ich schon an Chris geschrieben, habe bereits einen Antrag für die Besuchserlaubnis gestellt. Bitte, bitte, Mama, laß mich das machen!“

Die kleine Denise schaute verstört hin und her – auf die weinende Mama, auf die weinende Oma. Was konnte ich anderes tun, als zuzustimmen?

Nun erfuhr ich, warum man Chris eingesperrt hatte. Auch

Karin war von meinem Sohn in der Nacht des Biermann-Konzerts geweckt worden.

„Ich fahre nach Berlin, sofort, mit Pannach, wir müssen Biermann helfen!“ hatte er ihr erklärt. Chris und Pannach wollten Unterschriften gegen die Ausweisung des Freundes sammeln. Dann wollten sie die Listen jemandem vom ZDF bringen. Pannachs Frau hatte es erzählt. Irgendetwas war dabei schiefgegangen.

Mein Junge im Gefängnis! In der „Magdalene“, dem Untersuchungsgefängnis der Staatssicherheit der DDR, gelegen in der Magdalenenstraße in Berlin-Lichtenberg!

Würde man ihn anständig behandeln? Fror er, hungerte er? Wie würde er die Haft durchstehen? Was würde auf meine beiden großen Töchter, was auf mich zukommen? Und wie couragiert hatte meine kleine, schüchterne Schwiegertochter schon gehandelt! Wie konnte ich Karin helfen? Nun ja, vielleicht materiell?

Sie nahm das Geld an.

„Wanzen haben die mir bei der Wohnungsdurchsuchung so blöd angebracht, daß ich es gemerkt habe“, fuhr Karin sachlicher fort. „Darum komm du nicht zu mir, schreib mir auch nicht, ich melde mich wieder von einer Telefonzelle aus.“

Ich fuhr Karin zu einer Freundin.

Mein Sohn – nun war er wieder „mein Kleiner“ – nicht mehr der langhaarige, selbstbewußte junge Rocker. Mein armer Kleiner! Aber solche Gefühlsausbrüche nützten jetzt nichts. Ich suchte meinen Abteilungsleiter auf. Daß er Mitglied der SED war, wußte ich damals noch nicht, ich hielt ihn – und halte ihn heute noch – für einen anständigen Kerl.

„Sprechen Sie mit Frau B. Sie wissen doch, das ist unsere Parteigruppenorganisatorin! Frau B. sagt Ihnen, was Sie tun oder nicht tun sollen.“

Also, Frau B. angerufen, eine sachliche Person.

„Sie tun gar nichts, Frau Brachmann. Wohnt Ihr Sohn noch bei Ihnen? Nein, seit vier Jahren nicht mehr? Gut! Sie geben

Ihren Unterricht, als sei nichts passiert. Immer freundlich, so, wie man Sie kennt. Zu keinem Kollegen, zu keinem Studenten ein Wort! Warten Sie ab, lassen Sie sich nichts anmerken!“

Also abwarten! Nichts tun dürfen! Angst und Alpträume haben! Warten ... Wie hilflos fühlte ich mich!

Niemand befragte mich, ich wurde tatsächlich in Ruhe gelassen. Fast unheimlich war dieses Schweigen.

Einmal im Monat fuhr Karin zum Besuch ins Gefängnis. Jedesmal hörte ich dann telefonisch: „Es geht Chris gut, er läßt euch alle grüßen.“ Das war alles.

Dann, etwa vier Monate später, sagte sie empört: „Der Vogel tut überhaupt nichts! Er hat zu Chris gesagt, er solle mit Intelligenz die Haft ertragen. So ein Quatsch!“

Einen Monat später hörte ich eine verzweifelte Karin: „Chris hatte lauter blaue Flecke an den Armen und im Gesicht. Ich dachte, man hätte ihn geschlagen. Ich durfte ihn nicht fragen. Man hat mir kurz vorher gesagt, das sei der normale Haftkoller, die Gefangenen rennen aus Verzweiflung mit Gewalt gegen die Zellenwände!“

Stimmte das?

Meine Schwiegertochter besuchte uns. Inzwischen hatte man Karin ihre Sekretärinnenstelle an der Hochschule für Körperkultur gekündigt. „Entweder Sie distanzieren sich deutlich von Ihrem Mann oder Exmann, oder wir müssen Ihnen kündigen.“

Karin hatte sich nicht distanziert. In ihr war die Hoffnung aufgekommen, Christian könne nach dem Westen abgeschoben werden, und sie könne mit Denise mit. Damals, etwa im Mai 1977, war diese Abschiebepraxis noch nicht publik. Merkwürdigerweise hat man von seiten der Staatssicherheit Karin und Christian bis zuletzt als Ehepaar behandelt. Von Karin erfuhr ich erstmals von dem Regimekritiker Prof. Havemann und seinem Kreis, in dem nun auch meine Schwiegertochter verkehrte.

Nach sieben Monaten Haftzeit ein ganz kleiner Lichtblick: „Mama, du darfst Chris jetzt schreiben, und du kannst auch einen Besuchstermin beantragen!“

Am 16. August 1977 stand ich vor einer Baracke in Berlin. Barsch hieß es: „Warten! Besuchszeit ist erst in 25 Minuten, um 15 Uhr !“

Meinen Einwand, ich käme direkt aus Leipzig, da könne man doch die Minute nicht so vorherbestimmen, ließ man nicht gelten. „Warten Sie!“

Punkt 15 Uhr brachte man mich in ein kleines Zimmer. Der Zivilist hinter dem Schreibtisch erhob sich, stellte sich vor. Ich verstand weder den Namen noch die Berufsbezeichnung. Er war höflich. „Bitte setzen Sie sich dort auf den Stuhl, Ihr Sohn sitzt dann gegenüber an dem kleinen Tisch. Sie dürfen kein Wort zu dem Fall sagen, nicht über das Vergangene, nicht über die Zukunft reden. Nur Privates ist erlaubt! Und – was haben Sie da in der Tasche?“

„Obst aus dem Garten, ein gebratenes Hühnchen, Fotos von meinen Töchtern und meinen Enkeln!“

„Kann ich die Bilder mal sehen? *Das* ist aber keine Schwester, das ist doch Karin!“

Tatsächlich, ich hatte aus Versehen das Bild dabei.

„Das darf Ihr Sohn nicht sehen, verstehen Sie, das regt die Leute zu sehr auf. Die anderen können Sie zeigen beziehungsweise ihm geben.“

Dann hörte ich ein Klicken. Waren das die Handschellen? Plötzlich wurde von außen die Tür geöffnet, und da stand er, „mein Kleiner“, mein Junge. Bleich, mager. Ein Händedruck, dann saßen wir uns gegenüber, der Beisitzer keine 1,50 Meter entfernt. Was für ein belangloses Gespräch! Nach etwa 20 Minuten unterbrach er uns mitten im Satz: „Bitte beenden Sie jetzt die Unterhaltung!“

Der Bewacher ging zur Tür, winkte anscheinend dort irgendwem, für Sekunden waren wir allein.

„Soll ich wiederkommen?“

„So oft es geht!“

Und nun weinte der große Junge auch noch. Dann war er fort, wieder das unüberhörbare Klicken. Gesehen habe ich die Handschellen nicht.

„Haben Sie noch Fragen?“ Die Stimme des Beisitzers ließ mich aufschrecken. Natürlich hatte ich Fragen!

„Warum muß mein Sohn hier sein? Warum wird er festgehalten, was wirft man ihm vor?“

„Kann und darf ich Ihnen nicht sagen!“

„Wo kann ich es denn erfahren?“

„Sie können sich beim Genossen ... – den Name verstand ich nicht – anmelden, aber der sagt es Ihnen auch nicht!“

„Wie lange muß denn mein Sohn noch hier sein? Er ist gerade 25 geworden!“

„Das kann noch Jahre dauern. Die Untersuchungen sind längst noch nicht abgeschlossen!“

„Kann ich meinen Sohn wieder besuchen?“

„Sie dürfen in vier bis sechs Wochen einen Antrag stellen!“

„Darf ich ihm wieder schreiben, dürfen seine Schwestern ihm schreiben?“

„Ja, schon, aber nicht oft, sagen wir einmal im Monat.“

„Was darf ich ihm mitbringen?“

„Obst ist das Wichtigste.“

Damit war ich entlassen und merkte erst draußen, daß ich vergessen hatte, sowohl das Hähnchen als auch die Pflaumen aus dem Garten Chris zu geben.

Noch Jahre hinter Gittern! Wegen dieser Unterschriften? Wegen Christians Schimpfen auf die DDR-Regierung? Wie schwach war denn ein Staat, der junge Menschen jahrelang einsperren wollte, weil sie ihre Meinung geäußert hatten?

Ein paar Tage später sendete das ZDF einen Bericht über die verbotene Klaus-Renft-Combo. „Gerulf Pannach und Christian Kunert sitzen im Zuchthaus“, hieß es darin. Nun

„Zuchthaus“ war übertrieben, aber Untersuchungsgefängnis bei der Staatssicherheit, das war schon schlimm genug!

Es muß am 26. August gewesen sein, zehn Tage, nachdem ich Christian gesehen hatte. Karin rief aufgeregt aus Berlin an: „Was hast du nur getan, Mama? Du mußt was Dummes gesagt haben! Man läßt mich nicht zu Chris. Immer hat das geklappt. Das kann doch bloß wegen dir sein!“

Ich verteidigte mich, ich hatte keine Ahnung, was ich falsch gemacht haben könnte! Natürlich konnte ich meine Schwiegertochter von meiner Unschuld nicht überzeugen.

Zwei Stunden später eine reumütige Karin am Telefon: „Du bist nicht schuld. Stell dir vor, ich durfte doch rein! Drei Minuten – so sagten die – könne ich mit Chris unter vier Augen sprechen und entscheiden, ob wir gemeinsam in den Westen ausgewiesen werden wollen!“

„Na und, wollt Ihr?“

„Mama, wir müssen. Sonst behalten die Chris da. Heute noch soll Chris mit Pannach und Fuchs über die Grenze gebracht werden! Ich muß schnell nach Hause zum Packen. Kannst du Denise ein paar Tage nehmen?“

Ich konnte, noch waren Semesterferien.

„Schau heute unbedingt ZDF oder Tagesschau!“ rief Karin noch in die Muschel. Und tatsächlich, ich hörte es abends, sah meinen Sohn und die anderen zwei im Fernsehen:

Die Liedermacher Gerulf Pannach und Christian Kunert sind heute zusammen mit dem Schriftsteller Jürgen Fuchs aus Jena als freie Männer in West-Berlin eingetroffen!“

Freute ich mich? – Natürlich, sehr sogar, trotzdem bedrückte es mich, nun das zweite Kind jenseits des Eisernen Vorhangs zu wissen. Wann würden wir uns wiedersehen? Würde Christian beruflich „drüben“ Fuß fassen können? Würde man Karin und Denise unbehelligt ziehen lassen?

Karin brachte mir Denise und meinte, in sechs Wochen habe sie den Haushalt aufgelöst und alles verpackt, alle Sa-

Mein Sohn Christian Kunert – „Kuno“ – etwa 1978 im Westen.

chen könnten Ausgewiesene im Umzugswagen nachkommen lassen. Sie würde Denise natürlich nicht zum Schulanfang in vier Tagen bringen. Doch schon nach zwei Tagen erschienen zwei Frauen in Karins Wohnung und fragten, wann sie denn nun endlich ausreise. Zwei Tage noch, dann müßte das passiert sein. Karins Vater übernahm die Umzugsarbeit. Wie erleichtert war ich, als Karin dann in der Nacht anrief: „Mama, ich habe es geschafft! Wir sind wieder zusammen, ich bin richtig glücklich!“

Ja, glücklich war die junge Familie zunächst. Die drei jungen Männer, frisch aus der Haft bei der Stasi entlassen, waren eine Attraktion in der Bundesrepublik. Geschenke gab es, finanzielle Hilfen für den Anfang, Interviews und Fernsehauftritte. Doch bald wurden Karins spärliche Berichte wieder düster, mein Sohn zog aus der neuen Wohnung aus, er landete in einer feuchten Hinterhofwohnung, in der er ständig fror. Mit Schneeschippen und gelegentlichem Unterrichten versuchte er, sich über Wasser zu halten. Es dauerte Jahre bis er zeitweise verdiente – mal schrieb er Musik für das Kabarett „Die Stachelschweine“, mal arbeitete er vorübergehend für das Gripstheater, immer war das Geld knapp.

Meine in der DDR verbliebenen Töchter waren wütend: „Entweder hat unser Bruder etwas verbrochen, dann muß es eine Gerichtsverhandlung geben. Oder er hat nichts Strafbares getan, dann darf man ihn nicht einsperren und dann für Bananen und Apfelsinen verkaufen! 50000 DM hat unser Bruder ‚gekostet‘!“

Eine Tochter wandte sich mit ihrer Beschwerde schriftlich an die SED-Führung in Berlin und wurde dann in die SED-Bezirksleitung Leipzig bestellt. Sie solle den Fall politisch sehen, hieß es. Damals war die Praxis des Freikaufs

Familientreffen anläßlich der zweiten Hochzeit meiner Tochter Sabine, der Jugendweihen meiner Enkel Peter und Andreas und meines Geburtstages im Mai 1984 in Wintersdorf. Christian, mit Bart, in der hinteren Reihe. Nachdem er sich wegen eines Besuchs-Visums an Erich Honecker gewandt hatte, bekam er einen auf 1½ Tage beschränkten Aufenthalt im Bezirk Leipzig genehmigt. Links von ihm steht meine Tochter Barbara, vorn ganz links ihr „West-Mann“. Ich selbst, mit Sonnenbrille, sitze in der Mitte.

von DDR-Häftlingen erst am Beginn. Was stand uns, der „DDR-Restfamilie“ jetzt noch bevor?

Nun, mich ließ man beruflich in Frieden, allerdings früher geäußerte Versprechungen in Bezug auf eine Dozentur wurden nie mehr erwähnt. „Da müssen Sie etwas falsch verstanden haben“, hieß es, nachdem man vorher bereits darauf hingewiesen hatte, daß ich, um Dozentin zu werden, mehrmals nach Rohrbach in Thüringen zu Schulungen müsse. Sogar Termine hatte ich schon bekommen. Aber das war nun alles meiner angeblichen Fantasie entsprungen.

Meinen Töchtern wurde klargemacht, daß es aufgrund der „Verhältnisse in der Familie“ unmöglich sei, Oberärztin am Klinikum der Leipziger Universität zu werden. Und an die „Akademie der Wissenschaften der DDR“ zu kommen, war sowieso unmöglich, wenn man Verwandte ersten Grades in der Bundesrepublik hatte.

Elf Jahre später wollten zwei meiner Enkel ihren Armeedienst bei der Marine leisten. Abgelehnt. Die Familienverhältnisse! Ein anderer Enkel bewarb sich 1987 für das Jurastudium. Abgelehnt! Diese Familienverhältnisse!

Die Heranwachsenden waren wütend, schließlich waren sie fünf und sechs Jahre alt, als ihr Onkel Christian in der „Magdalene“ einsaß! Ich selbst wollte zum 80., 81. und 82. Geburtstag meiner Mutter nach Stuttgart fahren. Abgelehnt! Bei der Polizeidienststelle in der damaligen Dimitroffstraße fragte ich nach dem Grund.

„Das darf ich Ihnen nicht sagen.“

Es war sinnlos, man wollte nicht, daß ich es erfahre.

Vom Leben in der „Magdalene“ hörte ich nach der Wende. „Eines Tages“, erzählte mir mein Sohn, „wurde ich ganz außer der Reihe abgeholt. Die ‚Magdalene‘ war nicht der Schuppen, in dem man Besuch bekam. Zum Besuch ging es mit der ‚grünen Minna‘ durch Berlin zu einer Baracke. Also, ich denk, ich werd nicht! Sitzen da ein paar Kerle, die ich nicht kenne.

Torte auf dem Tisch, Bohnenkaffee, gute Zigaretten. ‚Herr Kunert, bedienen Sie sich!‘ – Stell dir vor, plötzlich war ich Herr Kunert – und dann kam‘s: ‚Also Herr Kunert, Sie sollten mal Ihr Verhältnis zu uns ändern. Wir könnten doch zusammenarbeiten: Wir entlassen Sie nicht nach Leipzig – da kennt man Sie zu sehr – nein, beispielsweise nach Potsdam. Sie suchen sich eine neue Band zusammen und erzählen uns dann, was die Leute so über unseren Staat sagen!‘

Als Spitzel wollten die mich! Niemals! Mutter, ich war entsetzt, ich dachte, das darf's gar nicht geben! Und was denkst du, wie schnell die guten Zigaretten vom Tisch waren! Und meine Torte konnte ich auch nicht mehr aufessen.“

Ich fragte Christian nach dem Mann, der seinerzeit bei meinem Besuch dabeigesessen hatte.

„Das war der Kerl, den sie meinen ‚Betreuer’ nannten. Ich wurde jeden Tag außer sonn- und feiertags, täglich acht Stunden zur ‚Befragung‘ abgeholt. Das ging so: ‚Also, am 18. Mai 1976 waren Sie von 15 Uhr 55 bis 17.30 Uhr bei Ihrer Mutter. Was wurde da gesprochen?‘ Das war zum Beispiel das Thema eines Tages! Da konnte ich x-mal sagen, daß wir Geburtstag feierten, daß Karin und Denise dabeiwaren, daß wir im Garten gesessen haben.

‚Also, erinnern Sie sich doch! Über irgendetwas müssen Sie doch geredet haben! Was denkt Ihre Mutter über unseren Staat?‘ – So ging das stundenlang.“

1977 wurde mein Sohn aus der „Magdalene“ entlassen. Jetzt schreiben wir das Jahr 2004. Seine beiden Mitstreiter von damals sind inzwischen gestorben, beide an Krebs. „Spiegel“ und „Bild-Zeitung“ behaupteten vor etwa dreieinhalb Jahren, die Häftlinge seien absichtlich mit krebserregenden Strahlen geschädigt worden.

Christian rief mich an: „Mutter, hast du heute schon in den ‚Spiegel’ geschaut? Mach dir keine Sorgen, ich bin kerngesund!“

„Ja, ist denn etwas Wahres an diesen Meldungen?"

Christian antwortete ausweichend. Wollte er mich beruhigen?

Ich weiß es nicht. Ich konnte einmal Herrn Gauck danach fragen, auch er wich meiner direkten Frage aus, es könne sein, es könne auch nicht sein ...

Mein Sohn ist jetzt 52 Jahre alt. Er tritt noch mit Mitgliedern der alten Renft-Combo auf. Es bleibt mir nur die Hoffnung, daß er weiterhin gesund sein möge!

„Wer die Rose ehrt", „So starb auch Neruda", „Mama" und „Als ich wie ein Vogel war" gehören zu den schönsten Balladen des 1996 bei BMG Amiga erschienenen Samplers. Seit 1990 ist die Klaus Renft Combo mit alten und neuen Titeln wieder live in Konzerten zu hören.

[nördlich von Kronach, zwischen Wörlsdorf und
St. Haig, Bayern;
1978]

Heinz Csallner

„Halt! Stehenbleiben!“

Wieder sitze ich auf einem Baumstamm am Straßenrand, dort, wo hinter dem fränkischen Ort Kronach, gleich nach Wörlsdorf und St. Haig, einst die Staatsgrenze der DDR einige hundert Meter parallel zur Straße verlief. Ich bin ganz allein, niemand stört mich. Während ich hinüber ins Thüringische blicke, tauchen vor meinen Augen die unheilvollen Bilder von damals auf. Deutlich sehe ich vor mir die westdeutschen Grenzschilder, den Stolperdraht, die DDR-Grenzpfähle, die Betonmauer. Jenseits der Mauer zog sich die breite Straße steil den Berg hinauf – nur für NVA-Fahrzeuge. Dahinter Tannenwald.

Vor 15 Jahren, an einem herrlichen Junitag, überschritt ich hier, ohne mir dabei viel zu denken, den Stolperdraht. Ich war damas knapp 40 Jahre alt. Von den Meinen ahnte keiner, daß ich mich hier, so dicht an der Grenze, aufhielt. Den Eltern hatte ich gesagt, ich würde über die Autobahn Frankfurt – Würzburg – München kommen.

Da weit und breit kein DDR-Grenzsoldat in Sicht war, huschte ich in Richtung Mauer, also auf DDR-Gebiet. Um mich herum Stille, unwirkliche Stille. Die Mauer war mit weitflächigen, grauen Netzen überspannt. Neugierig ging ich näher heran, um sie zu berühren. Als ich gerade den Fotoapparat zur Hand nehmen wollte, raschelte es im Unterholz. Wie von Geisterhand standen plötzlich zwei bewaffnete

An der Grenze zur DDR, nördlich des fränkischen Ortes Kronach. Links vom Zaun hätten mich die DDR-Grenzer beinahe festgenommen.

Grenzsoldaten vor mir. Erschrecken auf beiden Seiten. Sekundenlang starrten wir uns wortlos an. Die Grenzer, etwa drei Meter entfernt von mir, kamen langsam näher. Der eine schrie in schroffem Befehlston: „Halt! Stehenbleiben!“

Dem Älteren sah ich in die Augen. Er streckte bereits die Hand aus, wollte mich festhalten. Instinktiv duckte ich mich, drehte mich zur Seite und rannte ohne zu überlegen los.

Außer Atem blieb ich stehen. Ich wußte nicht, in welche Richtung ich laufen sollte. Um mich herum war auf einmal wieder Stille. Niemand war mehr zu sehen, es war unheimlich.

Doch, jetzt bewegte sich etwas im Gebüsch. Gebückt schlichen die Grenzer auf mich zu. Ich rannte weiter, mein Herz hämmerte. Endlich erkannte ich, in welche Richtung ich laufen mußte, denn in der Ferne sah ich am Straßenrand mein Auto stehen.

Meine Verfolger riefen mehrmals „Halt!“ Sie waren dicht hinter mir, ich hörte, wie sie keuchten. Ich schlug einen Haken, änderte die Richtung. Auf einem Feld auf westlicher Seite warf ein Bauer verblüfft seine Hacke weg und sah mir entgeistert zu. Ein Traktorfahrer hielt an, winkte.

Von der Straße her liefen zwei Männer auf mich zu. Es waren Beamte des Bundesgrenzschutzes. Als ich schon nahe bei meinem Auto war, brüllte der eine mich an: „Sind Sie denn bescheuert? Wollen Sie nach Bautzen kommen?“

Hinter uns, auf DDR-Gebiet, standen mit laufender Kamera die Grenzer. Der Bauer meinte zu mir: „Da haben Sie aber Glück gehabt!“

Die beiden Beamten vom Bundesgrenzschutz hielten mir eine Standpauke. „Sie wissen doch, daß ab dem Stolperdraht und den schwarz-rot-gelben Grenzpfählen DDR-Gebiet beginnt! Machen Sie das nie wieder!“

Noch zitternd, fuhr ich weiter nach Bayreuth. Um mich abzulenken, spazierte ich durch die Stadt. Am frühen Abend zog ich mich in mein Hotelzimmer zurück, konnte aber nicht einschlafen. Ich stand wieder auf, ging nach draußen und irrte ziellos durch die Straßen. An einem Park angelangt, lehnte ich mich an einen Baum. Jetzt erst löste sich die innere Anspannung, und vor Erleichterung heulte ich drauflos. Durch meinen Leichtsinn hätte sich mein Leben von einer Minute zur anderen grundlegend verändern können. Bei meinem verbotenen Ausflug auf DDR-Gebiet hatte ich keine Ausweispapiere dabei. Wäre ich verhaftet worden, hätte man mir kaum meinen Namen geglaubt.

Was hatte ich doch für ein unverschämtes Glück gehabt!

(Weitere **ZEITGUT**-*Beiträge dieses Autors sind am Buchende vermerkt.)*

[Hebel nahe Kassel, Hessen – Catterfeld bei Gotha,
Thüringen, damals DDR – Neu Delhi, Indien;
Dezember 1956/1978–1981]

Falko Berg

Verkrampfte Beziehungen

Als Kind und Jugendlicher kannte ich nur die Verwandtschaft meiner Mutter. Die Großeltern mütterlicherseits wohnten mit uns im gemeinsamen Haushalt. Wir lebten im Pfarrhaus eines kleinen nordhessischen Bauerndorfes, später in Kassel. Die Verwandten meines Vaters hingegen waren „im Osten" zu Hause, wie man zur sowjetischen Besatzungszone bzw. später zur DDR sagte. Die gesamte väterliche Verwandtschaft lebte gemeinsam in der Lehrerwohnung im alten Schulhaus der kleinen Gemeinde Catterfeld bei Gotha in Thüringen. Ich kannte sie nur vom Hörensagen. Die Kontakte mit ihnen beschränkten sich auf gelegentlichen Briefwechsel, außerdem schickte meine Mutter regelmäßig Päckchen mit Kaffee, Schokolade und Lebensmitteln an die „armen Verwandten" nach drüben.

Zu Beginn der fünfziger Jahre reisten meine Eltern ein- oder zweimal nach Thüringen, ich blieb zu Hause. Darum war ich um so gespannter, als sie beschlossen, meinen älteren Bruder und mich beim nächsten Besuch mitzunehmen. Der Plan wurde Weihnachten 1956 verwirklicht. Ich hatte gerade meinen 17. Geburtstag gefeiert. Vor Antritt der Reise mußten zunächst viele bürokratische Hindernisse überwunden werden. Wir reisten mit dem Zug. Am Grenzübergang Herleshausen – Wartha mußten alle Fahrgäste mit ihrem Gepäck die Waggons verlassen, um sich einer gründlichen Kontrolle zu unterziehen. Nicht gestattet war zum Beispiel die Mitnahme von westlichen Druckerzeugnissen. Zeitungen und Zeitschriften wurden beschlagnahmt. Der Umgangston der Beamten war militärisch, knapp und befehlend, aber korrekt. Da meine Eltern alle Einreisebestimmungen peinlich genau beachtet hatten, durften wir bald wieder in den inzwischen durchsuchten Zug einsteigen. Wir waren auch nicht wie andere Reisende körperlich gefilzt worden. Nach stundenlangem Warten ging die Fahrt endlich weiter.

Die Begrüßung durch unsere Verwandten in Catterfeld fiel zu meiner Freude weniger sentimental aus, als ich befürchtet hatte. Meine damals bereits 85jährige Großmutter stellte nüchtern fest: „So, du bist also mein Enkel. Ich habe dich nur einmal als Baby gesehen. Daran kannst du dich natürlich nicht erinnern. Na, dann wollen wir mal schauen, wie wir miteinander auskommen."

Tante Lene, eine strenge, stets dunkel gekleidete Lehrerin, war freundlich, aber zurückhaltend. Meine Cousine Doris umarmte mich herzlich, so als hätten wir uns schon immer gekannt.

Auch am Besuchsort waren behördliche Auflagen zu erfüllen: Nach der An- und vor der Abreise mußten wir uns beim Kreisamt Gotha melden, was mit Stempelabdruck bestätigt wurde. Ohne ihn hätten wir nicht wieder ausreisen dürfen. Da uns die Mitnahme von Ostmark nicht gestattet war – der Zwangsumtausch wurde erst 1971 eingeführt –, mußten unsere Verwandten für alle finanziellen Auslagen aufkommen. Mitgebrachte Lebensmittel und Bekleidung sollten diese Belastung in etwa ausgleichen.

Zu Beginn des Jahres 1956 hatte es Anzeichen für eine Tauwetter-Periode in den Ost-West-Beziehungen gegeben. Nachdem der Ungarn-Aufstand Anfang November von der Roten Armee brutal niedergeschlagen worden war, herrschte wieder Eiszeit zwischen den Machtblöcken. Der Schock des Arbeiter-Aufstands vom 17. Juni 1953 saß bei den Herrschenden der DDR immer noch tief. Vor diesem zeitgeschichtlichen Hintergrund verlief unser Besuch, trotz aller Beschränkungen, angenehm und harmonisch.

Catterfeld, ein damals zirka 1000 Einwohner zählender Ort, liegt in einem Tal des Thüringer Waldes. Doris und ich wanderten durch den Wald und erzählten uns gegenseitig von unseren Träumen. Obwohl die hübsche, temperamentvolle Frau schon 21 Jahre alt war, verliebte ich mich mit der Leidenschaft eines Siebzehnjährigen in sie.

Vor meiner Abreise verabredeten wir uns zu einer Fahrradtour durch den Westen. Daraus wurde natürlich nichts, weil Doris keine Ausreisegenehmigung bekam. Dem Beispiel ihrer Schwester Christiane, die 1949 illegal über die Grenze nach Hamburg gegangen war, wollte sie nicht folgen, da sie sich in Thüringen verwurzelt fühlte. Auch unser Briefwechsel verlief bald im Sande, anderes trat in den Vordergrund.

Neu Delhi 1978–1981

Eine lange Zeit war seitdem vergangen. Ich hatte einige Jahre als Dozent für eine politische Stiftung im In- und Ausland gearbeitet. 1978 wurde ich vom DGB in Absprache mit meinem Arbeitgeber, dem Auswärtigen Amt, als Sozialreferent für die Deutsche Botschaft in Neu Delhi vorgeschlagen. Die Zustimmung des Auswärtigen Amtes galt als reine Formsache, vorausgesetzt, die vorgeschriebene Sicherheitsüberprüfung würde keinen Anlaß zur Ablehnung ergeben. Wie geplant, erhielt ich im März 1978 meinen Dienstvertrag. Daß dabei lediglich eine vorläufige Sicherheits-Unbedenklichkeitsbescheinigung vorlag, hielt ich für Routine. Die endgültige Bescheinigung würde, so dachte ich, automatisch nachgereicht werden.

Ich sollte mich aber geirrt haben. Nachdem ich mich in meine Tätigkeit an der Botschaft in Neu Delhi eingearbeitet hatte, rief mich Mitte Juni der Botschafter zu sich. Nach ersten Höflichkeitsfloskeln und freundlichen Anmerkungen über meine Arbeit kam er zur Sache. Er wies mich darauf hin, daß meine Sicherheitsüberprüfung noch nicht abgeschlossen sei. Er müsse daher leider erwägen, ob er mich weiterhin an den täglichen Referenten-Konferenzen teilnehmen lassen dürfe.

Ich war geschockt. Ein Ausschluß von diesen Besprechungen, bei denen die Aktivitäten der Botschaft erörtert und beschlossen wurden, hätte für mich ein Abkoppeln von allen wichtigen internen Informationen bedeutet. Außerdem wäre ich als unsicherer Kantonist und Diplomat auf Widerruf gebrandmarkt gewesen. Ich bat also meinen Vorgesetzten, in Bonn nachzufragen und bis zur Antwort des Auswärtigen Amtes keine derartig einschneidende Entscheidung zu treffen. Nach einigem Zögern gestand mir der Botschafter zu, er werde sich die Angelegenheit noch einmal durch den Kopf gehen lassen.

Die heißen Sommer- und die schwülen Monsun-Monate gingen ins Land, ohne daß sich in dieser Sache etwas tat. Nur gelegentlich bemerkte der Botschafter, wie ich meinte, mit leicht mißtrauischem Ton, es gäbe immer noch nichts Neues in meiner Angelegenheit. Er ergriff aber keinerlei Maßnahmen, die mich vom Informationsfluß der Botschaft ausklammerten. Ich mußte also annehmen, er hatte schließlich entsprechende Weisung aus Bonn erhalten. Trotzdem war ich beunruhigt. Was in aller Welt hatten die Überprüfungsbeamten nur in meinem Lebenslauf entdeckt, das ihnen nicht gefiel?

Ich war mir keines Fehltritts bewußt. Dennoch nahm ich mir die Kopien der von mir ausgefüllten, mehrseitigen Überprüfungsbögen vor. Vielleicht fand ich doch irgendeinen Hinweis?

Da war die Rubrik, in der ich drei voneinander unabhängige Leumundszeugen benannt hatte, die mich mindestens seit zehn Jahren kennen mußten. Alle drei waren Freunde oder zumindest gute Bekannte. Undenkbar, daß einer von ihnen mir einen Stolperstein in den Weg gelegt hatte. Die drei hatten mir berichtet, wie eines Tages einer dieser auffällig-unauffälligen Männer, die sich bei allen Geheimdiensten ähneln, bei ihnen aufgetaucht war und eine hochnotpeinliche Befragung in Bezug auf meine Person durchgeführt hatte: ob ich meiner Frau treu sei oder ob ich fremdgehen würde; ob ich schwul sei; ob ich in geordneten Verhältnissen lebe oder ob ich verschuldet sei; ob ich Kontakte zu Kommunisten hätte; ob ich saufen würde oder gar ein Junkie sei; ob ich im Umgang mit meinen Angehörigen und Bekannten dominant oder eher ein passiver Typ sei, der sich lieber führen ließe. In ihren Antworten konnte ich mir keine Schwachstelle vorstellen.

Es dauerte noch einige Zeit, ehe sich die mysteriöse, unerfreuliche Angelegenheit aufklärte. Wie jede Woche war an einem Donnerstag im September die Kurierpost aus Deutschland angekommen, darunter ein verschlossener Umschlag des Auswärtigen Amtes mit dem Stempel: „Verschlußsache – Nur für den Dienstgebrauch.“ Ich öffnete ihn und las:

Bonn, den 12. September 1978
Sehr geehrter Herr Berg,
im Verlauf Ihrer Sicherheitsüberprüfung ergab sich, daß Sie im Jahre 1956 die DDR besucht haben sollen und daß dort im Jahr 1965 noch eine Tante und eine Cousine von Ihnen wohnten. Nach Ihrer Sicherheitserklärung vom 11. August 1977 haben Sie jetzt keine Beziehungen mehr in den kommunistischen Machtbereich. Bitte teilen Sie baldmöglichst mit, ob die erwähnten Angaben zutreffen, und wie sich die genannten verwandtschaftlichen Beziehungen nach neuestem Stand entwickelt haben.

Das also war des Pudels Kern! Ich wußte nicht, ob ich lachen oder weinen sollte. War es wirklich möglich, daß mein Besuch bei den Verwandten in der DDR noch nach so vielen

Jahren fast zu einer ernsthaften Beeinträchtigung meiner Berufsausübung geführt hätte?

Meine Erklärung von 1977 entsprach den Tatsachen. Ich hatte keine Beziehungen mehr in den „kommunistischen Machtbereich“. Meine Großmutter war im Jahr nach der Reise verstorben, Cousine Doris längst glücklich verheiratet; unser letzter Briefwechsel datierte von 1958. Eine weitere Reise in die DDR hatte nicht stattgefunden. Während meiner Berufstätigkeit war mir der Besuch der DDR ohnehin verboten beziehungsweise nur nach erfolgter Genehmigung durch den Dienstherrn gestattet.

Daß die Sicherheitsüberprüfer die Existenz von Tante und Cousine nur bis 1965 nachvollziehen konnten, wies nicht gerade auf eine besonders gründliche Recherche hin. Durch einen Anruf bei meiner Mutter in Kassel erfuhr ich, daß Tante Lene als pensionierte Lehrerin noch immer in der Dienstwohnung des Schulhauses in Catterfeld wohnte, und daß Doris mit Mann und Kindern in Gotha lebte. Nachdem ich diese Fakten nach Bonn übermittelt hatte, waren offensichtlich alle Fragen vom Tisch, war meine Sicherheitsüberprüfung ohne weitere Beanstandung abgeschlossen. Natürlich war ich erleichtert, aber die ganze Geschichte hinterließ bei mir einen unangenehmen Nachgeschmack.

Die sozialliberale Koalition war damals seit neun Jahren im Amt. Bundeskanzler Willy Brandt hatte die Aussöhnung mit dem Osten zum vorrangigen Ziel seiner Regierung erklärt. Das Wort „Ostpolitik“ wurde international zum Synonym für die neue deutsche Außenpolitik. Egon Bahr, Architekt der Ostverträge, sprach vom „Wandel durch Annäherung“. Auf allen Gebieten wurde eine Normalisierung der Beziehungen zwischen der Bundesrepublik und der DDR angestrebt.

Im Juni 1973 war nach heftigen Auseinandersetzungen im Bundestag der Grundlagenvertrag mit der DDR in Kraft getreten, seit Dezember 1975 gab es den Austausch Ständiger Vertreter zwischen der Bundesrepublik und der DDR. Unser Nachbarstaat wurde nun auch offiziell DDR genannt. Nur die Springer-Presse tat sich schwer damit, so unsinnige Bezeichnungen wie „Zone“, „Gebilde“, „Phänomen“, „Mitteldeutschland“ oder „sogenannte DDR“ nicht mehr zu benutzen.

Die Zahl der Reisen aus der Bundesrepublik und West-Berlin in die DDR und nach Ost-Berlin erhöhte sich aufgrund der Vertragspolitik von 2 Millionen 1972 auf 3,4 Millionen 1976. Das wurde von den meisten Menschen in Deutschland als Erfolg der „Politik der kleinen Schritte“ anerkannt.

Vor diesem Hintergrund erschien mir der Vorgang um meine „Beziehungen in den kommunistischen Machtbereich“ absurd. Die Schlußfolgerung, die ich daraus ziehen mußte, war doch, daß Kontakte zu Verwandten in der DDR für Bedienstete des Auswärtigen Amtes auch noch 1978 nicht gerade förderlich für die Karriere waren. Sollte denn für Staatsbedienstete nicht gelten, was für die Bevölkerung allgemein angestrebt wurde?

Oder war das Ganze als Rückzugsgefecht von Beamten der Sicherheitsdienste zu verstehen, die die Zeichen der neuen Zeit nicht sehen wollten, weil ihnen die politische Richtung nicht paßte?

Mein Mangel an Beziehungsängsten zu Personen des anderen Teiles Deutschlands sollte mich in Neu Delhi noch einmal in eine Lage bringen, in der ich erneut an besagte Reise erinnert wurde. Von diplomatischen Pflichtveranstaltungen wie Empfängen aus Anlaß von Nationalfeiertagen anderer Staaten abgesehen, wo man sich begegnete und in höflicher Konversation befleißigte, gab es kaum dienstliche und schon gar keine privaten Berührungspunkte zu den Angehörigen der DDR-Botschaft. Die Kinder wurden in getrennten Schulen unterrichtet. War man krank, wurde der eigene Botschaftsarzt aufgesucht, und auch sonst blieb man unter sich.

Meine Frau, unsere beiden damals elf- und neunjährigen Söhne und ich waren Mitglieder eines Schwimmclubs, der zu einem indischen Staatshotel gehörte. Regelmäßige Besucher waren dort auch Angehörige der DDR-Botschaft mit ihren Familien. Unsere Söhne hatten anfangs im Schwimmbecken oder auf der Liegewiese versucht, mit den Kindern der DDR-Diplomaten zu spielen. Da die Eltern ihre Sprößlinge aber immer zurückriefen, sobald sie derartige Annäherungsversuche beobachteten, stellten die Jungen frustriert ihre Bemühungen ein.

Man sprach zwar dieselbe Sprache, unterhielt sich aber lieber in einer Fremdsprache mit indischen oder ausländischen Bekannten, vorausgesetzt, sie gehörten dem richtigen

Meine Söhne Frank, links, Jürgen und ich mit den frischgewaschenen Hunden Braunie und Schnuffi vor unserem Haus in Neu Delhi.

politischen Lager an. Der offiziellen Politik der Annäherung beider deutscher Staaten zum Trotz hieß die Devise für deren Auslandsvertreter leider immer noch: Abgrenzung und möglichst wenig Kontakt zur jeweils anderen Seite.

Eines Tages lief im Club ein kleines, blondbezopftes Mädchen auf unsere Söhne zu und forderte sie in unverkennbarem Sächsisch zum Spielen auf. Eingedenk ihrer bisherigen schlechten Erfahrungen und aufgrund der Tatsache, daß die Kleine weit jünger war als sie, gingen die Jungen zunächst nur zögerlich auf ihre Bitte ein. Mit der Zeit aber fanden sie das Mädchen ganz niedlich und spielten mit ihm.

„Ich heiße Ines", sagte es.

„Ich bin der Jürgen, und das ist Frank", antwortete unser Ältester. Meine Frau und ich sahen verstohlen zur „DDR-Kolonie" hinüber, in der sicheren Erwartung, bald den Vater oder die Mutter rufen zu hören: „Ines, komm her!"

Aber nichts dergleichen geschah. Im Gegenteil, die Kinder schafften es auf ihre natürliche, unverkrampfte Art, die Erwachsenen in das Spiel einzubeziehen. Über die Kinder kamen wir ins Gespräch. Unsere neuen Bekannten hießen Peschel*). Er war Erster Sekretär der DDR-Botschaft, sie war die Botschaftsärztin.

Von nun an trafen wir uns häufiger im Schwimmclub und verkehrten ziemlich ungezwungen miteinander. Im stillen Einverständnis wurden jedoch keine politischen Themen angesprochen. Die Bekanntschaft entwickelte sich, bald luden wir uns gegenseitig nach Hause ein. Obwohl wir uns sympathisch waren, blieb doch immer ein Rest von Wachsamkeit zwischen uns bestehen. Und wenn Angehörige der DDR-Botschaft in der Nähe waren, sprach Herr Peschel lauter und akzentuierter als sonst mit uns. Offensichtlich wollte er ihnen gegenüber demonstrieren: Hört ruhig her! Ich sage nichts Verbotenes.

---

*) Der Name wurde geändert.

Bevor Peschels uns das erste Mal einluden, hatten sie uns gefragt, welche Art von Musik wir am liebsten hörten. „Barock“, hatte ich geantwortet.

Am Abend unseres Besuches wurde das Wohnzimmer von der ersten bis zur letzten Minute ununterbrochen mit Werken von Bach, Telemann und Vivaldi beschallt.

„Nicht wahr“, meinte Herr Peschel, „Barockmusik kann man nicht leise hören“, und drehte den Verstärker auf.

Ich wußte nicht recht, was ich davon halten sollte. Wollte unser Gastgeber darüber hinwegtäuschen, daß ein Tonband mitlief? Wollte er sagen: Ihr braucht keine Angst zu haben, es wird nichts aufgenommen! Oder war es zum Selbstschutz vor Abhöraktionen durch verborgene „Wanzen“?

Als wir Peschels zu einer Cocktailparty einluden, bat er mich um die Gästeliste. Das war nach internationalen Verhaltensregeln unter Diplomaten ein völlig ungewöhnliches, wenn nicht sogar ungebührliches Verlangen. Er war sich dessen auch bewußt und erklärte seinen Wunsch verschämt mit der völlig unglaubwürdigen Begründung, er müsse sich innerlich auf die Begegnung mit unseren Gästen einstellen. Natürlich war mir klar, daß er die Liste seinem Vorgesetzten aushändigen würde, so wie auch ich meinem Botschafter über Art und Weise der Kontakte zu Peschels berichtete. Ich hatte nichts zu verbergen und gab ihm die Liste.

Es ist ein offenes Geheimnis, daß an allen größeren diplomatischen Vertretungen auch Mitarbeiter der Geheimdienste tätig sind. Das gilt für fast alle Staaten. Zur Tarnung werden sie bei politischen, kulturellen oder Presse-Abteilungen als Botschaftsräte oder Sekretäre geführt. Auch die beiden Deutschlands machten da keine Ausnahme.

Der an unserer Botschaft tätige Mitarbeiter des Bundesnachrichtendienstes hatte von meiner Bekanntschaft mit der Familie Peschel gehört. Prompt bat er mich zu einem Gespräch, bei dem er mich freundlich, aber bestimmt aufforderte, „die Art und Weise meiner Beziehungen zu einem di-

1980: Meine Frau und ich werden im Stahlwerk Rourkela von dessen Generaldirektor, Dr. N. S. Datar, begrüßt. Das Stahlwerk war das größte deutsche Entwicklungsprojekt in Indien.

plomatischen Vertreter des kommunistischen Machtbereichs“ offenzulegen. Ich war zwar nur gegenüber dem Botschafter rechenschaftspflichtig, aber selbstverständlich bereit, mit meinem Kollegen zu kooperieren. Ich schilderte ihm ohne Umschweife, wie es zur Begegnung mit Familie Peschel gekommen war, und betonte, daß es sich um eine rein private Bekanntschaft handelte, bei der Politik und eigene Arbeit von beiden Seiten strikt ausgeklammert würden.

Mein Gegenüber gab sich damit nicht zufrieden. Er insistierte, Herr Peschel habe doch bestimmt versucht, auch dienstliche Belange von mir in Erfahrung zu bringen. Ich mußte ihn enttäuschen und beharrte wahrheitsgemäß darauf, daß ein solcher Versuch nie stattgefunden habe. Er erklärte mich daraufhin für naiv, was ich mir verbat. Belehrend fügte er hinzu, es sei ganz und gar undenkbar, daß sich ein DDR-Diplomat an einen Diplomaten der Bundesrepublik heranmache, ohne das Ziel zu verfolgen, ihn als Informanten zu gewinnen.

„Wenn das zutreffen sollte, wäre ich sehr überrascht. In diesem Fall werden Sie nach dem Botschafter der erste sein, der es von mir erfährt“, antwortete ich und hielt das Gespräch für beendet. Ich hatte den Eindruck, mein Kollege war enttäuscht. Bevor ich sein Büro verlassen konnte, warnte er mich noch: „Sie sind sich doch darüber im klaren, daß auch die andere Seite von Ihren Verwandten in Gotha weiß! Das macht Sie erpreßbar.“

Nach kurzer Pause, in der er wohl die Wirkung seiner Worte auf mich abwarten wollte, meinte er noch scheinbar besorgt: „Ich möchte ja nur vermeiden, daß Ihnen Ihre Beziehungen zu Repräsentanten des kommunistischen Machtbereichs falsch ausgelegt werden. Erinnern Sie sich doch an ihre Probleme bei der Sicherheitsüberprüfung, die durch Ihre Reise im Jahr 1956 in den anderen Teil Deutschlands entstanden waren!“

Ich empfand seine Äußerung als unangenehm jovial und entgegnete gereizt: „Und ich erkläre Ihnen zum letzten Mal, daß ich nichts getan habe oder tun werde, was ich nicht mit meinen Pflichten als Angehöriger des Auswärtigen Amtes und meinen Rechten als Staatsbürger vereinbaren und verantworten kann!“

Wir blieben auch künftig mit der Familie Peschel in lockerer Verbindung. Für eine weitere Rücksprache mit dem Mitarbeiter des BND gab es keinen Anlaß. Als ich 1981 versetzt wurde, schenkte mir Herr Peschel zum Abschied den Bildband „Karl Marx und Friedrich Engels – ihr Leben und ihre Zeit“, dessen Impressum vermerkte: „Begutachtung: Institut für Marxismus-Leninismus beim ZK der SED“.

„Damit Sie sich später daran erinnern, wer mein Brötchengeber war“, meinte er augenzwinkernd.

Ich verstand und bat ihn noch, das Buch zu signieren. Er willigte gern ein. Wir hatten das unausgesprochene Abkommen, nicht über Politik und über unsere Arbeit zu reden, nie gebrochen. Sicherlich war er von seinen Leuten bezüglich unserer Bekanntschaft genauso oder noch stärker drangsaliert worden wie ich von meinen.

Gewiß hatte der Kollege aus Pullach nur seine Pflicht getan. Auch war ich mir bewußt, welche Rolle die Spionage zwischen beiden deutschen Staaten immer noch spielte. Der Rücktritt von Bundeskanzler Brandt infolge des Bekanntwerdens der Spionagetätigkeit seines Referenten Günter Guillaume 1974 hatte offenbart, wozu die Staatssicherheit der DDR fähig war. Die von beiden Seiten verursachte Atmosphäre des Mißtrauens, die sich wie eine giftige Wolke über alle zwischenmenschlichen Beziehungen legte, machte einen unbefangenen Umgang miteinander nahezu unmöglich, sie belastete die Normalisierung der Beziehungen erheblich und beeinträchtigt den Einigungsprozeß bis heute.

(Weitere **ZEITGUT**-*Beiträge dieses Autors sind im Autorenverzeichnis am Ende des Buches vermerkt.)*

[Kiel, Schleswig-Holstein – Berlin;
Ostern 1980]

Inge Wolter

Urlaub in der geteilten Stadt

In den Osterferien des Jahres 1980 wollten wir mit unseren beiden Kindern, wie schon mehrmals zuvor, einige Tage in West-Berlin verbringen. Bei Gudow/Zarrentin fuhren mit dem Auto über die Grenze. Es regnete. Der Grenzpolizist stand im Regenumhang im Eingang des Kontrollhäuschens. Ohne einen Schritt vorzutreten konnte er unsere Ausweise nicht entgegennehmen.

„Wo haben Sie Ihren Führerschein gemacht? Nehmen Sie Ihre Brille ab, so sehen Sie anders als im Reisepaß aus!" schnauzte er mich an. Das fing ja gut an!

Bei der Abfertigung ließen sich die Beamten trotz des starken Verkehrs sehr viel Zeit. Auf der Transitstrecke waren ständig Volkspolizisten auf der Lauer, gut versteckt hinter Brückenpfeilern, Büschen und überdimensionalen Schildern. Wir hielten uns an die vorgeschriebene Höchstgeschwindigkeit und kamen ohne Zwischenfälle in Berlin an.

Wir wohnten in einer Etagenpension am Kurfürstendamm. Das Zimmer mit Balkon lag hoch über dem Boulevard. Tag und Nacht war es sehr laut, dafür befanden wir uns aber mitten im Geschehen. Zuerst erkundeten wir West-Berlin. Vom Brandenburger Tor konnten wir auf der Aussichtsplattform ein Stück in den Ostteil der Stadt hineinsehen. Von der anderen Seite wurden wir von der Grenzpolizei mit Ferngläsern beobachtet. Dorthin führte uns am nächsten Tag ein besonderer Anlaß: Mein Mann hatte von seiner Großmutter in Arnstadt in Thüringen, etwas Geld geerbt. Die Großeltern betrieben dort eine Bauglaserei und besaßen ein Fachwerkhaus in der Wachsenburgstraße sowie zwei unbebaute Grundstücke am Ende der Gothaer Straße. Zuerst verstarb der Opa und 1969 die Oma. Nun trat der Staat an die Erben heran, unter anderem auch an uns, weil die Grundstücke angeblich bebaut werden sollten.*) Zu dieser Zeit ahnte natürlich niemand, daß im Jahre 1990 die beiden deutschen Staaten vereinigt werden würden. Wir haben beim Notar, auch im Namen unserer Kinder, auf das Erbe verzichtet und bekamen einen geringfügigen Betrag von 500 Ostmark auf ein Sperrkonto der Staatsbank der DDR überwiesen. Da wir nur bei einem Aufenthalt in Ost-Berlin über das Sperrkonto verfügen konnten, unternahmen wir einen Tagesausflug dorthin. Vom Bahnhof Zoologischer Garten fuhren wir mit der S-Bahn zum Bahnhof Friedrichstraße. Hier befand sich ein Grenzübergang für Tagesbesucher. Unter Vorlage des Passes und nach Zahlung einer Gebühr mußten wir einzeln durch eine enge Schleuse, vorbei an den kontrollierenden Grenzbeamten gehen. In der Bahnhofshalle hoch über den Bahnsteigen patrouillierten auf einer eisernen Brücke Vopos mit Maschinenpistolen. Das war für uns ein beklemmendes, sehr unangenehmes Gefühl!

Zuerst spazierten wir „Unter den Linden“ entlang bis zur Behrenstraße, um bei der Hauptfiliale der Staatsbank den uns zugesicherten Tagessatz abzuholen. Es war sehr umständlich, unter Vorlage unserer Reisedokumente das Geld zu erhalten, ganz zu schweigen von dem enormen Zeitaufwand. Unverständlich, da keinerlei Kundenverkehr abgewickelt werden mußte!

---

*) Nach der Wende fanden wir bei einem Besuch in Arnstadt das Fachwerkhaus unbewohnt und völlig verfallen vor, und die Grundstücke waren nach wie vor nicht bebaut worden.

STAATSBANK
DER DEUTSCHEN DEMOKRATISCHEN REPUBLIK
KREISFILIALE

Staatsbank der DDR, 501 Erfurt, Juri-Gagarin-Ring 101, Postfach Nr. 853

Herrn
Heinz-Dieter Wolter

D 2300 Kiel
Freiligrathstr.7

Ihre Zeichen	Ihre Nachricht vom	Hausruf	Unsere Zeichen	Datum

Betr.: Konto 4221-49-5388 25. März 1980

Sehr geehrter Herr Wolter!

Ihr Schreiben haben wir erhalten.
Der Ihnen zustehende Betrag für Aufenthaltskosten, können Sie dei der Staatsbank der Deutschen Demokratischen Republik, Berliner Stadtkontor, Hauptfiliale, 1086 Berlin, Behrenstr., unter Vorlage Ihrer Reisedokumente in Empfang nehmen.

Hochachtungsvoll
i.A.

Fernruf:	Telex:	Drahtwort:	Postschekkonto:	Territorial-Nr. / Instituts-Ziffer: 4221
51361	61 252	Staatsbank	7399-59-599	Betriebsnummer: 92748247

V/4/5 10 RsG 11/54/79 819

Wir besaßen eine schriftliche Zusage der Staatsbank, daß wir bei unserem Aufenthalt in Ost-Berlin über einen kleinen Betrag der „Erbschaft“ verfügen könnten.

Inzwischen war es fast Mittagszeit und wir bekamen Appetit auf ein warmes Essen. Auf der Fischerinsel wollten wir im Ermeler-Haus etwas zu uns nehmen. Da das Restaurant fast leer war, steuerten wir schnurstracks auf einen Tisch zu. Doch ein Ober erklärte uns, daß man uns einen Platz zuweisen würde und bat uns, an der Tür zu warten. Nach einer Weile führte er uns an einen Tisch, der allerdings in einem besonderen Raum, getrennt von der Ostbevölkerung lag. Vermutlich hatte man an unserer Kleidung und unserem Dialekt erkannt, daß wir keine DDR-Bürger waren. Unsere Garderobe mußten wir gegen eine Gebühr von 50 Pfennigen abgeben. Solche Gepflogenheiten kannten wir aus den Restaurants unserer Heimatstadt Kiel nicht. Als Fußballfan hatte unser Sohn die Fußballzeitschrift „Der Kikker“ dabei und las darin. Als er sich eine Cola bestellte, bekam er sie erst, nachdem er dem Ober seine Zeitschrift geschenkt hatte. Das Essen war einfach, wohlschmeckend und sehr preiswert. Beim Bezahlen ließ die Bedienung durchblikken, daß sie am liebsten D-Mark nehmen würde, aber da wir keine Ostmark ausführen durften, mußten wir unser Geld ja irgendwie loswerden.

Am Nachmittag besuchten wir das Pergamon-Museum und sahen uns die Wachablösung vor der Schinkelschen Neuen Wache Unter den Linden an. Die Straßen im Osten waren für unsere Verhältnisse sehr leer, dadurch war alles viel ruhiger. Über der Stadt lag ein Geruch von Braunkohle. Vor etlichen Häusern lagen diese Kohlen in Haufen und warteten darauf, in die Keller gebracht zu werden. Die Gebäude wirkten eintönig grau, es gab kaum Reklame. Die Menschen schienen sehr reserviert, wenn man sie um Auskunft bat. Ich hatte den Eindruck, daß sie sich ständig beobachtet fühlten.

Da wir nicht so recht wußten, was wir mit dem restlichen Ostgeld anfangen sollten, wollte ich mir im Meißener Porzellangeschäft Unter den Linden eine Mokkatasse für meine

Zwei Andenken an unseren Besuch in Ost-Berlin: Garderobengebührenmarke und S-Bahn-Fahrschein.

Sammlung kaufen. Leider wurde dort unser Ostgeld nicht angenommen. In einem Buchladen in der Karl-Liebknecht-Straße konnten wir dann noch einige Bildbände kaufen. Auch dort mußten wir an der Tür warten, bis ein Verkäufer uns einen Einkaufskorb brachte und uns hineinließ. Für unser letztes Geld tranken wir am Bahnhof Friedrichstraße an einem Imbißstand einen Tee für 20 Pfennig.

Nochmals erduldeten wir die Grenzzeremonie, diesmal in umgekehrter Reihenfolge. Erst am Bahnhof Zoo löste sich langsam eine Anspannung, die uns im Ostteil der Stadt befallen hatte.

[Ingolstadt, Bayern – Grenzübergang Marienborn – Forst/Neiße – Oels, Pitschen, Kreuzburg, Schlesien, Polen; Frühjahr 1980]

Paul Misch

Das Corpus delicti

Nach 36 Jahren wollte ich wieder die Gartenerde meiner Kindheit zwischen den Fingern zerkrümeln. Die Gartenerde, die durch den Fleiß meiner Eltern wertvolles Gemüse und manche süße Frucht hervorgebracht hatte. Ich wollte auch barfuß über die Erde laufen, meine Füße in das kühle Wasser des Baches halten, der unseren damaligen Garten nach Süden abgrenzte.

Lange hatte ich gezögert, in der letzten Frühlingswoche des Jahres 1980 war es soweit. Der Eiserne Vorhang mußte dazu überwunden werden. Wir fuhren mit einem Bus über Helmstedt, Marienborn, Berlin zunächst bis Forst an der Neiße. Von dort sollte es weitergehen Richtung Schlesien, über Liegnitz, Breslau nach Oels, Pitschen und Kreuzburg*). Letzters war mein Ziel. Eine Cousine und zwei Cousins begleiteten mich. Die DDR war für uns nur Transitland. Unsere Reisepapiere und alles, was wir mitführten, wurde an den Grenzen streng kontrolliert. Überall lange Wartezeiten. In der Sozialistischen Volksrepublik Polen schätzten die staatlichen Stellen Devisenbringer aus Westdeutschland. Die DDR-Grenzorgane in Forst waren hingegen noch nicht auf diese neue Situation eingestellt. Dort dauerte die Abfertigung viel länger als auf polnischer Seite.

*) heute Legnica, Wrocław, Oleśnica, Byczyna und Kluczborg in Polen.

Der Bahnhof Konstadt weckte in mir wehmütige Erinnerungen. Hier war ich Reichsbahnjunghelfer. Die Treppenstufen sind wie damals schön weiß gestrichen.

1943 auf dem Bahnsteig. Obwohl ich damals recht klein war, bin ich auf dem Foto links der Größere. Unsere Bahnhofsputzfrau wollte unbedingt mit aufs Bild kommen. Im Hintergrund sind Werbeplakate von Waffengattungen zu sehen.

Vor der Abreise in meine frühere Heimat war ich gewarnt worden. Die alten guten Erinnerungen würden beschädigt werden. Bilder von damals würden verlorengehen. Auf solch eine Reise sollte ich lieber verzichten.

Vieles ist jetzt anders dort. Ganz anders. Andere Menschen wohnen jetzt dort mit anderer Sprache. Menschen, die nicht von sich aus dorthin wollten. Mit allen Sinnen nahm ich das wahr. Da, wo an der Landstraße nach Kreuzburg unser kleines Behelfsheim mit Vaters Schuhmacherwerkstatt, den Ställen und dem Hühnerhof einmal stand, färbten sich die Halme des Getreides heller als nebenan. Auch unser Garten war jetzt Ackerland. Meine Hände zerkrümelten ein Stück Erde. Vielleicht hatte ich die gleichen Krumen schon einmal als Kind in der Hand ... ?

Meine Füße ließ ich barfuß den Acker fühlen und das kühle Wasser im Bach. Ich brauchte nicht viel Mut dazu. Die in den Kindertagen so geliebte Sonne schien ja noch. Die alte, dieselbe Sonne.

Einen Wunsch traute ich mich nicht zu erfüllen. Vielleicht hätte ich es gewagt, wenn ich die polnische Sprache sprechen könnte. Meine Mutter hatte sie noch beherrscht. Im Dritten Reich war es nicht erwünscht, sie an die eigenen Kinder weiterzugeben. In der Fahrkartenausgabe im Bahnhof in Konstadt*) hing immer noch der gleiche alte Fahrkartenhängeschrank an der Wand. Vor 38 Jahren, im Jahre 1942, legte ich mir als Reichsbahnjunghelfer das dicke Kursbuch unter meine Sohlen, wenn eine „Fertiggedruckte" nach Berlin verlangt wurde. Ich war im ersten Lehrjahr noch sehr klein. Nach Berlin hatten wir nicht nur die hellbraune 3. Klasse, sondern auch die „Grüne" für die 2. Klasse. Eine „Fertiggedruckte" nach Berlin war gewiß nicht mehr im Schrank. Die „Erste" hätte ich gerne aus dem Schrank rausziehen wollen, ohne untergelegtes Kursbuch. Mit einer Ta-

*) heute Wołczyn in Polen.

fel West-Schokolade hätte ich mir den Wunsch sicherlich erfüllen können. Die Barriere war die Sprache.

Der Pastor in Kreuzburg sprach gut Deutsch. Er ließ mich das Register von 1944/45 durchsehen. Da war eine große Lücke in den Eintragungen. Über meinen vermißten Vater konnte ich nichts erfahren, aber ich fand andere Eintragungen über Verwandte. Meine Reise in die Vergangenheit machte Sinn für mich. Niemand konnte mir durch diese Reise wegnehmen, was in mir ist.

Oels war Reiseziel eines Mannes in unserem Bus, der älter war als ich. Auf der Rückfahrt stieg er mit einem in braunes Papier eingeschlagenen Gegenstand unter dem Arm in den Bus. Der Busfahrer ließ ihn zu den Koffern legen. Wir fuhren auf der gleichen Route zurück.

Mit Wartezeiten hatten wir die polnisch-deutsche Grenze hinter uns gelassen und erreichten Marienborn. Am Eisernen Vorhang blieben wir hängen. Nach dem Willen der DDR-Grenzorgane wurde der lose in Packpapier eingewickelte Gegenstand zum „Corpus delicti".

Stunden um Stunden vergingen. Unser Bus wurde mitsamt seinen Insassen aufs „Abstellgleis" dirigiert. Er sollte mit allen Reisenden nach Polen zurückfahren, um eine Ausfuhrgenehmigung einzuholen, womit der „Transit" des Gegenstandes dann möglich wäre. Der Busfahrer war ratlos. Für eine erneute Fahrt durch die DDR nach Polen benötigte er neue Papiere. Wo bekäme er sie?

Wir alle im Bus wußten längst, was sich unter dem Packpapier befand. Der ältere Herr fuhr schon etliche Jahre in das Haus seiner Eltern und seiner Kindheit. 1945 bezog es eine polnische Familie, die vor den Russen aus Ostpolen weichen mußte und nach Oels umgesiedelt wurde. Nach einem ersten Kennenlernen hatte sich zwischen ihm und der polnischen Familie eine Freundschaft entwickelt. Seitdem verbrachte er dort einen Teil seiner Ferien. Als er sich verabschiedete, mußte er diesen eingewickelten Gegenstand mitnehmen: den Regulator vom Wohnzimmer seiner Eltern. Die Uhr seiner Kindheit.

„Die Uhr sollst du mitnehmen! Sie hat deinen Eltern und dir manche Stunde geschlagen und inzwischen auch uns."

Soviel menschliche Verbrüderung war bei den DDR-Grenzorganen nicht so schnell einzuordnen. Das „Corpus delicti" wurde von immer höheren Offiziersrängen besichtigt und begutachtet. Vielleicht wurden diesbezüglich Telefonate mit noch höheren Stellen oder sogar nach Ost-Berlin geführt. Wir erfuhren es nicht.

Nach langer Zeit kam der Busfahrer erleichtert in den Bus zurück. Er hatte den letzten Stempel für die Weiterfahrt nach Helmstedt doch noch bekommen.

[Wernigerode und Quedlinburg im Harz – Magdeburg – Eisleben – Halle/Saale – Potsdam – Rostock – Stralsund – Greifswald – Dresden – Weimar – Gotha, Thüringen; Sommer 1979]

Michael Deutsch

Solo durch die DDR

Nachdem ich bereits 1978 eine Reise mit dem PKW nach Schlesien, Pommern und Ostpreußen gewagt hatte, wollte ich mir im Jahr darauf den anderen Teil Deutschlands ansehen. Während man sich in Polen nach Erteilung des Visums frei bewegen konnte, sogar in Privatquartieren übernachten durfte und die Aufenthaltsgenehmigung selbstverständlich für das gesamte Land galt, mußte man sich vor einer Reise in die DDR zunächst eine Liste der für Ausländer zugelassenen Hotels und Gasthöfe besorgen und sich dann über ein auf DDR-Reisen spezialisiertes westdeutsches Reisebüro für bestimmte Hotels „bewerben". Die Preise waren in einem dünnen Hotelprospekt des „Reisebüros der Deutschen Demokratischen Republik" angegeben. Hinzu kamen noch Buchungs-, Visa- und Straßenbenutzungsgebühren. Vom Zwangsumtausch war man bei durchgängiger Übernachtung in Hotels befreit. In vielen touristisch interessanten Orten, wie etwa auf Usedom oder im Thüringer Wald, standen allerdings keine für Touristen aus dem Westen zugelassenen Hotels zur Verfügung.

Fünf Wochen nach meiner Anfrage kam die Antwort auf die „Bewerbung um Eintritt in die DDR". Mehrere Wünsche waren kommentarlos abgeändert worden. Dennoch war meine Buchung verbindlich und hätte nur kostenpflichtig storniert werden können. Schließlich hatte ich alle Papiere zur

Einreise beisammen. Die Reiseroute war durch die Hotelreservierungen vorgegeben, es konnte losgehen.

Gerade rechtzeitig für mein Vorhaben waren im Jahre 1979 in Westdeutschland zwei Grieben-Reiseführer über den Norden und den Süden der DDR mit wertvollen Informationen zur Einreise erschienen. Sie waren offenbar politisch „gereinigt“ und von den entsprechenden Stellen der DDR abgesegnet worden; denn im Gegensatz zu allen anderen Griebenführern fehlte ein Kapitel über die Geschichte des Landes. Auch im viel knapperen Polyglott war das so gehandhabt worden, was sich an der Grenze als Vorteil erwies: Bei der ausführlichen Inspektion meines Wagens und meines Koffers beachtete man die drei Reiseführer über die DDR überhaupt nicht, beschlagnahmte aber umgehend einen Stadtplan von Hamburg mit Kurzführer auf der Rückseite. Den Autoatlas durfte ich aber anstandslos mitnehmen. Bei meiner vorangegangen Polenreise hatte das Hauptaugenmerk der Kontrolleure hingegen den Landkarten gegolten. Wegen einer alten Karte mit deutschen Ortsbezeichnungen hatte ich dort stundenlang an der Grenze gestanden und Strafe gezahlt. Hier mußte ich nur Gebühren für die mitgenommenen Autoersatzteile entrichten. Dann war ich endlich „drüben“, in der „Zone des Friedens“. Als erstes tauschte ich Geld.

Meine Rundreise wollte ich ursprünglich kurz hinter der Grenze mit einer Übernachtung in Wernigerode beginnen, war jedoch in das viel teurere und unromantische Interhotel in Magdeburg umgebucht worden. Das machte die Sache kompliziert: Ich konnte erst mit Besichtigungen im Bezirk Magdeburg, zu dem Wernigerode gehörte, beginnen, wenn ich im Bezirk Magdeburg polizeilich gemeldet war. Ich mußte also vom Grenzübergang Helmstedt zuerst nach Magdeburg, das Hotel suchen, mein Zimmer beziehen, den Papierkram im Hotel erledigen, das Hotel um polizeiliche Anmeldung bitten – dies war bei Hotelbuchungen zum Glück möglich – und dann wieder zurück nach Wernigerode fahren.

An der innerdeutschen Grenze in Niedersachsen stand damals ein Schild mit der Aufschrift: „Achtung! Beginn der Zone des Friedens. Sie reicht über 10000 km von hier bis zum Stillen Ozean."

Noch kurioser war die Organisation des geplanten Besuches im nahen Quedlinburg. Weil Quedlinburg bereits im Bezirk Halle lag, mußte ich mich erst in einem für Westbesucher zugelassenen Hotel im Bezirk Halle anmelden, wobei das DDR-Reisebüro für mich Wittenberg ausgesucht hatte. Es blieb mir also nichts anderes übrig, als von Wernigerode zunächst zurück zur Übernachtung nach Magdeburg und am nächsten Tag zur Anmeldung im Hotel nach Wittenberg zu fahren; erst danach konnte ich wieder zurück in den Harz nach Quedlinburg. Später, auf dem Weg von Potsdam nach Rostock durfte ich aus demselben Grunde nicht Güstrow besichtigen, weil ich noch keine Genehmigung für den Bezirk Schwerin hatte.

Bis kurz vor Magdeburg fuhr ich auf der Autobahn; als ich abbog, wurde ich wegen des Verlassens des Transitweges sofort kontrolliert. Zwischen Lastwagen mit klappernden Anhängern, Trabis, die an die Goggomobile der fünfziger Jahre erinnerten, Oldtimer-Motorrädern mit Beiwagen und quietschenden Straßenbahnungetümen fuhr ich in die Stadt. Zudem mußte ich mich wegen der vielen Schlaglöcher sehr auf den Straßenbelag konzentrieren. Der Autoverkehr war allerdings nie hektisch, man hatte eher mit Hindernissen in Form von langsamen Treckern oder vorsintflutlichen Lastwagen zu kämpfen. Die Bahnübergänge waren teilweise so holperig, daß man sie nur im Schrittempo passieren konnte.

Abgehoben

Aber es gab auch positive Erlebnisse: Gelegentlich grüßte ein Mercedes aus Westdeutschland meinen alten Käfer mit Lichthupe. Während man im Westen als Fahrer eines alten Käfers beinahe den Asozialen zugerechnet wurde, gehörte man in der DDR optisch zur Oberklasse.

Drei Jahre später, auf meiner zweiten DDR-Reise, bekam ich das noch deutlicher zu spüren. Ich hatte mir inzwischen den neuen Polo mit Steilheck zugelegt und wurde in der DDR überall, wo ich hielt, von zahlreichen Menschen umringt, die fragten, ob dies der neue Golf sei. Der Kontakt beschränkte sich aber ausschließlich auf Fragen nach dem Auto. Das Interesse an einem neuen Golf war viel größer als für einen neuen BMW oder Porsche, weil der Golf in begrenztem Umfang in die DDR exportiert wurde und daher unter Umständen nach jahrelangem Warten erhältlich war. Was prinzipiell unerreichbar war wie ein BMW, interessierte die Leute dagegen kaum, so wie sich heute nur wenige für Privatjets interessieren. Einer zeigte offen seinen Neid und murmelte: „Der junge Spund fährt das neueste Modell."

Der junge Spund war damals schon 38!

Mit Käfer oder Polo schon verdächtig, ein Kapitalist zu sein, war man in der DDR andererseits aber Herr der Straße, was man im Westen nur mit einem Ferrari erreichte. Für knapp drei Wochen war ich also eine Art Ferrari-Fahrer.

In den meisten Restaurants konnte man sich als Westdeutscher alles leisten. Auch deshalb fühlte ich mich wie nach einem Lottogewinn plötzlich in die Oberklasse versetzt. Allerdings gab es, außer in den Interhotels, meist Hausmannskost, oft ein wenig Schweinefleisch oder Broiler – so hießen hier die Hähnchen – mit einer „Sättigungsbeilage“: Kartoffeln, Reis oder Nudeln. Als Getränk bot sich abends Bier an, mittags war dies nicht möglich, weil in der DDR am Steuer absolutes Alkoholverbot bestand, und die Polizei Besuchern aus dem Westen gegenüber besonders streng war. Schon ein Glas Bier hätte den Führerschein gekostet. Mittags trank ich daher meist Kaffee, der ein bißchen nach Malzkaffee schmeckte. In Interhotels und in den wenigen von Menschentrauben umlagerten besseren Restaurants gab es dagegen köstlichen Kaffee.

In guten Restaurants war es ein Problem, überhaupt einen Platz zu bekommen. Gelegentlich standen die Wartenden nicht nur draußen, sondern auch zwischen den Tischen, um sich sofort setzen zu können, wenn einer seine Mahlzeit beendet hatte. Als Besucher aus dem Westen wurde man manchmal von den Hotels angemeldet und bekam dann sofort einen Tisch zugewiesen. Auch hier fühlte man sich wieder wie ein VIP und entwickelte Schuldgefühle den Wartenden gegenüber. In den Gasthöfen brach das Gespräch am Tisch, an dem man einen Platz angewiesen bekam, meist sofort ab. In den Interhotels war man an Gäste aus den Westen gewöhnt. Die dort verkehrenden Führungskräfte der DDR sprachen mich manchmal an. Sie betonten dabei durchweg den Friedenswillen der Regierung der DDR, und daß man trotz der Bedrohung durch die NATO die Völkerverständigung pflegen müsse.

Die Abrechnung in den Restaurants und Hotels war stets korrekt; nie wurde nach oben aufgerundet oder falsch addiert, obwohl man als Westdeutscher ja vergleichsweise ungeheuer reich war. Wurde das Frühstück als Büfett angerichtet, war die Abrechnung sogar übergenau: Wurst und Käse wurden scheibchenweise berechnet. Die Preise waren am Büfett vermerkt. Jedes Butterklümpchen und Marmeladenportiönchen wurde gezählt. Daß die Salzkörner, die man sich aufs Ei streute, davon ausgenommen waren, konnte beinahe verwundern.

Die Hotels waren nie zwielichtig wie in Polen, wo vor allem in den teureren häufig junge Damen in der Rezeption auf zahlungskräftige Geschäftsleute warteten. In der DDR arbeiteten solche Damen höchstens im Auftrag der Stasi, hatte ich gehört. Nie wurde ich in der DDR vom Hotelpersonal angesprochen, ob ich schwarz tauschen wolle oder etwas Shampoo oder alte Jeans übrig habe. Das war in Polen und in der Sowjetunion gang und gäbe. Angenehm war auch, daß man keine Angst vor Autoeinbrüchen zu haben brauchte.

Wernigerode wirkte sehr romantisch. Die typisch sozialistische Namensgebung hatte damals zum Glück erst wenige Straßen und gar keine Hotels oder Gaststätten erfaßt, anders als in Schwerin, wo der liebliche Pfaffenteich von Straßen mit sozialistischen Namen wie „Wilhelm-Pieck-Straße" umgeben war. Nur die FDGB-Ferienheime trugen auch schon in Wernigerode Namen wie „Roter Stern", „Karl Liebknecht" und die Sportstätten wie „BSG Motor". Aber sonst schaute diese Kleinstadt wie ein verschlafenes schmuckes Städtchen aus dem Westen der frühen fünfziger Jahre aus. Am Markt hing nicht ein einziger roter Spruch. Der „nachhaltige Eindruck", der mir auf der Rückseite des erworbenen Stadtplanes versprochen wurde, blieb mir also erspart. Dort hieß es nämlich:

Nach Kriegsende begann ein neues Kapitel in der Geschichte der Stadt am Rande des Harzes. Vereint konnte die Arbeiterklasse Wernigerodes im Bündnis mit den anderen Werktätigen der Stadt das neue Leben schaffen, von dem selbst der flüchtige Besucher der Stadt einen nachhaltigen Eindruck bekommt.

Auf der Rückfahrt nach Magdeburg machte ich einen kurzen Stop in Halberstadt. Hier fielen mir zum ersten Mal die roten Spruchbänder auf. Jedoch war der Ton wesentlich milder als auf den Plakaten an der innerdeutschen Grenze, vielleicht, weil die Sprüche an die eigene Bevölkerung gerichtet waren und nicht an schwerbewaffnete Westdeutsche. Es tauchten die immer gleichen Wendungen in unterschiedlichen Kombinationen auf: „Je stärker der Sozialismus umso sicherer der Frieden", „Alles für das Wohl des Volkes", „Auf das Wort der Partei ist Verlaß", „Alle Kraft für das sozialistische Vaterland". Warenreklame gab es dagegen kaum.

Am zweiten Tag sah ich mir vor der Weiterreise nach Wittenberg die Innenstadt von Magdeburg an. In der Zwischenzeit stahl man mir das aufgeklebte D-Schild am Auto, Wert: 50 Pfennig. Im Hotel informierte man mich, daß ich am Fahrzeug unbedingt einen Hinweis auf meine ausländische Herkunft haben müßte und schickte mich zur Polizeistation. Dort mußte ich Anzeige erstatten. Dann verwies man mich an eine Werkstatt, wo ich mir ein neues Schild herstellen lassen sollte. Um nicht einen vollen Reisetag zu verlieren, verzichtete ich darauf und nahm mir vor, bei einer Kontrolle und Beanstandung nur die Durchschrift des Anzeigeprotokolls vorzuzeigen. Der Polizei war dieser kleine Diebstahl sichtlich peinlich. Ordnung und Korrektheit standen nämlich auf der Prioritätenliste der DDR ganz oben. Man sah in der Öffentlichkeit kaum Alkoholiker oder verlodderte Jugendliche.

Übrigens bestand Magdeburgs Zentrum, abgesehen vom eindrucksvollen Dom, hauptsächlich aus trostlosen Plattenbauten.

Dagegen war Quedlinburg eine Augenweide. Zwar gab es auch hier verfallene Häuser mit zerbröselnden Dächern und stinkenden Schornsteinen, aber vielleicht gerade deshalb wirkte das Städtchen verträumt. Wie auch in anderen alten Städten waren die Fachwerkfassaden nicht durch moderne Schaufenster und Reklame verunziert. Es gab überhaupt nur

DDR-Flaggen, rote Fahnen und riesige Transparente waren damals die einzigen Farbtupfer in Halle an der Saale.

wenige Läden, keine grellbunten Tankstellen, keine Scharen fotografierender Touristen, keine Ausflugsbusse. Man fühlte sich fünfzig Jahre zurückversetzt, zumal das Zentrum für Autos gesperrt war.

Von den Menschen wurde ich hier, wie auch in den anderen Städten und Dörfern der DDR, völlig ignoriert, obwohl meine westliche Kleidung und Kamera sicherlich auffielen. Nur alte Frauen lehnten sich manchmal aus den Fenstern und schauten mir erstaunt nach, wohl, weil ich ohne Begleitung durch DDR-Verwandte völlig allein unterwegs war.

Meine nächste Station war der Hexentanzplatz im Harz. Einige junge Männer mit schwarzen Anzügen und Zylindern feierten eine Party zur Verteidigung der Welt des Mannes. Dabei tranken sie ein Bier nach dem anderen. Die dröhnenden Westschlager sollten wohl betonen, daß man sich nichts vorschreiben lasse. Solch ungefährliche „Opposition" wurde in der DDR geduldet, so auch das dezente Belächeln der eigenen wirtschaftlichen Misere. Untereinander bezeichneten viele das eigene Geld als Aluchips. Fremden gegenüber verhielten sich die Leute jedoch äußerst vorsichtig, wenn sie nicht gerade betrunken waren wie diese Junggesellen.

Eisleben war so gepflegt wie Wittenberg. Den Marktplatz hätte man ebenso im Westen antreffen können, wäre nicht die Aufschrift „Lenin-Buchhandlung“ gewesen. Auf einem benachbarten Platz stand zudem ein Lenin-Denkmal, das sehr wenig zu den alten Häusern paßte.

Welch Kontrast: Die Altstadt von Halle wirkte düster und verfallen, obwohl die Stadt doch wegen des Geburtshauses von Händel mit gelegentlichen Touristen rechnen mußte. Viele Fenster und Türen waren zugenagelt. Am Markt wurde die graue Atmosphäre durch die vielen DDR-Fähnchen und roten Spruchbänder ein wenig aufgelockert. Am Stadtrand fand ich endlich eine Tankstelle und bekam nach längerem Warten in einer Reihe von tuckernden Trabis endlich den ersehnten Saft.

Die auf Bezirke begrenzte Aufenthaltserlaubnis erzwang Kreuz- und Querfahrten, die mich in viele kleine Ortschaften brachten, wo sonst selten jemand aus dem Westen hinkam, allenfalls als Familienbesuch. So sah ich manch völlig verfallene Dorfkirche oder zu Stallungen verkommene Herrensitze, die man sicher Westbesuchern in diesem Zustand nicht zeigen wollte. Viele Wälder entlang der Landstraßen waren mit mehrsprachigen Hinweisschildern versehen, daß jedes Betreten verboten war. Sie wurden teils von der NVA, teils vom sowjetischen Militär genutzt. Dieses Verbot war sehr ernst zu nehmen. Sowjetische Soldaten in Uniform sah ich in jeder größeren Stadt.

Von Halle fuhr ich nach Potsdam, wo ich beim Verlassen der Transitstrecke nach West-Berlin wieder kontrolliert wurde. In Sanssouci stieß ich überraschend auf eine amerikanische Reisegruppe. Die Amerikaner kamen mir hier vor wie Lebewesen von einem anderen Stern; aber eigentlich waren es gewöhnliche Leute, ich hatte mich nur optisch schon an die sozialistische Welt gewöhnt. In der Nähe meines Hotels „Schloß Cecilienhof“ besuchte ich ein Militärmuseum, wo „dem Frieden dienende Waffen“ ausgestellt waren. Von dort konnte ich über den antifaschistischen Schutzwall zum aggressiven West-Berlin hinüberschauen, das nach offizieller Sprachregelung „auf dem Territorium der DDR“ lag.

Nach Norden

Weitere Stationen meiner Reise waren Rostock, Wismar, Schwerin, Güstrow und Stralsund. Hier fuhr ich auf prachtvollen alten Alleen und sehr schönen Altstadtstraßen, gelegentlich gesäumt von unbewohnten verfallenen Häusern, vor allem in Stralsund. Von den staatlich verordneten geringen Mieten konnte eine Instandsetzung offenbar nicht bezahlt werden.

Von Stralsund aus besuchte ich das Grab meiner Großmutter und zweier kürzlich verstorbener Tanten in Grim-

Mein alter Käfer unter vielen Trabis in dem kleinen Ort Rehna südwestlich von Wismar.

men. Als ich bei deren früheren Nachbarn nach privaten Hinterlassenschaften wie Fotos fragte, verwies man mich sehr einfühlsam an einen im Hause wohnenden Stasimitarbeiter.

Auf Rügen störten an den Kreidefelsen die Wachttürme, die offenbar eine Flucht per Boot zu den Skandinavienfähren verhindern sollten. Eine andere DDR-Wirklichkeit holte mich in den Seebädern Göhren und Binz ein: Ich hatte Schwierigkeiten, ein Restaurant zu finden. Die zahlreichen Hotels der Vorkriegszeit waren in Ferienheime für Betriebe, Organisationen der DDR oder für Kurgäste mit Vollpension verwandelt worden. Essen wurde nur an Hausgäste ausgegeben.

Als ich mir am nächsten Tag in Greifswald die berühmte alte Universität auch von innen ansehen wollte, entlarvte man mich sofort als feindlichen Ausländer und verwies mich des Hauses. Trost über soviel Mißtrauen in meiner pommerschen Heimat spendete mir nur ein großes Eis am breiten Strand von Ahlbeck. Hier in Pommern war ich gewissermaßen zu Hause und doch zugleich sehr fremd.

Richtung Süden

Am nächsten Tag fuhr ich östlich an Berlin vorbei in den Südostzipfel der DDR nach Zittau. Wieder durfte ich mir auf dem Weg dorthin offiziell nichts ansehen, weil ich für die Bezirke Neubrandenburg, Frankfurt und Cottbus keine Aufenthaltsgenehmigungen vorweisen konnte. In Dresden schien der Krieg gerade erst zu Ende gegangen zu sein. Das Schloß und die Frauenkirche lagen in Trümmern. Die Häuserblocks dahinter wirkten trostlos, die Schloßkirche und die Gebäude an der Brühlschen Terrasse schwarz und abweisend. Nur der Zwinger war schon restauriert. Hier traf ich zum ersten Mal eine kleine Gruppe westdeutscher Touristen, die man bereits von weitem an Kleidung und Kameraausrüstung erkennen konnte. Weil ich mit ihnen ein paar Worte wechselte, weckte ich wohl den Argwohn einiger Sicherheitsleute, die mich anschließend eine Zeitlang mit etwa 100 Meter Abstand verfolgten. Dann verlor ich sie aus den Augen.

Über das Elbsandsteingebirge, das malerische Meißen und Leipzig mit seiner Thomaskirche ging die Reise weiter nach Weimar. Leipzig zeigte sich sehr stolz auf Bach, obwohl dieser weltanschaulich sicherlich nicht auf DDR-Kurs gelegen hätte. In Weimar war mir im „Hotel Elephant" nur für eine Nacht ein Zimmer zugewiesen worden; für die zweite gewünschte Nacht hatte man mich in Gotha eingebucht. Weimar wirkte für DDR-Verhältnisse sehr gepflegt. Alles drehte sich hier um Goethe und Schiller. Bei einem abendlichen Theaterbesuch fiel mir auf, daß sich die Werktätigen sehr bürgerlich gaben. Die Kleidung und das Gehabe waren viel konservativer als im Westen.

Eine seltsame Begegnung

Am nächsten Nachmittag fuhr ich über Erfurt nach Gotha, um dort zum letzten Mal in der DDR zu übernachten. Das einzige für Westbesucher zugelassene Hotel war in Wirklichkeit ein kleiner Gasthof, dessen Gaststube an diesem Tag Ruhetag hatte. Fürsorglich hatte man mich aber in einem Lokal in der Altstadt angemeldet, wo ich abends zu Fuß hinging, um dort zum Essen auch Bier oder Wein trinken zu können. Vor dem Lokal standen viele Menschen, die alle auf einen Platz warteten. Im Hotel hatte mir jedoch gesagt, ich solle meinen Paß hochhalten und würde sofort eingelassen werden. So war es dann auch. Ich bekam sogar einen Tisch in einem Séparée zunächst ganz für mich allein. Wenig später kam ein gutgekleideter etwa fünfzig Jahre alter Mann hinzu, noch etwas später zwei junge Damen.

Nun passierte etwas für DDR-Verhältnisse sehr Seltsames: Der Mann begann mit den Frauen öffentlich eine politische Diskussion, wobei er sich als SED-Mitglied ausgab und die beiden Frauen behaupteten, zur Friedensbewegung zu gehören. Zudem spendierte der Mann nacheinander für die

Frauen und mich zwei große Flaschen Rotkäppchensekt und forderte mich mehrmals auf, meine Meinung zu sagen. Als ich mich bei der Diskussion und auch beim Trinken sehr zurückhielt, schlugen alle vor, das Gespräch im Schloß Friedenstein fortzusetzen, wo es angeblich einen gemütlichen Raum gäbe und man nicht durch andere Restaurantgäste gestört sei. Ich entschuldigte mich aber hartnäckig und trollte mich zurück ins Hotel.

Die Sache kam mir gleich äußerst suspekt vor; endgültig klar wurde mir alles, als ich zu Hause in Erfahrung brachte, daß Schloß Friedenstein von der Stasi genutzt wurde. Meine „zufälligen" Tischnachbarn hatten wohl übersehen, daß ich nach knapp drei Wochen DDR-Aufenthalt an eine öffentliche politische Diskussion nicht mehr glauben konnte.

Ich besuchte noch Eisenach und die Wartburg, bevor ich die Heimreise in den Westen antrat.

Bei der Ausreise wurde ich so genau kontrolliert wie nie zuvor und nie danach in meinem Leben. Die Grenzer suchten offensichtlich nach Adressen, fanden aber keine. Die drei Reiseführer wurden gründlich umgeblättert auf der Suche nach Randbemerkungen. Sämtliche Socken wurden umgekrempelt und alle Wäschestücke ausgeschüttelt. Als in einer Hose im Koffer Münzen klimperten, hellte sich die Miene eines Grenzers sichtlich auf. Es waren aber nur Westmünzen, die ich in der Hosentasche gelassen hatte. Auch das Auto wurde genauestens überprüft. Immerhin war die Behandlung korrekt und nicht schikanös. Und ich nahm mir sogar vor, nochmals in die DDR zu reisen, um auch den Thüringer Wald, das Erzgebirge und die Weingegenden an Saale und Unstrut kennenzulernen.

Zu Hause angekommen, hatte ich das Gefühl, eine sehr preiswerte, hochinteressante und ungewöhnliche Reise mit einigen Aufregungen unternommen zu haben. Ein wenig fühlte ich mich wie John Wayne, der einen Ritt mitten durchs Indianerland glücklich hinter sich gebracht hatte.

[Hamburg – Dresden, Sachsen, damals DDR;
Herbst 1980]

Jürgen Hagenmeyer

Dresden – Erwartung und Wirklichkeit

Wir hatten unseren Besuch im anderen Deutschland für den Herbst vereinbart und dafür eine ganze Woche vorgesehen, denn mir sollte mit einem mehrtägigen Abstecher nach Dresden ein langgehegter Wunsch erfüllt werden. Wenn auch zwischen den Schilderungen meines alten Deutschlehrers, der aus Dresden stammte, und der sozialistischen Wirklichkeit Welten liegen würden, waren die Erwartungen dennoch hochgesteckt. Der sonnige und ungewöhnlich warme Oktober schien ein günstiges Omen für unsere Entdeckungsfahrt zu sein. Unser Freund, der uns auf der Fahrt begleitete, hatte bereits Monate vor dem Reisetermin Hotelzimmer im Stadtteil Blasewitz beschaffen können.

Natürlich galt unser Interesse zunächst den weltberühmten Sehenswürdigkeiten. Wir stellten das Auto in unmittelbarer Nähe des Bauzaunes ab, mit dem die Semper-Oper verdeckt wurde. In der Rückwand des Bühnenhauses gähnte noch ein großes, schwarzes Loch. Nachdem wir uns vergewissert hatten, daß wir nicht im Parkverbot standen und niemanden behinderten, nahte plötzlich eine Volkspolizistin. „Nehmen Sie das Auto da weg!“ befahl sie uns.

Es dauerte eine Weile, bis ich mich von der „liebenswürdigen“ Aufforderung erholt hatte. Ich versuchte, mit einer unzeitgemäßen Höflichkeitsform zu reagieren: „Gnädige Frau, bitte, wir wollen nur eben einen Blick in die Hofkirche werfen und werden in gut zehn Minuten zurück sein. Das Auto stört doch hier nicht, und ein Parkverbotsschild ist doch auch nicht zu sehen!“

Die blonde Ordnungshüterin lief rot an: „Lassen Sie gefälligst Ihre kapitalistischen Umgangsformen, Sie befinden sich hier in einem sozialistischen Land! Im übrigen ist das die Kathedrale und nicht die Hofkirche.“

Das konnte nicht unerwidert bleiben: „Ich weiß Ihren Namen und Ihren Dienstgrad nicht, und ‚Frau Genossin‘ kann ich auch nicht sagen, da ich im anderen Deutschland lebe.“

Offensichtlich hatte sie diese Argumentation entwaffnet, und unser Auto durfte unbeanstandet dort stehenbleiben.

Beim Anblick des im Wiederaufbau befindlichen Opernhauses streiften meine Gedanken dessen berühmte Geschichte mit den großen Wagner-Aufführungen und legendären Strauss-Premieren. Die Namen weltberühmter Dirigenten,

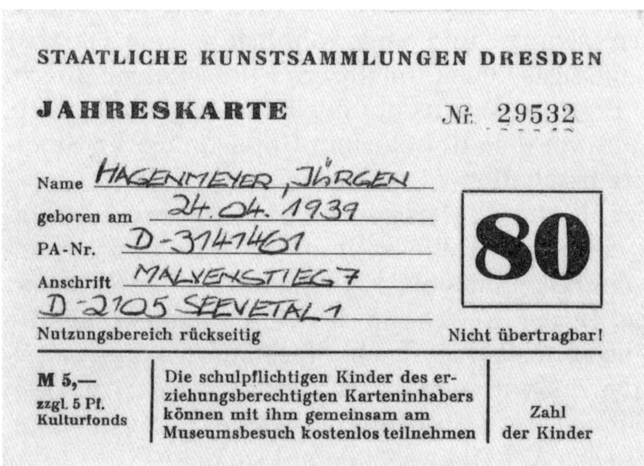

STAATLICHE KUNSTSAMMLUNGEN DRESDEN

JAHRESKARTE №. 29532

Name HAGENMEYER, JÜRGEN

geboren am 24.04.1939

PA-Nr. D-3747461

Anschrift MALVENSTIEG 7

D-2105 SEEVETAL 1

80

Nutzungsbereich rückseitig

Nicht übertragbar!

M 5,—

zzgl. 5 Pf. Kulturfonds

Die schulpflichtigen Kinder des erziehungsberechtigten Karteninhabers können mit ihm gemeinsam am Museumsbesuch kostenlos teilnehmen

Zahl der Kinder

Für 5 Mark konnte man ein ganzes Jahr lang Museen besuchen. Die Jahreskarte galt für den Dresdner Zwinger, das Albertinum, das Kupferstich-Kabinett, das Museum für Volkskunst sowie für Schloß Pillnitz. Außerdem war damit der Eintritt zu Vorträgen und Galeriegesprächen frei.

Das Königliche Hoftheater zu Dresden. Der erste Theaterbau Gottfried Sempers, erbaut 1841, wurde 1869 durch Brand vernichtet, der zweite am 13. Februar 1945 durch anglo-amerikanische Bomben. Bei unserem Besuch 1980 schauten wir dem Wiederaufbau der berühmten Semper-Oper zu.

von Sängerinnen und Sängern, die hier gewirkt hatten, geisterten durch meinen Kopf. War das alles Realität oder nur von den Berichten der Kritiker und Besucher verklärt?

Das Taschenberg-Palais dämmerte noch als Ruine, jedoch wurden die Pläne eines Wiederaufbaues als Hotel bereits diskutiert. Der im Krieg ausgebrannte neu-barocke Übergang zwischen Schloß und Hofkirche dokumentierte nachdrücklich die sinnlose Zerstörung der Stadt vor Kriegsende, und die Trümmer der Frauenkirche als Mahnmal für das Inferno im Februar 1945 beeindruckten uns tief. Außerhalb der antiken Stätten Griechenlands und Italiens sind Ruinen inzwischen unserem Bewußtsein weitgehend entschwunden. Dabei erinnerte ich mich an die stete elterliche Ermahnung nach dem Krieg, ja nicht in Trümmergrundstücken zu spielen.

Auf Straßen voller Schlaglöcher holperten wir am Abend nach Blasewitz, vorbei an seelenlosen Plattenbauten und Mietshäusern aus der Gründerzeit und der Epoche des Jugendstils. Das Hotel hatte früher offensichtlich den Bewohnern des Viertels dazu gedient, ihre auswärtigen Gäste dort unterzubringen. Die neo-barocke Pracht wirkte verschlissen, und der Empfangsbereich lag in schummrigem Halbdunkel. Ich mußte an das Wiener Beisl, ein einfaches, heruntergekommenes Wirtshaus, aus der Oper „Der Rosenkavalier" von Richard Strauss denken, die 1911 von Dresden aus einen Siegeszug in die Welt angetreten hat.

Die Empfangsdame entschuldigte sich für ihre Bitte, im voraus zu zahlen. Unsere Devisenzahlung würde jetzt gleich abgeholt. Eine fahle Glühlampe beleuchtete das Zimmer, die Betten glichen „Arme-Sünder-Schragen", und die Handtücher hatten nur entfernte Ähnlichkeit mit den uns bekannten. In dieser Atmosphäre der Unwirtlichkeit kam der Gedanke an mögliche, von der Staatssicherheit installierte Abhöranlagen überhaupt nicht auf. Am nächsten Morgen kostete jede Scheibe Brot, jedes Butterwürfelchen extra. Schweigend zahlten wir.

Ein abendlicher Spaziergang durch den Stadtteil und ein Besuch bei einer Verwandten unseres Freundes versetzten uns in eine weit zurückliegende Zeit, die Marion Gräfin Dönhoff und ihre Mitautoren in dem Buch „Reise in ein fernes Land" zu Anfang der 60er Jahre beschrieben haben. Schöne alte, jedoch heruntergekommene Bausubstanz, Straßen mit einer Pflasterung aus Blaubasalt, das bei einsetzendem Nieselregen gefahrvoll glatt wurde, alte, mit Gas betriebene Kandelaber aus Gußeisen. Dazu die „pötternden" Autos mit Zweitaktmotoren und das Gequietsche der Straßenbahn ...

Das alles vermittelte das Gefühl einer gewissen Unwirklichkeit. Kaum vorstellbar, daß diese Stadt nach der Revolution von 1917 in Rußland für viele Emigranten Fluchtpunkt und bis 1933 für Amerikaner und Schweizer bevorzugter Wohnort in Deutschland gewesen war.

Mit der Straßenbahn rumpelten wir nach Pillnitz. Schloß und Park lagen bereits in herbstlicher Ruhe, und der berühmte Kamelienbaum war hinter Glas geschützt. Welch andere Welt!

Bevor wir Dresden verlassen würden, warfen wir noch einen Blick vom „Weißen Hirsch" auf die Stadt. Die Standseilbahn brachte uns hinauf. Von der Terrasse des – leider geschlossenen – Restaurants „Luisenhof" hatten wir einen unvergleichlichen Ausblick. Dann zurück zum Auto, das, gepackt für die Rückfahrt, am Hotel bereitstand.

Dem ersten Besuch folgte ein weiterer. Die Faszination dieser Stadt hatte uns ergriffen.

Blick vom Neustädter Elbufer mit dem Bogenschützen. Eine alte Ansicht vor 1945, die mit dem Wiederaufbau der im Hintergrund zu sehenden Frauenkirche wieder Wirklichkeit geworden ist.

[Weimar, Thüringen, damals DDR;
1983]

Judith Finke

Lüge und Wahrheit

Wer log, fand ich heraus, als ich zehn Jahre alt war. Der in der Bundesrepublik lebende Cousin meines Vaters besuchte uns in Weimar und brachte zwei seiner insgesamt fünf Kinder mit. Zur Unterscheidung unterteilte ich die beiden im Geiste in meinen „einfachen“ Cousin, der drei Jahre älter war als ich, und in meinen „kleinen“ Cousin, der zwar meine Größe hatte, aber ein Jahr jünger war.

In der Schule hatte man uns erzählt, die BRD zeichne sich dadurch aus, daß Kinder dort unerwünscht seien. Ich glaubte verstanden zu haben, daß sie draußen warten müßten, wollten ihre Eltern zum Beispiel in einem Restaurant essen. Spielplätze gäbe es auch nicht. Mein kleiner Cousin tat mir deshalb so unendlich leid, daß ich meinte, ihm etwas Gutes tun zu müssen. Also schleifte ich ihn zum Spielplatz, der sich im Innenhof unseres Wohnviertels befand. Es gab dort ein Karussell, eine Sandkiste, zwei Wippen, von denen eine kaputt war, eine Schaukel ohne Schaukel, nur das Außenskelett stand noch, ein Klettergerüst sowie fünf zur Hälfte in die Erde eingegrabene Autoreifen, wobei die drei kleineren, breiten uns, wenn das Klettergerüstschiff sank, als Walvater, Walmutter und Walkind heil an die Ufer ferner Länder brachten. Die größeren, schmalen waren unsere Indianerponys, auf denen wir die Postkutsche verfolgten, zu der das Klettergerüst bei Bedarf mutierte. Als ich bei meinem klei-

Mein kleiner Bruder Johannes und ich auf dem Spielplatz unseres Wohnviertels in Weimar. Auf dem Foto sind wir sechs und 13 Jahre alt.

nen Cousin keinerlei Anzeichen von Begeisterungsstürmen entdecken konnte, fragte ich ihn scheinheilig, ob es denn bei ihm zu Hause auch Spielplätze gäbe.

„Jaaa“, antwortete er und sah mich an wie jemanden, von dem man sagt, daß er nicht ganz dicht sei.

„Und Wippen?“ bohrte ich weiter.

„Na klar!“

„Und Schaukeln?“

„Auch, aber die sind nicht kaputt.“

„Und Klettergerüste?“

„Na sicher! Und viel bessere!“

Er schien die Fragerei satt zu haben und schickte sich an, zum Klettergerüst zu laufen, drehte sich dann aber noch einmal um und fügte mit einer geringschätzigen Handbewegung hinzu: „Nicht so komische wie das hier!“

Wenige Augenblicke später hatte er es erklommen und hockte sich obendrauf. Höchst mißtrauisch betrachtete ich ihn. Ich war mir sicher, daß er schwindelte. In der Schule lernte man schließlich fürs Leben, also mußte das, was die Lehrer erzählten, auch richtig sein. Aber wenn ich aus einem Land ohne Spielplätze gekommen und dann eines so großartigen ansichtig geworden wäre, hätte ich meine Armut und Unwissenheit sicher auch nicht zugegeben.

Einen Augenblick lang konnte ich meinen kleinen Cousin nicht mehr leiden, liebte aber das „erniedrigte“ Klettergerüst um so mehr. Ich gesellte mich zu ihm und fuhr fort, ihn zu beobachten. Er hangelte an den Holmen, schaukelte, mit dem Kopf nach unten an den Knien hängend, als habe er sein Leben lang nichts anderes getan. Dann erklomm er auch noch das Skelett der Schaukel, behende wie ein Äffchen, was nur die Mutigsten von uns wagten. Ich tat es nie!

Da erkannte ich plötzlich, daß es nicht er war, der geschwindelt hatte, sondern daß ganz andere gelogen hatten. Und diese Leute logen nicht etwa, weil sie es nicht besser wußten, sondern, um Angst und Abscheu zu säen. „Wenn eure Eltern ins Restaurant essen gehen, dürft ihr dann mit?“ fragte ich.

„Klar!“ war die einfache Antwort.

Und diesmal glaubte ich ihm, denn es gab ja offenbar auch Spielplätze in der BRD, mit Wippen und Schaukeln, die nicht kaputt waren, und mit viel besseren Klettergerüsten, obwohl ich mir nicht vorstellen konnte, wie diese aussahen. Ich fragte auch nicht danach, aber ich hegte für meinen kleinen Cousin wieder freundschaftliche Gefühle. In Zukunft wollte ich nicht alles, was ich in der Schule noch lernen würde, automatisch für bare Münze nehmen.

Als die Verwandten aus dem Westen sich verabschiedeten, um endlich ihren Südamerika-Urlaub anzutreten, schenkte mir mein kleiner Cousin seine Micky-Maus-Hefte. Aus Costa Rica schrieb er mir dann eine Postkarte, auf der eine Meeresbucht mit Palmen und Felsen zu sehen war. Einige Zeit später bin ich auch dort gelandet – auf dem Rücken der Autoreifenwalmutter, nachdem unser Klettergerüstschiff im Golfo del Papagayo gesunken war.

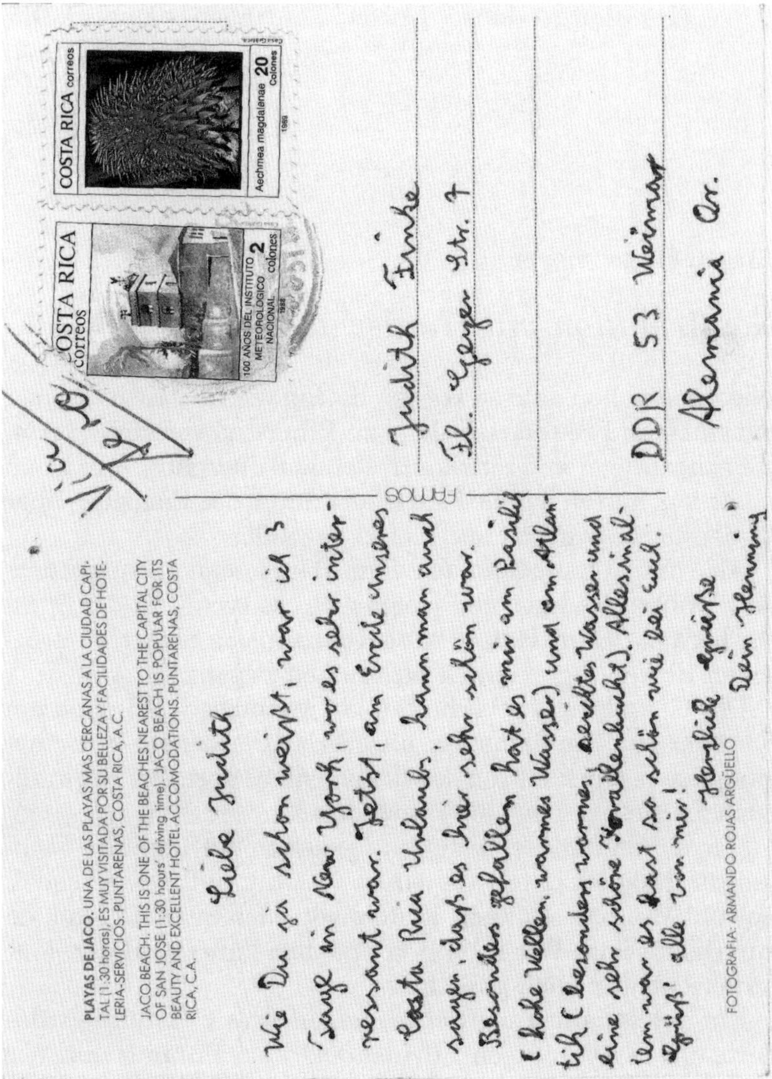
PLAYAS DE JACO. UNA DE LAS PLAYAS MAS CERCANAS A LA CIUDAD CAPITAL (1:30 horas), ES MUY VISITADA POR SU BELLEZA Y FACILIDADES DE HOTELERIA-SERVICIOS. PUNTARENAS, COSTA RICA, A.C.

JACO BEACH. THIS IS ONE OF THE BEACHES NEAREST TO THE CAPITAL CITY OF SAN JOSE (1:30 hours' driving time). JACO BEACH IS POPULAR FOR ITS BEAUTY AND EXCELLENT HOTEL ACCOMODATIONS. PUNTARENAS, COSTA RICA, C.A.

Liebe Judith

Wie Du ja schon weißt, war ich 3 Tage in New York, wo es sehr interessant war. Jetzt, am Ende unseres Costa Rica Urlaubs, kann man auch sagen, daß es hier sehr schön war. Besonders gefallen hat es mir am Pazifik (hohe Wellen, warmes Wasser) und am Atlantik (besonders warmes, seichtes Wasser und eine sehr schöne Korallenbucht). Alles in allem war es fast so schön wie bei Euch. Grüß' alle von mir!

Herzliche Grüße
Dein Henning

FOTOGRAFIA: ARMANDO ROJAS ARGÜELLO

Via Aero

COSTA RICA correos
100 AÑOS DEL INSTITUTO METEOROLOGICO NACIONAL 2 colones 1988

COSTA RICA correos
Aechmea magdalenae 20 Colones 1989

Judith Finke
Fl. Geyer Str. 7
DDR 53 Weimar
Alemania Or.

Während ich 1983 nur in meiner Phantasie in ferne Länder reisen konnte, war mein kleiner Cousin Henning mit seinen neun Jahren bereits in Amerika.

[Hamburg – Jena – Erfurt, Thüringen, damals DDR; Pfingsten 1983]

Jürgen Hagenmeyer

Konfirmation mit Hindernissen

Wie in manchen Jahren vorher, hatten wir uns auch diesmal mit unseren Freunden in Jena zu Pfingsten verabredet. Um die zeitraubenden Grenzkontrollen am Übergang Wartha zu umgehen, hatten wir die Fahrtroute durch das Eichsfeld, über Duderstadt – Worbis, und Gotha gewählt.

Als wir am Samstag nach dem Abendessen zusammensaßen, wollten Rüdiger und Helga nicht so recht mit der Sprache herausrücken. Hatten wir bei den sensiblen deutsch-deutschen Beziehungen eine Taktlosigkeit begangen?

Der Grund für ihr Verhalten lag woanders: „Wir sind am Sonntag zur Konfirmation unserer Patentochter in Erfurt eingeladen, wir konnten da wirklich nicht absagen. Ihr müßt euch an diesem Tag allein vergnügen."

Wir nahmen diese Mitteilung gelassen auf und überdachten die Möglichkeiten für einen Ausflug auf eigene Faust. Sowohl Weimar als auch Rudolstadt oder Saalfeld standen zur Diskussion. Wir fuhren ja mit dem Auto, und der Wetterbericht war auch günstig.

Ein Telefonanruf der Schwester unseres Freundes veränderte unsere Planungen. „Bringt doch eure Freunde mit! Wir würden uns freuen, sie persönlich kennenzulernen."

Wir ließen uns nicht lange bitten und nahmen die Einladung nach Erfurt gern an. Nicht zuletzt war es reizvoll, uns die schöne, alte Stadt anzusehen. Unsere Bedenken – wir hatten kein Geschenk für die Konfirmandin und waren auch mit der Kleidung nicht auf das Ereignis eingerichtet – wurden rasch zerstreut.

Bevor wir jedoch nach Erfurt aufbrechen konnten, mußten noch die Formalitäten der Anmeldung beim örtlichen Volkspolizei-Kreisamt in Jena erledigt werden. „Wir Männer fahren morgens mit unserem Wagen dorthin“, schlug Rüdiger vor und die beiden Helgas“ – unsere Freundin und meine Frau heißen beide so – „können mit dem Audi vorfahren, um pünktlich in der Kirche zu sein.“ Sie sollten noch Roswitha, eine weitere Verwandte, mitnehmen.

Gesagt, getan. Die Anmeldeformalitäten nahmen die übliche Zeit in Anspruch.

„Wo ist denn Ihre Gattin? Ich möchte sie noch persönlich sehen!“ beschied mich die Beamtin betont sachlich.

Ich kündigte ihr unseren gemeinsamen Besuch für den nächsten Vormittag an und wurde daraufhin entlassen.

Als Rüdiger und ich in Erfurt in der Kirche eintrafen, hatte der Gottesdienst bereits begonnen. Die beiden Helgas waren jedoch nirgendwo zu sehen. Ich war bemüht, mich auf die Feier zu konzentrieren. Was konnte passiert sein? Ein Unfall, eine Panne oder eine unerwartete Kontrolle?

„Ihr müßt zur Autobahn fahren, die beiden Frauen sind dort festgehalten worden. Ich bin getrampt“, flüsterte uns Roswitha zu, als sie uns entdeckt hatte.

Sofort verließen wir die Kirche und fuhren zur nächsten Volkspolizei-Dienststelle. An der nahegelegenen Wohnung unserer Gastgeber hinterließen wir eine Nachricht. Als wir eine gute halbe Stunde später dorthin zurückkehrten, kamen uns beide Frauen vergnügt entgegen. Wie sich herausstellte, waren sie bei einer Sonderkontrolle der Volkspolizei festgehalten worden. Führerschein und bundesdeutscher Personalausweis wurden als Legitimation nicht anerkannt, den Reisepaß hatte meine Helga nicht dabei, den hatten ja Rüdiger und ich für die Anmeldung benötigt.

Die Zeit verrann, und die Konfirmation nahm indessen ohne die beiden weiblichen Gäste ihren Verlauf. Die telefonische Rückfrage bei der zuständigen Stelle in Jena hatte zwar ergeben, daß die polizeiliche Anmeldung inzwischen ordnungsgemäß erfolgt war, dennoch wurden die beiden Frauen weiterhin festgehalten. Als ihr Schichtende nahte, bedeuteten die Volkspolizisten ihnen ohne weitere Begründung, daß sie die Fahrt nach Erfurt fortsetzen können. Lagen ihrem Verhalten „Logik", Schikane, Frustrationen oder das strikte Befolgen von Dienstvorschriften zugrunde?

Wir waren uns sicher: Im Trabi oder Wartburg wäre ihnen das wohl nicht passiert.

Der harmonische Verlauf der Konfirmationsfeier und unsere liebenswürdigen Gastgeber ließen die vorübergehende Aufregung schnell in den Hintergrund treten. Wir hatten den Eindruck, daß bei den bestehenden Unterschieden in den materiellen Lebensbedingungen der eigentliche Sinn einer Konfirmation mehr im geselligen Zusammensein und familiären Zusammenhalt als im Umfang des Gabentisches zu sehen war. Hausmusik war ebenso Bestandteil des festlichen Tages wie die Besuche des Pfarrers und des Kantors, der der Familie freundschaftlich verbunden war.

Auf einem Spaziergang durch die schöne, alte Stadt nahmen wir wesentliche Eindrücke von Erfurt mit. Der für den darauffolgenden Tag zugesagte Besuch auf der Volkspolizeimeldestelle in der Nähe des Saalebahnhofes in Jena war dann zur Nebensache geworden.

(Weitere **ZEITGUT**-*Beiträge dieses Autors sind im Autorenverzeichnis am Ende des Buches vermerkt.)*

[Ampfing, Bayern – Berlin-Friedrichstraße – Strausberg – Altreetz, Oderbruch, damals DDR; Oktober 1983]

Irmgard Pondorf

Die ruhiggestellte Tante

Unsere Oma wollte 1983 wie jedes Jahr zu unseren Verwandten in den Oderbruch fahren, obwohl sie gerade erst eine Krankheit überstanden hatte. Wir Kinder waren sehr dagegen, weil die Strapazen der langen beschwerlichen Reise und die ständigen Aufregungen an der Grenze ihrem schwachen Herzen nicht gerade förderlich sein würden. Aber unsere Oma war willensstark und beharrte auf dieser Reise. Schon bald hatte sie die erforderliche Einreisegenehmigung.

Am Abreisetag brachten wir sie zum Bahnhof nach Ampfing. Sie lehnte es energisch ab, sich von uns bis nach München begleiten zu lassen, wo wir sie in den Interzonenzug setzen wollten. Mit einem Augenzwinkern meinte sie, sie werde schon einen jungen Kavalier finden. Wir machten noch ein Abschiedsfoto von ihr, dann lief der Zug ein. Oma bahnte sich den Weg in ein Abteil, wohin sie unsere Blicke begleiteten. Im Nu hatte sie ihren ersten Freund gefunden: Ein junger Mann hievte ihren Koffer ins Gepäcknetz. Fröhlich winkte sie uns zum Abschied durch das Fenster zu, während wir mit Sorge an ihr schwaches Herz dachten.

Was sich dann in Berlin ereignete, erzählte meine Cousine Gerda Voß aus dem Oderbruch später so:

Die Tante meines Mannes, Tante Lina, besuchte uns jedes Jahr, so auch im Oktober 1983. Sie hatte das Bedürfnis, ihre Verwandten wiederzusehen, die schon seit 1961 hinter Mauer und Stacheldraht eingesperrt waren. Weil Tante Lina allein aus Bayern anreiste, verabredeten wir, daß ich sie in Berlin am Bahnhof Friedrichstraße abholen würde, wo der Fernzug aus München ankam.

Also machte ich mich von Altreetz, unserem kleinen Dorf nahe der Oder, auf den Weg nach Berlin-Friedrichstraße, um

Vor der Abfahrt des Zuges in Ampfing machten wir noch ein Abschiedsfoto von unserer reisefreudigen Oma.

die Tante in Empfang zu nehmen. Im Bahnhofsgebäude wimmelte es von Menschen, die ihre Lieben aus dem anderen Teil Deutschlands in die Arme schließen wollten. Man kann sich heute kaum mehr vorstellen, daß die Reisenden aus Westdeutschland, wenn sie im Bahnhof Friedrichstraße angekommen waren, durch einen regelrechten Irrgarten geleitet wurden. Die Räume waren durch hohe Wände und enge Gänge unterteilt, in denen die Pässe und die Kofferinhalte kontrolliert wurden. Nach einem unerfindlichen System gab es aber auch gründliche Durchsuchungen der Kleidung, die man trug, und sogar Leibesvisitationen. Das gesamte Gebäude war von Volkspolizisten bewacht und umstellt, die schwerbewaffnet und zum Teil von Hunden begleitet waren. Ein Fluchtversuch in den Westen war hier hoffnungslos.

Mit zunehmender Nervosität sah ich dem Wiedersehen mit Tante Lina entgegen. Endlich öffnete sich die Tür am Ende des Kontrollbereiches und sie war da. Unter Tränen fielen wir uns in die Arme. Die Halle glich einem Ameisenhaufen, deshalb wollte ich so schnell wie möglich zur S-Bahn, die uns nach Strausberg bringen sollte.

Doch Tante Lina schwankte auf eine Säule zu und klammerte sich daran fest. Erschrocken fragte ich sie, was mit ihr sei, doch sie sah mich nur mit glasigen Augen an und reagierte nicht. Ein Passant bot mir Hilfe an. Mit der einen Hand trug er den Koffer, mit der anderen umklammerte er den Arm meiner Tante. Ich stützte sie auf der anderen Seite, und so schleppten wir die alte Frau durch die endlose Halle und unzählige Stufen hinauf bis zum S-Bahnsteig. Als der Zug nach Strausberg einlief, setzte der junge Mann die Tante vorsichtig auf einen Eckplatz im Zug und verstaute den Koffer. Dankbar drückte ich meinem Helfer die Hände.

Ich setzte mich ganz dicht neben Tante Lina und rätselte, was wohl die Ursache ihrer Benommenheit sei. Plötzlich sackte sie in sich zusammen, der schicke Hut rutschte ihr vor das Gesicht, die Handtasche, die sie so lange krampfhaft festgehalten hatte, fiel zu Boden und der gesamte Inhalt kullerte unter die Sitzbank. Reisende, die uns gegenüber saßen, stützten und hielten die Ohnmächtige, und so konnte ich unter einigen Verrenkungen alle Utensilien einsammeln. Dabei fand ich auch eine angebrochene Packung mit Beruhigungstabletten. Waren die etwa die Ursache für Tante Linas Apathie? Mir schwante so etwas, als ich den Beipackzettel las.

Nach knapp einstündiger Fahrt erreichten wir Strausberg, Tante Lina schlief fest, sie hatte hin und wieder friedlich geschnarcht. Hilfsbereite Mitreisende halfen beim Aussteigen, und schon winkte uns mein Mann, der uns bereits erwartete. Mit vereinten Kräften schleppten wir Tante Lina ins Auto und schnallten sie fest. Zuhause hoben und schoben wir sie ins Schlafzimmer, entkleideten sie und legten sie unter das mollige Federbett.

In den frühen Morgenstunden erschien eine blasse schlaftrunkene Gestalt und jammerte: „Ich muß doch nach Altreetz, wo bin ich nur?"

Erleichtert nahmen wir unsere liebe alte Tante in die Arme und versicherten ihr, daß sie schon an Ort und Stelle sei. Nachdem sie noch einmal mehrere Stunden geschlafen hatte, war Tante Lina mit der ihr eigenen Mobilität wieder ganz sie selbst. Von der Fahrt vom Bahnhof Friedrichstraße bis nach Altreetz wußte sie nichts mehr.

Und die Tabletten in ihrer Handtasche?

Ja, die Tabletten ...

Die Ärztin hatte sie ihr zur Beruhigung vor der Reise verschrieben. Und um bei den Kontrollen der Vopos ruhig zu erscheinen, hatte Tante Lina viel zu viele davon auf einmal genommen. Die Tablette, die ihr auf der Fahrt nach Strausberg den Rest gab, hatte sie geschluckt, während ich neben ihr saß – und ich hatte es nicht bemerkt!

Wir verlebten noch schöne gemeinsame Tage. Die Geschichte ihrer Reise machte allerdings in der Familie die Runde. Bis heute gibt sie immer wieder Anlaß zum Schmunzeln und erinnert uns gleichzeitig an die traurigen politischen Verhältnisse damals.

[Berlin – Neustrelitz und Rostock, Mecklenburg-Vorpommern, damals DDR – Kopenhagen; November 1985]

Erika Tappe

Kurswagen nach Kopenhagen

Es war im November 1985, schon fast am Ende des Monats. Mein Mann und ich wollten mit dem Auto eine Kurzreise nach Schleswig-Holstein, zu meiner Schwester aufs Land, unternehmen. Einige Tage Urlaub waren genommen, die Koffer gepackt, am nächsten Morgen sollte es losgehen. Doch plötzlich kam ein Wettereinbruch. Besonders in der Gegend meiner Schwester gab es starke Schneeverwehungen und eisüberzogene Straßen. Radio und Fernsehen warnten vor Autoreisen. Traurig telefonierten wir deshalb ab.

Was aber tun mit den kostbaren Urlaubstagen? Wen könnten wir so kurzfristig mit dem Zug besuchen?

Unsere Kopenhagener Freunde fielen uns ein, wir hatten sie lange nicht gesehen. Ein Anruf: Tolle Überraschung, ja, sie würden sich freuen! Leider konnten wir den Abendzug nicht mehr erreichen. Es sollte unsere erste Reise nach Kopenhagen und unsere erste Zugreise durch die DDR werden. Voller Vorfreude gingen wir zu Bett.

Am nächsten Morgen, Berlin, Bahnhof Zoo. Der Kurswagen nach Kopenhagen stand schon bereit. Fröhlich enterten wir ihn. Leider war er sehr voll! Auf der Suche nach einem uns genehmen Plätzchen gingen wir von Abteil zu Abteil, bis wir endlich eines für uns allein fanden. Wir machten es uns gemütlich, die Reise konnte beginnen. Wie schön war es, mal aus dem Alltagstrott auszubrechen und zu entspannen!

Der Zug ruckte an, Kontrolleure kamen, alles in Ordnung. Doch nach kurzer Zeit hielten wir wieder, ein ewiges Rangieren begann. Eine kleine Strecke, dann wieder Durchgeschüttle. „Das kann ja heiter werden!“ meinte ich.

Lachend schauten wir uns an, holten unsere Zeitungen heraus und begannen zu lesen. Wir hatten leckere Mandarinen mitgenommen, für jeden zwei. „Sollen wir?“

„Ach nein, laß uns noch ein bißchen warten!“

Der Zug fuhr in einen Bahnhof ein: Berlin-Lichtenberg. Verdutzt blickten wir auf. Zwei Stunden waren wir schon unterwegs und noch immer in Berlin! Die Abteiltür wurde aufgerissen, und einige Männer mit Aktentaschen polterten herein. Sofort waren alle Plätze besetzt, nachdem wir schnell unsere Sachen zusammengerafft hatten. Sie musterten uns, verzogen aber keine Miene, sagten keinen Ton. Wir vergruben uns hinter unseren Zeitungen.

Verstohlen begannen unsere Banknachbarn mitzulesen, auch unsere Gegenüber starrten angestrengt auf die Lektüre. Erst jetzt begriffen wir, daß wir DDR-Bürger vor uns hatten. Ob sie nicht mit uns sprechen durften? Freundlich boten wir unsere Zeitung an. Sie schauten schnell weg. Langsam fühlten wir uns auch verklemmt. Mittlerweile durstig, wollte ich meine Mandarinen essen. Noch bevor ich sie herausholte, packte einer der Männer kleine, verschrumpelte Dinger aus, da verzichtete ich lieber auf unsere prallen Früchte. Selbst wenn ich sie angeboten hätte, es wäre für die Leute beschämend gewesen.

Der Zug fuhr nun in gleichmäßiger Geschwindigkeit, und wir sehnten das Ende dieses ungemütlichen Zustandes herbei. Wie ein Donnerwetter platzte der Schaffner in unsere öde Runde. „Die Fahrkarten bitte!“

Wir saßen am Fenster und gaben unsere als letzte. „Ja, wo wollen Sie denn hin?“ schmetterte er in strengem Ton.

„Nach Kopenhagen!“ sagten wir wie aus einem Munde, bestimmt, aber höflich.

Erstauntes Raunen war plötzlich in dem vorher so stummen Abteil zu hören. „Ja, da sind Sie aber im falschen Wagen!“ Streng kamen seine Worte, um dann etwas freundlicher fortzufahren: „Hier gibt’s nur einen Kurswagen nach Schweden, ich komme gleich nochmal zu Ihnen.“

Kaum hatte er die Tür zugeschoben, brach ein aufgeregter Wortschwall unserer vorher so zugeknöpften Mitfahrer über uns herein, der in eine ausschweifende Debatte darüber mündete, mit welchen Zugverbindungen wir wie und wo doch noch unser Ziel erreichen könnten.

Der Schaffner kam zurück. Wegen der starken Schneeverwehungen auf der Strecke hätte der Zug von München nach Kopenhagen eine Stunde Verspätung. Am nächsten Bahnhof könnten wir ihn erreichen. Wir bedankten uns. Freundliche Erleichterung in unserem Abteil, bevor die Stimmung wie durch einen Schnitt umschlug. Das große Schweigen stand wieder zwischen uns, nur Blicke wanderten hin und her. „Neustrelitz!“

Ein gottverlassenes Nest. Wir waren die einzigen, die ausstiegen. Ein eiskalter Wind fuhr uns durch alle Glieder. Nirgendwo eine lebendige Seele. Ein kleiner Bahnhof einige Gleise weiter. Treppe runter, den zugigen Gang entlang, Treppe hoch. Im Bahnwärterhaus klopften wir eine Bahnbedienstete aus ihrer warmen Amtsstube. „Der Zug aus München?“

„Nein, der ist doch längst durch! Einen anderen gibt es nicht.“

Wir schilderten unser Problem in aller Eile, da sie schon die Tür zuknallen wollte, während wir in der Kälte bibberten. Unwirsch und knapp die Auskunft: „Erst in zwei Stunden gibt’s einen Zug nach Rostock, sonst keine Möglichkeiten!“

Ich wollte nur noch zurück ins warme Zuhause, doch mein Mann sagte bestimmt: „Seit wann reist man rückwärts?“

Er wollte noch nicht aufgeben. Völlig verfroren setzten wir uns in den kleinen, einigermaßen warmen Wartesaal. Eine trostlose Stimmung schlug uns entgegen. Heruntergekommene Typen saßen an schlichten Holztischen, vor sich Bierflaschen. Etwas Heißes gab es nicht zu trinken. Der kahle Raum mit der funzeligen Beleuchtung wirkte wie eine einsame Anlaufstelle für gescheiterte Existenzen. Die zwei Stunden zogen sich endlos hin.

Der Zug nach Rostock war sehr voll, und wieder saßen in den Abteilen fast nur Männer mit Bierflaschen in der Hand. Als wir Rostock erreichten, war es beinahe 18 Uhr. Von diesmal freundlichem Bahnpersonal erfuhren wir, daß der Zug nach Kopenhagen erst in aller Herrgottsfrühe hier durchkäme. Es war der Nachtzug. Wir hätten in Berlin getrost 12 Stunden später abfahren können. Was nun machen mit der vielen Zeit?

Zuerst zur Bahnpolizei. Nein, als Transitreisende dürften wir den Bahnhof nicht verlassen! Geldwechseln ging nicht. Wir wollten unseren Koffer loswerden und hatten einen Wahnsinnsdurst. Vor der Mitropa stand eine lange Schlange von Menschen, dabei schloß sie in fünf Minuten – also zwecklos. Vor uns eine Frau in schickem Pelzmantel. Ob sie uns wohl zwei Mark West in Ostgeld wechseln könne? Sie gab uns zwei Ostmark. Immerhin konnten wir nun den Koffer im Schließfach deponieren.

Auf zum Telefon. Wir mußten die Kopenhagener von unserer verspäteten Ankunft unterrichten, um dort nicht vor verschlossener Tür zu stehen. Aber das Telefon war nicht für Ferngespräche geeignet. Wir lugten auf den Bahnhofsvorplatz. Dort hinten war schemenhaft im Dunkeln eine Telefonzelle zu erkennen. Ein Blick Richtung Bahnpolizisten, die hockten in ihrem Dienstraum. Also raus aus der zugigen, kalten Halle und ins verbotene Land. Hinter den vereisten Scheiben war der Schatten eines Mannes auszumachen, der leider endlos telefonierte.

Nicht nur die Kälte ließ uns nervös von einem Bein auf das andere treten. Als der junge Mann herauskam, faßte ich mir ein Herz und fragte ihn, ob man von hier Auslandsgespräche führen könne.

„Nein, da müssen Sie zum Telegrafenamt!" Er schlug seinen Mantelkragen hoch.

Ob er uns den Weg erklären könne?

Er nannte Straßenbahnverbindungen und Haltestelle.

Ob er uns denn wohl 2 DM wechseln würde, unser Geld reiche sicher nicht aus. Er schaute uns erstaunt an, während ich ihm kurz unser Mißgeschick schilderte.

„Ich kann Ihnen kein Geld wechseln, das wäre ein Devisenvergehen!" kam es schneidig aus seinem Mund. Erschrokken hielten wir die Luft an. Da knöpfte er seinen Mantel auf, holte die Brieftasche aus dem Innenfutter, öffnete sie und reichte uns einen Schein. Erleichtert bot ich ihm das Geld in Westmark an.

„Ich sagte Ihnen doch, das wäre ein Devisenvergehen! Aber es ist mir eine Freude, Ihnen zu helfen!" Blitzschnell schlug er seinen Mantel zu und verschwand.

Wir standen wie belämmert und doch erleichtert in der eisigen Kälte. Mit der Straßenbahn zu fahren, trauten wir uns nicht. Lieber nicht noch einmal ungut auffallen, womöglich trafen wir auf einen Vopo. Wir fühlten uns wie Illegale im Ausland und hatten einen ziemlichen Bammel. Wir kannten die gestrengen Grenzpolizisten von unseren Autofahrten über die Transitstrecke nach Westdeutschland. Mein Mann hatte einmal ein brenzliges Erlebnis gehabt, als er nur einige Minuten nach Mitternacht am Grenzübergang von Ost-Berlin nach West-Berlin, am „Tränenpalast" im Bahnhof Friedrichstraße, ankam. Sein Freund und er durften wählen: eine Nacht in der Zelle oder den ganzen Tränenpalast fegen. Sie entschieden sich für letzteres.

So verzichteten wir also auf die Straßenbahn und marschierten, uns aneinander festhaltend, immer den Gleisen nach die rutschige Straße entlang. Niemand war zu sehen. Es war einfach zu kalt. Nur nicht auf dem Glatteis hinfallen und sich womöglich verletzen! Dann käme unser verbotener Ausflug ans Licht. In Gedanken sah ich schon Krankenwagen und Vopos kommen.

Schließlich erreichten wir das Telegrafenamt. Erstaunlich viele Ausländer sprachen mit ihren Angehörigen. Es herrschte ein fast südländisches Geschrei. Wir beobachteten erst alles in Ruhe, bevor wir unser Gespräch wie erfahrene DDR-Bürger anmeldeten. Zum Glück waren unsere Freunde gleich am Telefon und versprachen, den Schlüssel zu hinterlegen. Wir waren erleichtert. Das Gespräch war preiswert, zu unserer Überraschung erhielten wir 18 Ost-Mark zurück. Der junge Mann hatte uns reichlich bedacht.

Inzwischen war es fast 20 Uhr. Wir hatten Geld, und wir hatten Hunger. Nicht weit lockte die hell erleuchtete Altstadt. Wir schlenderten auf der Suche nach einer Lokalität über den Weihnachtsmarkt, der am nächsten Tag eröffnet werden sollte. Schließlich fanden wir ein Fischspezialitäten-Restaurant. Unser Geld würde gerade reichen. Ob man Trinkgeld geben müßte?

Nur zwei Tische waren besetzt, und es war herrlich warm. Wenn wir ganz langsam trinken, könnten wir lange bleiben. So ein Mist, die Toilette kostete Geld. Schüchtern bot ich der Klofrau mein letztes 2-DM-Stück an. Freudestrahlend wechselte sie es in Ost-Mark, Kurs: 1 : 1. Ich wollte mich nicht beschweren. Dafür dürfte ich auch umsonst, wenn ich noch mal müßte. Wir bestellten das Essen.

Am Nachbartisch saß eine Gruppe Frauen, Arbeitskolleginnen, wie aus den Gesprächen hervorging. Abwechselnd spendierte jede eine Runde Schnaps, und sie wurden immer ausgelassener, erzählten sich Witze. Gern hätte ich teilgehabt, die ausgelassene Stimmung tat richtig gut, langsam erwachten meine Lebensgeister.

Plötzlich schlug die Wirtin mit Mordsgetöse eine Schiffsglocke. „Feierabend!“

Es war 22 Uhr. Mein Mann „verschwand“ nochmal kurz.

Ich konnte nicht widerstehen und trat an den Tisch der Frauen. „Soll ich euch auch mal einen Witz erzählen?"

Freudig nickten sie und schauten mich erwartungsvoll an. „Wir haben unseren Zug nach Kopenhagen verpaßt, und nun müssen wir bis morgen früh warten."

Brüllendes Gelächter. Eine meinte: „Kommt doch einfach mit uns, wir gehen alle noch in eine Bar!"

Ich hatte schon Lust, aber mein zurückkehrender Mann hielt mich davon ab. Wir sollten das Schicksal nicht herausfordern! Also zurück zum Bahnhof, kalt und müde kamen wir dort an. Eine Ostmark war unser ganzer legaler Besitz. Über die Bahnsteige pfiff der eisige Wind, und so machten wir, daß wir in den ungemütlichen Wartesaal kamen, wo wir uns in der hintersten Ecke verkrochen und die Anwesenden beobachteten. Auch hier fast nur gestrandete Alkoholiker. Teils stierten sie vor sich hin, teils unterhielten sie sich lautstark und aggressiv. Da wurde auf einmal eine große Schiebetür geöffnet. Ein langer Tresen mit Hähnchen, Wurst, Getränken kam zum Vorschein. Drängelnd und schubsend stürzten alle hin. In der Wärme und nach dem Fischgericht bekamen wir Durst. Als alle so ziemlich abgefüttert waren und der Kellner schon zusammenräumte, ging ich hin und bat um ein Glas Wasser.

„Wasser gibt's hier nicht!" sprach er hoheitsvoll.

Ich schilderte ihm kurz unser Dilemma und bot ihm die letzte Ostmark an.

„Gehen Sie zur Bahnhofsmission!" schnarrte er und verstaute Unmengen leerer Bierflaschen.

Warum nicht? dachte ich. Die DDR-Rentner bekommen bei uns jedenfalls immer einen Kaffee spendiert, jetzt kann ich als Westdeutsche hier mal ein Glas Wasser umsonst trinken. – Aber leider hatte die Mission bereits geschlossen.

Also zurück in die verrauchte, nach Bier stinkende, aber warme Halle. Schon kurze Zeit später brüllte der Kellner: „Alles nach draußen!"

Wartende Jugendliche im Bahnhof Rostock. Zeichnung: Erika Tappe.

Widerwillig und schimpfend standen die Menschen auf und drückten sich durch die Tür. Einige randalierten, so daß wir abwartend als letzte hinaus wollten. Da sagte der Kellner zu uns: „Sie sind Transitreisende, Sie dürfen bleiben!"

Erstaunt und erfreut suchten wir wieder unseren Platz auf. Wir waren die einzigen.

„Schieben Sie Ihre Stühle zusammen und schlafen Sie 'ne Runde, ich muß das Licht ausmachen!"

Nur zu gerne folgten wir seinem Rat und machten es uns so bequem wie möglich. Wenn nur der Durst nicht gewesen wäre!

Da stand plötzlich wie ein Gespenst der Kellner vor uns und stellte zwei Kännchen Tee auf unseren Tisch.

„Es tut mir leid, ich konnte vorhin keine Ausnahme machen", sagte er und war schon wieder weg.

Die Schiebetür war geschlossen, dahinter hörte man Geschirrgeklapper. Draußen jaulte der kalte Wind. Wir würden rechtzeitig geweckt werden, hatte der Kellner uns noch zugesagt. Beglückt über so viel Freundlichkeit schliefen wir trotz der harten Stühle bald ein.

Plötzliche Helligkeit weckte uns. Während wir uns mühsam rekelten, wurde die Tür aufgeschlossen und eine lärmende, schimpfende und halberfrorene Menschenmenge quoll in den Saal. Einige pöbelten uns sofort an, wieso wir im Warmen hätten bleiben dürfen? Es waren die gleichen Leute wie vorher. Wir fühlten uns sehr unbehaglich.

Draußen wurde es schon hell, unser Zug würde bald kommen. Also machten wir uns auf an die frische Luft. Zwei Gleise weiter fuhr ein Zug ein. Auf unserem Bahnsteig tat sich nichts. Wir überprüften zum zigsten Mal die Ankündigungen. Doch, wir standen richtig!

„Ich laufe sicherheitshalber mal rüber und frage", entschied mein Mann und ließ mich mit dem Koffer zurück. Von drüben schrie er lauthals über die Gleise: „Erika, schnell!"

Ich schnappte den Koffer, rannte die Treppe hinunter, den Gang entlang, Treppe rauf! Mit hängender Zunge erreichte ich die offengehaltene Tür des Kurswagens nach Kopenhagen, neben dem, die Trillerpfeife im Mund, der Schaffner ungeduldig wartete. Schnell schob er mich mitsamt Koffer hinein. Ein schriller Pfiff, und schon rollte der Zug.

[Ingolstadt, Oberbayern – Hohenziatz – Möckern/Ehle, nahe Magdeburg, Sachsen-Anhalt, damals DDR; Mai 1986]

Paul Misch

Lampenfieber

Am 3. Mai 1986, eine Woche nach dem Atomreaktorunglück von Tschernobyl in der Ukraine, damals zur UdSSR gehörend, wurde in Hohenziatz, einem kleinen Ort in der DDR, Hochzeit gefeiert. Ein junger Mann, als „Spätzünder" zum Förster ausgebildet, hatte seine erste Forstamtsstelle bekommen. Jetzt führte er seine junge Frau ins Försterhaus. Meine Frau und ich reisten aus Ingolstadt an. Über ein Jahr zuvor hatten wir dem damals noch studierenden Neffen einen PKW geschenkt, einen TRABANT 601 Universal-S de Luxe. Wir verdienten gut, hatten selbst keine Kinder. Er sollte nicht mehr bei jedem Wetter und zu jeder Jahreszeit mit dem Moped fahren müssen. Die Firma Palatinus in Zürich*) bekam dafür von uns 7 351 DM-West. Die Lieferfrist war auf wenige Wochen zusammengeschrumpft. Sicher hätte sich ein

*) West-Waren, aber auch rare Ost-Waren konnten über Genex von West nach Ost geschickt und geschenkt werden. Dahinter verbarg sich die im Staatsbesitz der DDR befindliche Geschenkdienst und Kleinexport GmbH, kurz Genex genannt, die auch unter der Firmierung Palatinus auftrat. Lebensmittel, Kleidung, Foto-, Hifi- und Haushaltsgeräte, Geschirr, Schmuck, Werkzeuge und Fahrräder, selbst Autos und Fertighäuser konnten westliche Käufer in Katalogen auswählen, um ihre Verwandten in der DDR zu erfreuen. Bezahlt werden mußte in Westmark oder anderen harten Devisen.

Zur Hochzeit meines Neffen spielten Jagdhornbläser vor dem mit der DDR-Fahne geschmückten Forsthaus in Lüttgenziatz auf.

Förster in der DDR nach einiger Zeit des Ansparens selbst solch ein Auto kaufen können. Das Problem war die übliche lange Wartezeit von zehn bis zwölf Jahren.

Das Hochzeitspaar hatte außer uns noch andere Gäste aus der Bundesrepublik eingeladen. Vorschriftsmäßig hatte der junge Förster seine Jagdwaffe bei der Volkspolizei sichergestellt. Es war Sonntagvormittag. Unsere möglichst schnelle Besucheranmeldung bei der Polizei klappte diesmal nicht. Wir konnten noch keine Geldumtauschquittung vorzeigen und mußten deshalb am Montag wiederkommen.

Das Zeremoniell der amtlichen Trauung war feierlich. Am Forsthaus wehte die DDR-Fahne. Der Oberförster rückte mit Jagdhornbläsern an. Geschenke wurden übergeben. In diesem Landstrich gilt noch der schöne, alte Brauch, daß Kinder vom Hochzeitspaar und von der Hochzeitsgesellschaft Tribut verlangen. Mehrmals sperrten sie daher die Zufahrtswege mit einem Seil ab. Wir Westler warfen unsere Münzen

Palatinus GmbH

Offizielle Vertretung der GENEX
CH-8023 Zürich 1, Linthescher-G. 15

AUFTRAGSBESTÄTIGUNG NR. 5632
IHRE KUNDEN-NR. 217126
ZÜRICH, 19. MAERZ 1985

HERRN
PAUL MISCH
SICKINGENSTR. 1
D-8070 INGOLSTADT

SEHR GEEHRTER HERR MISCH,

WIR DANKEN BESTENS FÜR IHREN FREUNDLICHEN AUFTRAG, DEN WIR IHNEN GERNE WIE FOLGT BESTÄTIGEN

		DM
EMPFÄNGER	HERRN DDR-	
KATALOG-NR. BEZEICHNUNG	1 PKW TRABANT 601 UNIVERSAL - S DE LUXE - KXE LIEFERMONAT MAI	7.165,00
PAUSCHALE		186,00
TOTAL		7.351,00
		DM 7.351,00

WIR BITTEN UM FREUNDLICHE ÜBERPRÜFUNG DER RICHTIGKEIT UNSERER ANGABEN UND BEI EVENTUELLEN UNSTIMMIGKEITEN UM IHREN UMGEHENDEN BERICHT. ALLFÄLLIGE RÜCKFRAGEN KÖNNEN WIR BESONDERS SCHNELL BEARBEITEN, WENN SIE UNS DIE OBIGE AUFTRAGS- UND IHRE KUNDENNUMMER NENNEN.

DIE AUFTRAGSABWICKLUNG ERFOLGT ZU DEN IN DEN KATALOGEN ENTHALTENEN BEDINGUNGEN. ALLFÄLLIG BEI UNS NOCH NICHT VERBUCHTE ZAHLUNGEN VON IHNEN WERDEN WIR NACH VERBUCHUNG NICHT ZUSÄTZLICH BESTÄTIGEN.

GERNE HOFFEN WIR, DASS SIE MIT UNSERER AUFTRAGSABWICKLUNG ZUFRIEDEN SIND UND WÜRDEN UNS FREUEN, BEI GELEGENHEIT WIEDER FÜR SIE TÄTIG SEIN ZU DÜRFEN.

MIT FREUNDLICHEN GRÜSSEN
PALATINUS GMBH
i. A.

Postanschrift: CH-8023 Zürich, Postfach 6583
Telefon (00411) 211 63 14 Telex (0045) 813 797 Telegramme: Palatinus Zürich
Banken: Bayerische Vereinsbank München, Konto-Nr. 347 193, Dresdner Bank AG Freiburg i. Brg., Konto-Nr. 4 171 421, Südwestdeutsche Genossenschafts-Zentralbank AG Karlsruhe, Konto-Nr. 60631, Schweizerische Bankgesellschaft Zürich

Während in der DDR die Wartezeit auf ein Auto zehn bis 12 Jahre betrug, schmolz die Lieferfrist für einen Trabant auf wenige Wochen, wenn die Bestellung in D-Mark über Genex/Palatinus erfolgte.

für die Kinder hin. Dieses Geld sammelten sie als erstes eifrig vom Boden auf. Die DDR-Bürger durften inzwischen Westgeld besitzen und damit dieses Geld möglichst schnell in Staatsbesitz gelangte, gab es in den speziell dafür eingerichteten Intershop-Läden ein gutes Warenangebot. In Kenntnis der Sachlage hatte ich eine Anzahl von 5-Mark-Münzen mitgenommen.

Die Hochzeitsfeier mit vielen Gästen und einer fröhlichen Kinderschar fand in der Gaststätte des Dorfes Hohenziatz statt. Es mangelte an nichts. Ein begabter Discjockey, der

Voll Freude läßt sich die kleine Stefanie mit ihrem Westgeschenk, einer Barbie-Puppe, vor dem Trabi ihres Vaters fotografieren. Er ist der Bruder des Bräutigams.

am nächsten Tag zur Volksarmee einrücken mußte, legte Schallplatten mit moderner Musik zum Tanz auf.

Am späten Nachmittag kamen ein paar beherzte Kinder an unseren Tisch und baten uns, ihnen in einen Nebenraum zu folgen, darunter auch Stefanie, die Nichte des Bräutigams. Sie kannten uns von früheren Besuchen bei unseren Verwandten. Die Kinder hatten die „Vogelhochzeit" einstudiert und sangen sie uns fröhlich und fehlerfrei vor. Wir waren begeistert und meinten, sie sollten damit auch das Hochzeitspaar überraschen. Doch die Kinder wehrten gleich ab: „Vor den vielen Leuten können wir nicht singen! Nein, das können wir einfach nicht!"

All' unsere Überredungskunst wollte nicht helfen. Auch die hinzugekommenen Mütter konnten sie nicht umstimmen. Da fielen mir die 5-Mark-Münzen ein, die ich noch hatte. Ich beschwor die kleinen Sänger: „Wenn ihr für das Brautpaar und die Hochzeitsgesellschaft singt, dann gebe ich jedem von euch ein 5-Mark-Stück!"

Es war ganz still geworden um mich.

„Ja, ja, wir singen!" brauste es wie ein Sturm aus ihren Kehlen. Ihre Angst war wie weggeblasen. Ein Steppke fragte mich noch: „Darf ich dafür ein Gedicht aufsagen? Ich kann nicht singen!"

Ohne jegliche Hemmungen setzten die Kinder ihr Versprechen in die Tat um und bekamen für ihre Darbietung reichlich Applaus.

Wir Erwachsenen feierten noch lange mit dem jungen Förster und seiner hübschen, zierlichen Braut. Am Schluß ließen wir unsere Autos stehen und gingen zu Fuß zu den Quartieren ins nächste Dorf. Längs der Straße verlief die Flußlandschaft der Ihle. Der Gesang der Nachtigallen begleitete unseren Weg.

(Weitere **ZEITGUT**-*Beiträge dieses Autors sind im Autorenverzeichnis am Ende des Buches vermerkt.)*

[Coswig – Meißen, Sachsen, damals DDR –
Hanau, Hessen;
1987]

Inge Dreßler

Grenzerfahrung

1987 stellte ich bei der Volkspolizei in Meißen den Antrag auf einen Westbesuch bei der Tante meines Mannes anläßlich ihres 75. Geburtstages. Man fragte mich, warum *ich* zur Tante meines Mannes wolle, ich sei doch mit ihr überhaupt nicht verwandt!

Meine Antwort: „Na, ich dachte, daß man nach 27 Ehejahren ein bißchen dazugehört!" hat sie wohl verblüfft und letztendlich überzeugt.

Im eiskalten Zug fuhr ich im Februar bis zur Grenze. Dort reichten uns Rot-Kreuz-Schwestern heißen Tee – und die Zugheizung funktionierte plötzlich!

Im Westen erschlug mich natürlich die Konsumfülle völlig, vor allem freitags der Viktualienmarkt. Wo gab's in der DDR schon im tiefsten Winter Blumenkohl, Gurken und Südfrüchte?

So eigenartige Kartoffeln lagen herum, alle gleichgeformt, die sich als Kiwis entpuppten und mir die erste Blamage einbrachten. Im Kaufhaus rannte ich mit dem Kopf gegen eine selbsttätig öffnende Tür. Man sah mir wohl an, woher ich kam. Ansonsten genoß ich Matjesheringe, Joghurt, Ananas und Champignons. Ich kaufte für meine paar Pimperlinge Schokolade, Strumpfhosen und eine billige Kaffeemaschine. Ein zusätzlicher Koffer mußte her, um alle abgelegten, wunderbaren Sachen und die Einkäufe unterzubringen.

Im Keller der Tante stand ein defektes Kofferradio. Es zeigte viele Farbspritzer und war total verstaubt. Der verstorbene Onkel war ein Kellerbastler gewesen. Ich durfte das Radio mitnehmen. Laut Zollvorschrift war jedoch auch die Einfuhr gebrauchter Elektrogeräte nicht gestattet!

Was tun?

Ich schwankte zwischen Begehrlichkeit und Angst. Ganz unten im Koffer, eingewickelt in mein Nachthemd, ging das kaputte Radio mit auf die Reise. Der Zug war in Frankfurt eingesetzt worden. In Hanau stieg ich in ein leeres Abteil ein. Ich lief durch drei Waggons, ehe ich eine andere Frau aus dem Osten traf. Nach der Grenze wollten wir uns zusammensetzen.

Die Kontrolle mit Hund und Zollbeamtin blieb ewig im Abteil der anderen Frau. Endlich nahten Schritte. Das Radio, das Radio hämmerte mein Herz!

Die Zollbeamtin schaute mich scharf an, griff hinter den Sitz, schaute ins Gepäcknetz, hob den schweren Koffer hoch. Dann fragte sie: „Sie kommen wohl von einer Beerdigung?“

Vor Schreck nickte ich.

Sie wünschte mir noch „Gute Fahrt!“ und verschwand.

Radio gerettet, Blutdruck 200! Weshalb trug ich den schwarzen Pulli und die schwarze Hose?

Die andere Frau saß total entnervt im Chaos. Rings auf den Bänken war der Inhalt ihrer Koffer verstreut. Schikane pur, aber nix requiriert!

Ich hatte zwei Grenzen überschritten: die Risikobereitschaftsgrenze und die Zonengrenze! Und das alles wegen eines Haufen Schrott, denn das Radio war nicht mehr zu retten. Bingo!

(Weitere **ZEITGUT**-*Beiträge dieser Autorin sind im Autorenverzeichnis am Ende des Buches vermerkt.)*

[Berlin;
1987/1988]

Helga Hauthal

Ein Jahr mindestens

Das Dilemma begann damit, daß meine Schwester und ihr Mann, beide im vorgerückten Alter, eine Kreuzfahrt machten, auf der sie leider häufig Gelegenheit fanden, sich zu ärgern. Aber wenigstens das Gastgeschenk, für jeden eine Tasse mit Unterteller, tröstete sie. Und da zwei Mitreisende auf ihr Geschenk verzichteten, kam meine Schwester in den Besitz von vier Tassen und vier Untertassen aus Porzellan. Gutem Porzellan! Auf der Unterseite waren das Datum der Reise, der Name des Schiffes, die Dekor-Bezeichnung und der Name der Herstellerfirma vermerkt. Und so konnte jeder unschwer erkennen, daß das hübsche Streublümchenmuster in einer Thüringer Porzellanfabrik gefertigt worden war. Halt, dachten da die beiden, im westlichen Teil Berlins zu Hause, Thüringen, das liegt doch in der DDR! Dort haben wir ja Verwandte, die sollen uns die fehlenden vier Kuchenteller besorgen. Zu jedem Kaffeegedeck gehört schließlich auch ein Kuchenteller!

Als wir wenig später bei ihnen zu Besuch waren, baten sie uns, arglos und naiven Gemüts, die besagten vier Teller zu kaufen. Wir nahmen den Auftrag bereitwillig, aber nicht bedenkenlos an. Schon im Moment der Zusage war uns bewußt, daß das Unterfangen erfahrungsgemäß erfolglos enden würde. Trotzdem gaben wir uns optimistisch und wiesen lediglich auf eine längere Wartezeit hin. Wir prägten uns das

Streublümchenmuster und den geschwungenen Rand des Geschirrs gut ein. Wir wußten, was wir zu tun hatten. Es gab in Ost-Berlin außer dem Geschäft für Meißner Porzellan, das seit Jahren nichts mehr verkaufte, sondern nur noch ausstellte, nur einen einzigen Laden für gutes Porzellan.

„Pastorale", sagten wir dort, „möchten wir kaufen, und zwar vier Kuchenteller."

Ein Kopfschütteln war die Antwort. Wie man denn an die Teller herankäme?

„Bestellen", meinte die Verkäuferin lakonisch. „Aber das machen Sie mal lieber selbst! Wenn wir bestellen, dauert es mindestens ein Jahr."

Den Zettel mit der Anschrift der Fabrik in der Hand, verließen wir das Geschäft am Alexanderplatz. Eine Karte mit der höflichen Bitte um Zusendung von vier Kuchentellern, Dekor „Pastorale", Streublümchenmuster, war schnell geschrieben. Schon nach wenigen Wochen traf die höfliche Antwort ein. Die Thüringer baten um die Scherben der zerbrochenen Kuchenteller. Sonst sähen sie sich nicht in der Lage, Ersatz zu liefern. Auch könne man nur an den Scherben das Muster erkennen. Mein Mann und ich versicherten einander, daß wir uns den Hergang der Sache exakt so vorgestellt hatten. Wie ahnungslos waren doch die lieben Verwandten „drüben"!

„Ich kann doch keine Untertasse zerteppern, um vier Kuchenteller zu bekommen!" empörte ich mich. Mein Mann setzte meinen Gedanken ironisch fort und sagte, anschließend müsse ich dann eine Tasse zerschlagen, um die fehlende Untertasse bestellen zu können. „Damit schaffst du dir ein Arbeitsprogramm, das in den folgenden Jahren andere Tätigkeiten überflüssig macht."

Wir setzten unsere Verwandten vom Stand der Dinge in Kenntnis. Diese zeigten sich geduldig und großmütig. Auf den „Polterabend" wurde verzichtet.

Einige Zeit später betraten wir erneut das Porzellangeschäft, in der Irrsinnshoffnung, irgendein guter Geist sei mit uns. Als wir uns zum Ladentisch vorgekämpft hatten, packte ich aufgeregt meinen Mann am Arm: „Da, Streublümchen!“ – Auf dem Ladentisch stand ein Stoß Teller, unverkennbar „Pastorale“! Aber die Form war seltsam. Die achteckigen Teller ähnelten eher kleinen Platten. Butterteller seien das, erfuhren wir.

Unschlüssig standen wir im Laden, überlegten. Lieber erst anrufen und fragen, entschieden wir. Zu Hause bemühten wir stundenlang das Telefon. Dann die Verbindung. Am anderen Ende Verblüffung, bis sich die Verwandten schließlich mit Buttertellern einverstanden erklärten. Der folgende Tag brachte allerdings das, was wir befürchtet hatten: Natürlich waren die Butterteller längst ausverkauft! Aber die Verkäuferin teilte bereitwillig mit, daß nur ein einziges Service die Bezeichnung „Pastorale“ trage, sonst käme es ja bei Bestellungen zu Verwechslungen. Wir bestätigten, daß wir an diesem üblichen Geschäftsgebaren nie gezweifelt hätten.

Wie komme ich diesen Thüringer Brüdern bei? grübelte ich. Die nächste Bestellung hatte die Ausmaße einer längeren Epistel. Reumütig gab ich vor, die Scherben der Kuchenteller fortgeworfen zu haben. Nun sähe ich mich gezwungen, intaktes Geschirr, von einem sozialistischen Betrieb in mühevoller Arbeit hergestellt, zu zerschlagen, um der Forderung nach Scherben zu entsprechen. Das könne doch nicht im Sinne der sozialistischen Wirtschaft sein! Alsdann ließ ich eine ausführliche Beschreibung der Streublümchen folgen: Form, Anzahl, Farben. Danach charakterisierte ich den geschwungenen Rand von Tassen und Tellern. Als ich meinem Mann diese sprachliche Meisterleistung vorlas, meinte er, nun hätte ich die Thüringer in die Enge getrieben, jetzt müßten sie sich von vier Kuchentellern trennen.

Aber er hatte deren Hartnäckigkeit unterschätzt. Jetzt verlangten sie Zeichnungen in den realen Maßen und Farben des Geschirrs. Auch sei es günstig, Fotos beizulegen.

„Ist dir klar, daß du dich in einem sportlichen Wettkampf befindest?“ fragte mein Mann. „Hier geht es nur noch darum, wer den längeren Atem hat!“

Ich versicherte ihm, ich sei noch nicht am Ende meiner Kräfte. Außerdem sei ich meiner Kaffee und Schokolade spendenden Schwester diesen Aufwand schuldig.

Anläßlich unseres nächsten Rentnerbesuches machte ich meine Schularbeiten. Unsere Verwandten befanden sich wie-

Meine Schwester Irmgard Weimar mit dem „Objekt der Begierde“, dessen Beschaffung und Beförderung meinen Mann und mich Erfindungsgeist und nicht wenig Mut gekostet haben.

der einmal auf einer größeren Reise, und so konnte ich in ihrem Wohnzimmer Buntstifte zusammensuchen und in aller Ruhe messen und zeichnen. Die Streublümchen wurden auf den sonnigen Balkon gestellt und abkonterfeit, von mehreren Seiten und aus unterschiedlichen Entfernungen. Auch Fotos schoß ich. Auf dem Heimweg wurde uns bewußt, daß wir einen neuen Film in den Apparat eingelegt hatten, es würde also einige Zeit dauern, bis er belichtet sei, einen halbleeren Film wollten wir nicht entwickeln lassen. Ich verfaßte trotzdem umgehend eine neue Epistel, legte die Zeichnungen bei, stellte die Fotos in Aussicht und schloß mit dem Satz: „Hiermit bestelle ich vier Kuchenteller, Dekor ‚Pastorale', Streublümchenmuster."

Das Unglaubliche geschah! Statt der erwarteten Forderung, mit den intakten Resten des Geschirrs in Thüringen vorstellig zu werden, brachte der Postbote ein Paket. Leicht, aber umfangreich, wegen der vielen Holzwolle.

„Sieg!" schrie ich, „ich habe die Goldmedaille!"

Mein Mann zog ein bekümmertes Gesicht und meinte, ihm wäre es lieber gewesen, die Thüringer hätten gesiegt. Denn nun käme die eigentlich schwierige Aktion: die Teller durch die Zollkontrolle zu bringen. Wie das funktionieren solle, wisse er noch nicht.

An den folgenden Tagen waren die Sorgenfalten im Gesicht meines Mannes nicht zu übersehen, und ich beobachtete, wie er sinnend vor dem Auto stand. Seiner operierten Knie wegen war uns gestattet, mit dem Pkw ins „feindliche Ausland" zu reisen. Tagelang erörterten wir die verschiedenen Möglichkeiten, die Teller im Wagen zu verstecken. Ganz energisch wies mein Mann meinen Vorschlag zurück, sie unter der hinteren Sitzbank zu verbergen. Er erinnerte mich an jenen Zolloffizier weiblichen Geschlechts, der ihn einmal aufgefordert hatte, die Sitzbank herauszunehmen, trotz des Einwandes, daß dies beim „Wartburg" äußerste Gewaltanwendung verlange. Die schwergewichtige Dame hatte den ohnehin zu kurzen Rock über die dicken Knie gezogen und im Schlußsprung die Rückbank erobert, wo sie kniend von einer Tür zur anderen hüpfte. Enttäuschung auf ihrem Gesicht, als der Schmerzensschrei des unter dem Sitz vermuteten Flüchtlings ausblieb. Kein Flüchtling – keine Prämie!

Als mein Mann dann zwei der vier Teller forderte, um sie zu verstecken, folgte ich ihm gespannt und ängstlich. Er hatte das Reserverad aus dem Kofferraum genommen, die Schutzhülle geöffnet und schob je einen sorgfältig gepolsterten und mit Ersatzschläuchen umwickelten Teller zwischen Rad und Hülle. Dann wurde das Rad wieder festgezurrt.

Als wir uns dem Grenzkontrollpunkt Invalidenstraße/ Sandkrugbrücke näherten, sagte mein Mann plötzlich: „Du weißt von nichts, der Schuldige bin ich!“

Ich protestierte: „Es ist meine Schwester, die gestreute Blümchenteller haben will, nicht deine! Außerdem verfahren sie mit Frauen vielleicht glimpflicher.“

„Wo lebst du denn?“ rief er aus, „die DDR-Frau ist nicht nur europaweit, sondern weltweit die emanzipierteste. Jedenfalls auf dem Papier. Und danach wirst du für dein Vergehen genauso verurteilt wie ein Mann.“

Wir konnten das brisante Thema nicht weiter erörtern, denn schon fuhren wir in die Grenzkontrollstelle ein und hatten mit Zittern genug zu tun. Der Zolloffizier gab sich jovial, er warf lediglich einen Blick unter die Motorhaube sowie in den Kofferraum, ins Handschuhfach, auf die Unterseite des Autos, unter die Fußmatten im Innenraum, in den Benzintank. Das war alles! Zwei Wochen später wiederholten wir die Schmuggeltour mit den beiden restlichen Tellern. Der gute Geist war auch diesmal mit uns. Die Verwandten freuten sich, waren aber keineswegs erstaunt. Sie schienen mit dem Erfolg gerechnet zu haben.

Als wir beim nächsten Rentnerbesuch die Grenze passierten, verlangte der Zolloffizier die Herausnahme des Reserverades aus Kofferraum und Schutzhülle. Mein Mann und ich warfen uns einen schnellen Blick zu – und kamen stumm der Aufforderung nach. Später fragte ich meinen Mann, wieviel ich wohl bekommen hätte, wären wir erwischt worden.

„Mindestens ein Jahr!“ antwortete er grinsend.

*(Weitere **ZEITGUT**-Beiträge der Autorin sind am Buchende vermerkt.)*

[Bonn – Berlin – Leipzig, Sachsen –
Magdeburg, Sachsen-Anhalt, damals DDR;
6. bis 9. Oktober 1987 / Frühjahr 1990]

Dorothea F. Voigtländer

Verschollen

Alljährlich ermöglichten Bundestagsabgeordnete in Zusammenarbeit mit dem Bundesministerium für Innerdeutsche Beziehungen einer Gruppe handverlesener Journalisten aus Bonn und anderen Orten der Bundesrepublik einen Besuch in der DDR. Darunter war 1987 auch ich, tätig beim „Bonner Generalanzeiger". Über meine Eindrücke schrieb ich damals den folgenden Beitrag für die Zeitung:

Der Bus muß warten. Am Grenzübergang Dreilinden scheint eine kühle Herbstsonne. Auf der anderen Seite der deutsch-deutschen Grenze heißt der Grenzübergang Drewitz. Neben dem Sperrgitter weht die Fahne mit dem Staatswappen der DDR. Auf deutschen Farben Zirkel, Hammer und Ährenkranz. Lästereien im Bus: „Wer so zirkelt, daß er nicht unter den Hammer kommt, für den blüht der Weizen."

Befreiendes Gelächter der Grenzgänger. Die Stimmung ist leicht bedrückt. Was wird uns „drüben" erwarten?

Ein Grenzübergang von Deutschland nach Deutschland ist eben etwas ganz anderes als von einem westeuropäischen Land in ein anderes. Einbildung! Vielleicht sind es nur Vorurteile?

Nach vierzig Minuten kommt der DDR-Grenzbeamte. Freundlich, aufgeräumt, jovial: „Na, nichts zu verzollen?"

Der Berliner Dialekt ist unüberhörbar. Er gibt die Pässe

an die Eigentümer zurück. Ein kleiner Witz auf den Lippen: „Der Arbeiter- und Bauernstaat läßt grüßen!“

Der DDR-Reiseleiter steigt in den Bus, begrüßt seine „Gäste aus der BRD“, so die offizielle Mundart, und fragt: „Wollen Sie das Land sehen oder sollen wir über die Autobahn nach Leipzig fahren?“

Natürlich wollen alle über Land fahren, näher heran an Land und Leute. Auf der Gegenfahrbahn stauen sich die Lastkraftwagen auf der Transitstrecke. Fast alle haben westdeutsche Nummernschilder oder kommen aus den Niederlanden. Die Fahrt über die Dörfer beginnt. Neugierig blicken die Bewohner dem Bus nach. Die DDR wird kurz vorgestellt: Arbeiter- und Bauernstaat, wenige Bodenschätze und so weiter. Bis kurz vor Leipzig wird Braunkohle abgebaut, ein Grund mehr dafür, daß in Leipzig die Luft etwas dunkler ist, ebenso die Häuser, wie später zu sehen sein wird.

Auch in der DDR gibt es Kriegsdienstverweigerer, erfahren wir. „Wer nicht den Dienst an der Waffe will, wird Bausoldat“, erklärt der Reiseleiter. Wer das nicht will, kommt in den Knast. Berliner Dialekt ist auch beim ihm deutlich zu vernehmen. Da fühlen sich die Gäste aus der BRD schon fast wie Zuhause, denn die Berliner Aussprache ist im Osten nicht anders als im Westen.

Aus vielen Häusern und zahlreichen Wohnungen der Hochbauten flattern die rote oder die DDR-Fahne. Die Republik feiert den 38. Jahrestag ihrer Gründung. Kurzer Exkurs in ihre Geschichte, Schulwissen wie gehabt. An Häuserwänden und Scheunen sind Parolen angebracht: „Unser Beitrag zum 7. Oktober – wir erfüllen ihn“. Oder „Je stärker der Sozialismus, um so sicherer der Frieden“.

Schlangen vor den kleinen Geschäften in den Dörfern.

„Wir haben eben nicht alles, die DDR ist ein armes Land.“ Unerwartete deutliche Töne aus der Richtung des Reiseleiters. Die Zuhörer sind erstaunt. Diskussionen beginnen, vorsichtige Kontaktaufnahmen. Niemand will „denen da drü-

Herbst 1987: Wir Journalisten aus der Bundesrepublik bei einem Besuch in Leipzig vor dem Bach-Denkmal.

ben“ zu nahetreten, egal aus welcher Richtung man dieses „Drüben“ auch sieht.

Bei der Einfahrt nach Leipzig gibt er uns in gedrängter Form eine Einführung in die Geschichte der Stadt: Leipzig, die Heimatstadt des berühmten Musikers Johann Sebastian Bach, die Stadt des Buches und der Leipziger Messe, eine Nahtstelle zwischen Ost- und Westhandel, der Reiseleiter betont das zweimal. Und Leipzig ist die Stadt des Völkerschlachtdenkmals. Die Häuser sind überwiegend grau, doch überall wird renoviert. Die Fußgängerzone mit den hübsch restaurierten Altbauten kann sich sehenlassen. Die DDR-Autos Trabant und Wartburg vermitteln für uns ein fremdes Bild des Innenstadtverkehrs.

Eine Stadtbilderklärerin steigt zu, sie übernimmt die Führung in Leipzig. Sie heißt Else B. Der Reiseleiter hat sich unter die Gäste gemischt. Gelächter hinten im Bus: „Na, haste 'nen neuen Witz über Kohl oder über Honni?"

Mit Honni ist Erich Honecker gemeint, liebevoll-ironische Witzelei, mit der die Gäste aus dem Westen kaum gerechnet hätten. Der Reiseleiter zeigt einen DDR-Geldschein. Auf der einen Seite ist eine junge Frau am Steuerpult einer Anlage arbeitend dargestellt.

„Wenn man in der DDR ein Auto bestellt, ist man noch jung wie diese Frau", sagt er und dreht den Schein um. Auf

Der Reiseleiter erzählte uns einen Witz über die Vor- und Rückseite der bräunlichen 10-Mark-Scheine der DDR.

der anderen Seite ist Clara Zetkin, das ehemalige Reichstagsmitglied und Streiterin für die Frauenbewegung, in vorgerücktem Alter zu sehen. „Hat man das Auto endlich, ist die Wageninhaberin schon bejahrt wie Clara Zetkin."

Alle lachen. Die Stimmung wird immer gelöster. Später, beim Essen im Haus der Deutsch-Sowjetischen Freundschaft, gibt es keinerlei Berührungsängste mehr. Ganz offen wird über die Wiedervereinigung gesprochen.

„Wir sind ein anderes Deutschland, wir müssen uns gegenseitig akzeptieren", auf diese Formel einigen sich die Nachkriegsjahrgänge.

Zum Abschied hagelt es Einladungen in den Westen. Else B. zeigt sich besonders interessiert und fragt nach Einzelheiten in unserem Journalistendasein. Mit einem winzig kurzen Blick zum offiziellen Reiseleiter kommentiert sie dann aber ein wenig distanzierter: „Wir kommen gerne in die BRD, man muß aber erst kommen können."

Die kleine Aggressivität war gut spürbar in dieser Antwort, eine sicherlich herbe Wahrheit.

„Die Mauer muß eben weg", erklärt apodiktisch ein Gast aus Köln. Ob dann viele von Osten nach Westen ziehen würden?

Unsere beiden DDR-Deutschen schütteln den Kopf: „Für die Jugend ist die Heimat hier, Reiseerleichterungen würden allerdings das Reisen schöner machen." Doch in den nächsten Ferien geht es nach Ungarn. Mit dieser Reise gibt es keine Probleme.

Aus welchen Gründen auch immer wurde mein Bericht nicht veröffentlicht, unsere wenig spektakuläre Reise erschien im „Bonner Generalanzeiger" nur als kurze Meldung.

Für mich hatte diese Reise ein sehr persönliches Nachspiel. Ich hatte mich mit Else, der Stadtbilderklärerin, angefreundet und machte mich nach dem Mauerfall in ihre Heimatstadt Magdeburg auf, um sie zu treffen.

„Ich weiß nicht, wo sie ist!“

Die Frau log. Sie schaute ungehalten zu mir auf und wollte die Wohnungstür rasch wieder schließen, als ich ihr die nächste Frage stellte: „Wo wohnt denn Else B. jetzt? Sie müssen es doch wissen! Sie hat mir gesagt, daß sie hier seit vielen Jahren gewohnt hat!“

Die Adresse hatte mir Else damals selbst auf ein kleines Stück Papier geschrieben. Mehrfach hatte ich versucht, sie aus Bonn telefonisch zu erreichen, das hatte nur ein einziges Mal geklappt – in der Nacht des Mauerfalls. Die Grenze war seit jenem denkwürdigen 9. November 1989 gefallen, seit einigen Monaten hatte ich die Reise geplant, und nun stand ich hier in Magdeburg im Frühjahr 1990 und hoffte, Else zu treffen, obwohl ich keine Antwort auf meine nachfolgenden Briefe, keine Reaktion auf meine Anrufe erhalten hatte. Merkwürdig genug. Jetzt wollte ich es genau wissen.

Die Frau sah mich mit verkniffenem Gesicht an. Sie wollte nichts sagen. Ein Gesicht, in dem die Lüge klar eingeschrieben war und die Angst. Aber warum? Die Staatssicherheit gab es doch nun nicht mehr, warum sagte sie mir nichts?

Else hatte mir 1987 auf einem Foto sogar den Balkon ihrer Wohnung gezeigt, dort, wo die Geranien blühten im vierten Stock des alten Plattenbaus direkt neben dem Magdeburger Dom. Ein Ort voller Geschichte, hatte doch schon Kaiser Otto der Große hier 968 ein Erzbistum gegründet. Das war ein weiterer Grund von mir, ausgerechnet Magdeburg zu besuchen. Und hier sollte ja Else B. leben.

Wieder versuchte die Frau, die Türe zu schließen, und jetzt steckte ich einfach frech meinen Fuß zwischen Tür und Angel. Es mußte doch möglich sein, Else zu finden. Sie war eine Mitbewohnerin dieser in genau diesem Haus gewesen. Jetzt dachte ich schon in der Vergangenheit. – War. Mir wurde ganz übel. Was war geschehen?

Die Frau fixierte mich weiter böse. Klein, dicklich, frische Dauerwelle.

In jener Nacht, als die Menschen am Brandenburger Tor über die verhaßte Mauer kletterten, jubelten, und doch die Angst über allem schwebte, weil jeder glaubte, daß jetzt Schüsse fallen müßten, da hatte ich mit Else telefoniert. Endlich ein Kontakt. Es war wie ein Wunder gewesen. Und auch sie konnte kaum glauben, was geschah, obwohl sie das Westfernsehen angeschaltet hatte und die gleichen Bilder sah wie ich. Im Hintergrund hatte ich den Fernsehton gehört, in der Hörmuschel ihre aufgeregte Stimme, ihre Freude, ihre Hoffnungen erspürt.

„Dann sehen wir uns bald“, hatte sie gesagt, „ich habe dir ja meine Wohnung auf dem Foto gezeigt, den Plattenbau direkt am Dom in Magdeburg.“

Ja, ich wußte, wo sie wohnte, hätte sie bei meiner letzten Reise in der DDR 1987 auch gern besucht, doch war es verboten, die Gruppenroute zu verlassen. Die Hoffnung war geblieben, und jetzt sollte sich unser Wunsch bald erfüllen. Dachten wir.

Schon damals hatten wir ganz offen miteinander gesprochen, aus Sicherheitsgründen allerdings immer draußen, etwas abseits von der Journalistengruppe, sichtlich immer scharf beobachtet von ihrem männlichen Kollegen, der auf einmal recht wortkarg im Bus saß, seit sie zugestiegen war, aufmerksam mithörte und nur noch auf Fragen antwortete, wenn man sie an ihn richtete. Nur bei den wenigen Spaziergängen, wie zum Beispiel rund um das Völkerschlachtdenkmal in Leipzig, ganz kurz in Auerbachs Keller im Stadtzentrum oder in einem Seitengang der Kirche zu Wittenberg oder in einem Park konnten wir uns offener unterhalten, Else und ich. Wir hatten uns sofort angefreundet. Sympathie auf den ersten Blick. Verständnis. Else sah mir sehr ähnlich, auch sie war groß, hatte blonde Haare, wir waren etwa im gleichen Alter. Versuche, in die Freiheit zu gelangen, hatte sie abbrechen müssen. Zu gefährlich.

„Wenn man geschnappt wird, dann ist alles aus“, hatte sie

mir erklärt. Deprimiert und traurig. Wir wollten uns wiedersehen. Damals war noch ungewiß wann, obwohl Hoffnungen im Jahre 1987 aufzublühen begannen. Ganz leise, aber spürbar.

Doch jetzt war sie nicht zu finden. Ein Mensch kann doch nicht einfach so verschwinden!

Ich ging eine Etage höher, um dort zu fragen. Die Wohnungstüre stand weit geöffnet, die Wohnung war leer, vernachlässigt, schmutzig. Überhaupt war es sehr ruhig in diesem Haus, obwohl es doch so riesig war. Kurzentschlossen suchte ich die Wohnung von Else. Auch hier stand die Tür weit offen, keine Möbel, die Telefonleitung war aus der Wand gerissen, die Gardinen hingen zugezogen vor den Fenstern. Die Luft stand. Hier hat lange niemand mehr gelebt. Ein Blick auf den Balkon: Da waren die Geranien – verdorrt.

Aufmerksam blickte ich in jeden Raum. Plötzlich entdeckte ich an der Wand, dort, wo das Telefon angeschlossen gewesen war, eine Telefonnummer auf der Tapete. Ich notierte sie mir, versuchte, mit dem Handy den Teilnehmer zu erreichen. Daneben stand ganz klein meine Telefonnummer. Die konnte ja nur von Else sein. Allerdings fehlte die Vorwahl. Sicherlich aus gutem Grund. Nun war ich sicher, daß ich mich in ihrer ehemaligen Wohnung befand. Jetzt wollte ich es aber wissen.

Beim Einwohnermeldeamt war sie nicht registriert, die Polizei konnte ihren Namen im Computer ebenfalls nicht finden. Niemand hatte Else als vermißt gemeldet. Verwandte hatte sie offensichtlich nicht. Mir blieb also nur die fremde Telefonnummer. Bei der Polizei durfte ich sie vom Festnetz anrufen. Es schellte lange, dann meldete sich eine Dame. „Ja, bitte“, sagte sie zögerlich.

Ich fragte sie nach Else. Pause.

„Ich kenne niemanden, der so heißt“, sagte die Stimme, dann wurde die Leitung unterbrochen, das Gespräch war zu Ende. Ich glaubte ihr nicht. Ein Polizeibeamter half mir, die

Adresse herauszufinden. Ich ging zu der fremden Frau. Sie zögerte, als ich vor ihrer Haustüre stand, wollte mich nicht in die Wohnung hineinlassen. „Nein, Else kannte ich nicht", sagte sie wenig überzeugend.

Dann sah ich, daß sie sehr blaß wurde, ihre Hände zitterten. Die Frau fing an zu weinen. Nun ließ sie mich endlich in ihre Wohnung. Und endlich erfuhr ich etwas über Else. Doch die Frau stand irgendwie unter Schock. Weinend erzählte sie mir, daß Else noch in der Nacht, als die Mauer fiel und die Menschen die neue Freiheit glücklich feierten, von unbekannten Männern und Frauen verhaftet worden sei. Dann hatten ihr Nachbarn erzählt, daß sofort danach fremde Leute mit einem Möbelwagen alle ihre Sachen aus der Wohnung abgeholt hätten. Sie habe sogleich versucht, Else zu finden, habe sich an die „neue Polizei" gewandt, doch die Angst vor den Behörden war geblieben. Auch die Stasiakten der Stadt waren durchwühlt worden, so erzählte man mir von offizieller Seite später, aber nirgendwo fand sich eine Spur von Else. Sie hatte es nie gegeben. Ihr Name tauchte nirgendwo in den Unterlagen auf.

Schließlich kochte die Frau einen Kaffee, wir schauten uns die Fotos an, die ich bei der letzten Journalistenreise in Leipzig gemacht hatte. Auf einem Bild ist ein Stück von Else zu sehen, ein Zufall, denn sie wollte nie fotografiert werden. Die Frau bestätigte, ja, das ist sie, man könne sie gut erkennen. Sie war mit ihr früher in die Schule gegangen. Später kamen ihre Eltern von einer Urlaubsreise ans Schwarze Meer nicht mehr zurück. Auch sie blieben verschwunden. Alle Nachforschungen waren umsonst. Das hatte Else tief getroffen. Davon hatte sie mir nichts erzählt.

Zuletzt sei Else sehr verstört gewesen, erzählte die Frau. Sie habe einen Ausreiseantrag nach dem anderen geschrieben. Doch alles vergebens. Bis sie dann abgeholt wurde. Und das ausgerechnet in der Nacht vom 9. auf den 10. November 1989, es muß kurz nach unserem Telefonat gewesen sein.

Wahrscheinlich war ich die letzte, mit der sie gesprochen hatte. Doch Else war nirgendwo wieder aufgetaucht. Und niemand hat mehr von ihr gehört. Es war, als hätte es sie nie gegeben. Keine Unterlagen, keine Urkunden, nichts. Nur die Seitenansicht ihres Gesichtes auf einem meiner Fotos. Aber ist das ein Beweis?

Die Frau hat mich später in Bonn besucht. Wir haben uns angefreundet. Sie hatte weiter nach Else gesucht. Ich auch. Sogar Suchanzeigen in großen Tageszeitungen haben wir geschaltet. Aber Else blieb verschollen. Und die Nachbarin im Plattenbau am Dom in Magdeburg war auch verschwunden. Die alte Frau war eine der letzten Mieterinnen dort gewesen, bis man das häßliche Gebäude im Herbst 1998 gesprengt hat. Das war sogar im Fernsehen zu sehen.

Ein erneuter Besuch in Magdeburg einige Jahre später. Der Dom ist fabelhaft restauriert, die Grünanlagen außen sind eine Augenweide. Die alten Häuser in den Nachbarstraßen wurden Haus für Haus restauriert. Das begann bald nach der Wende.

Else blieb verschwunden, von allen vergessen. Nur die Frau und ich denken noch an sie. Ein merkwürdiges Gefühl bleibt.

(Weitere **ZEITGUT**-*Beiträge dieser Autorin sind im Autorenverzeichnis am Ende des Buches vermerkt.)*

[Sonneberg, Thüringen, damals DDR –
Prichsenstadt bei Schweinfurt, Franken;
Frühjahr 1989]

Elfriede Brückner

Meine Reise zum „Klassenfeind“

Immer, wenn es in den achtziger Jahren auf den Dezember zuging, freute sich meine Schwester ganz besonders. Der Grund dafür war aber nicht das bevorstehende Weihnachtsfest, sondern der Geburtstag einer alten Tante im Westen. Dann durfte sie nach drüben fahren. Eigentlich war die Verwandte die Cousine unserer Mutter. Wir hatten sie aber in den Status einer Tante gehoben, weil sich das bei der Beantragung einer Reisegenehmigung besser machte. Je näher das Verwandtschaftsverhältnis, desto größer die Aussicht auf Erfolg. Unsere Befürchtung, daß nachgeforscht werden könnte und der Schwindel herauskäme, war unnötig. Für diesen Fall hatten wir uns eine „Begründung“ zurechtgelegt. Zudem hatten wir bemerkt, daß Männer in Sachen Verwandtschaftsverhältnis schlechter durchblickten als Frauen. Und auf den Volkspolizeikreisämtern, die die Reisegenehmigung ausstellten, waren ja vorwiegend Männer beschäftigt.

Jedesmal, wenn meine Schwester abreiste, war für mich ein trauriger Tag, denn ich wäre zu gerne mitgefahren. Ich durfte aber nicht. Warum?

„Das brauchen wir Ihnen nicht zu sagen“, hatte man mir einmal geantwortet. Die Begründung einer „freundlichen“ Kollegin: „Du mußt verstehen, daß du als Kindergärtnerin nicht reisen darfst. Du kannst hier nicht Kinder erziehen und gleichzeitig zum Klassenfeind gehen“, ließ mich wütend werden. Na ja, ihr Mann war Offizier bei den Grenztruppen! Ich aber verstand das ganz und gar nicht. Wollte es auch nicht verstehen! Aber warum stellte ich nicht einfach erneut einen Antrag?

Eine andere Kollegin hatte das einmal getan. Man hatte sie beim Rat des Kreises so fertiggemacht, daß sie einem Nervenzusammenbruch nahe war. Und reisen durfte sie trotzdem nicht. Zwecklos also. Sie hatten ihr Ziel erreicht.

Aber viele Wege führen nach Rom! Ich hörte, daß man bei Vorlage eines Attestes, das bescheinigte, daß die zu besuchende Person schwer erkrankt sei, leichter eine Reisegenehmigung bekommen würde. Unsere Verwandten schickten daraufhin ein solches Papier, doch zwischenzeitlich hatte ich erfahren, daß das Attest nicht nur die Unterschrift des behandelnden Arztes, sondern auch die des Kreisarztes tragen müsse. Noch eine Hürde!

Aber der Mensch sucht sich immer einen Ausweg, und ist die Lage noch so hoffnungslos. Ich mußte oft an die Worte meiner Mutter denken, die ein sehr wahrheitsliebender Mensch war: „Die wollen es doch nicht anders!“ Mit „die“ hatte sie jegliche Obrigkeit gemeint. Wer als Politiker unmenschliche Gesetze macht, muß damit rechnen, angelogen zu werden.

Schließlich hatte ich das richtige Attest. Beglaubigt und vielfach gestempelt! Das Unangenehmste stand mir jedoch erst bevor: Ich mußte aufs Schulamt, eine Befürwortung der Reise einholen. Es war ein kleiner Gang nach Canossa.

Erst strikte Ablehnung, dann Appell an meine Ehre als „sozialistische Erzieherpersönlichkeit“. Als ich nicht nachgab, folgte ein Telefonat mit meiner Leiterin, die es gewagt hatte, mir Urlaub zu gewähren. Meine jetzige Chefin war zum Glück nicht wie ihre Vorgängerin, die einmal despotisch geäußert hatte: „Von meinem Kindergarten reist keine Kollegin in den Westen!“ – Sie hatte tatsächlich „meinem“ gesagt, wie ein kleiner absolutistischer Herrscher. Ich sollte die Befürwortung bekommen, wir feilschten nur noch um die Dauer des Aufenthaltes beim „Klassenfeind". Endlich hatte ich acht Tage herausgeschunden.

Die Kolleginnen im Kindergarten stichelten: „Du wirst doch wiederkommen?"

Ich lächelte nur vielsagend.

Im Frühjahr 1989 war es soweit, ich saß im Zug nach Schweinfurt. Im Abteil wurde wenig geredet, alle waren ein bißchen nervös. Man wußte ja nicht, wer noch so alles mitfuhr! Ein Offizier kam und kontrollierte eingehend unsere Pässe. Eine Frau mußte ihren Koffer öffnen. Auch unter die Bänke wurde geschaut. Der Offizier sagte zwar „bitte" und „danke", aber seine Worte klangen eher amtlich-korrekt als freundlich. Ich glaube, nach der Kontrolle wurde das Zugpersonal ausgetauscht. Eine Frau rief unvermittelt aus: „Jetzt sind wir im Westen!"

1989: Fasching mit meiner Kindergartengruppe daheim in Sonneberg.

Meine Schwester, im hellen Pullover, mit unseren „Tanten“ in Prichsenstadt, Franken. 1989 durfte auch ich sie endlich besuchen.

Im selben Moment fanden auch die übrigen Reisenden ihre Sprache wieder und schnatterten drauflos, alle durcheinander. Der westdeutsche Bahnbeamte, der die Abteiltür öffnete, empfing uns mit einem fröhlichen „Grüß Gott! Herzlich willkommen in der Bundesrepublik Deutschland!“ – Es war wie Tag und Nacht.

1955 war ich das letzte Mal im anderen Teil Deutschlands gewesen. Vieles hatte sich verändert. Ein bißchen davon kannte ich ja aus dem Westfernsehen, das wir, da wir an der Grenze zu Bayern wohnten, gut empfangen konnten. Zuerst kam ich jedoch mit ganz normalen Alltagsdingen nicht zurecht, angefangen von den automatischen Türen, an denen ich herumzerrte, bis hin zu den Wasserhähnen, die ich nicht öffnen konnte.

Meine Großcousine hatte schon einen Plan gemacht, wo es überall hingehen sollte. So war ich jeden Tag unterwegs, die Zeit mußte gut genutzt werden. Natürlich besuchte ich auch die „Tante“, die für das ärztliche Attest ihren Namen hergegeben hatte. Gottlob traf ich sie munter und gesund an. Eigentlich spaßt man nicht mit der Behauptung, jemand sei schwer erkrankt. Aber was hätte ich denn machen sollen?

Ich aß so gerne Schokolade. Es war ja nicht so, daß ich mir zu Hause keine leisten konnte, obwohl eine Tafel Vollmilchschokolade 3,80 Mark kostete und bittere noch teurer war. Aber „Milka" schmeckte mir eben besser. Ich hatte schon einige Tafeln geschenkt bekommen, rührte aber keine davon an, weil ich sie alle mit nach Hause nehmen wollte. Nach dem vierten Tag waren es so viele, daß ich zuschlug. Ich verspeiste eine ganze Tafel auf einmal.

Mit einer alten Tante ging ich durch deren Heimatstadt Prichsenstadt. Ihr Mann war dort viele Jahre Bürgermeister gewesen. Stolz zeigte sie mir, was er geschaffen hatte. Am meisten beeindruckte mich die Schule: Überall war es pieksauber. Teppichboden, hübsche Wandmalereien, eine komplett eingerichtete Küche mit zehn Öfen, ein Werkraum mit verschiedenen Werkbänken sowie ein Raum mit Nähmaschinen. Zu Hause waren wir jahrelang vergeblich nach einer Nähmaschine umhergerannt.

Ich sah mir auch einen Kindergarten an. Bei uns war es verboten, Westdeutschen den Kindergarten zu zeigen. Warum, hatte ich nie verstanden. Doch jetzt, da ich den Unterschied erkannte, begriff ich. Allerdings muß ich aus heutiger Sicht hinzufügen, daß gute äußere Bedingungen noch keine Garantie für eine gute Erziehungsarbeit sind und daß die Kinder sich wohler fühlen.

Als ich wieder zu Hause war, teilte ich die Mitbringsel redlich mit meiner Schwester, sie hatte es auch immer so gehalten. Und das ist beileibe unter Geschwistern nicht immer so. Meine Tochter zog natürlich gleich die schicken Sachen an, die ich ihr mitgebracht hatte. „Deine Mutter war wohl drüben?" fragte man sie in der Schule:

(Weitere **ZEITGUT**-*Beiträge dieser Autorin sind im Autorenverzeichnis am Ende des Buches vermerkt.)*

[Leipzig, damals DDR – Stuttgart – München –
Gießen, Hessen – Leipzig;
1986 – 1989]

Ingrid Franke

Einmal Gießen – und zurück

In den 80er Jahren kursierte in der DDR der Witz: „Wißt ihr, weshalb es bei uns keine Spaten mehr zu kaufen gibt?“ – „Weil jeder einen kauft, um in der Familie einen West-Verwandten auszugraben!“

Ich besaß Garten und Spaten und grub meine Cousine aus. Damit erfüllte ich eine erste Bedingung, um eine Besuchsgenehmigung beantragen zu können. Außerdem hatte meine Cousine 1986 ihren 70. Geburtstag. Ehemann und Kinder würden als Sicherheit für meine Rückkehr in die DDR zu Hause bleiben müssen. Genossin der SED war ich nicht. Weshalb sollte ich also keine Besuchserlaubnis beantragen?

Eine beglaubigte Geburtsurkunde meiner Cousine war schnell beschafft, sie war schon für fünf Nichten und Neffen eingesetzt worden. Acht Wochen vor dem Termin mußte ich an die Kaderabteilung meines Betriebes einen Antrag auf Befürwortung meiner Reise stellen. Nach 30 Arbeitsjahren, so glaubte ich, sei meine Kaderakte noch immer unbefleckt.

Doch mein Begehren wurde abgewiesen. Wie könne ich als Exportbearbeiterin im sozialistischen Außenhandel es wagen, eine Privatreise in das kapitalistische Ausland auch nur in Erwägung zu ziehen?

Zudem hätte die Staatssicherheit auch noch ein Wörtchen mitzureden. Aus war's mit meiner kühnen Idee.

Die Abteilung, in der ich arbeitete, war nur eine Nebenstelle und wurde aufgelöst. In solchen Fällen erfolgte in der DDR eine „Umsetzung" oder „Überleitung" in andere Betriebe. Ich hatte Glück im Unglück, wechselte in einen anderen Betrieb und war jetzt „nur" Buchhalterin. Was hätte ich in dieser Funktion dem „Klassenfeind BRD" für Geheimnisse verraten können? Weshalb sollte ich nicht versuchen, den 83. Geburtstag meiner Wahl-Tante als Anlaß für einen erneuten Antrag zu nehmen?

Sie durfte uns in der DDR doch auch besuchen!

Ich wagte einen zweiten Anlauf. Die Geburtsurkunde lag vor, der Betrieb befürwortete meinen Antrag, auch die Gewerkschaft gab grünes Licht. Ich reichte das ausgefüllte Formular bei der Polizei ein. Fünf Tage vor dem vorgesehenen Reisetermin erhielt ich abermals eine Absage. Hatte der Abschnittsbevollmächtigte seine Zustimmung verweigert?

Meine Hoffnung war wieder zerstört, mein stundenlanges Warten bei der Beantragung umsonst gewesen. Aber es gab ja eine Zentrale Beschwerdestelle. Weshalb sollte ich dort nicht vorsprechen und mich nach den Gründen für die Ablehnung erkundigen?

Auch hier wieder langes Warten. Dann die Auskunft: keine Besuchserlaubnis, da es keine Verwandte ersten oder zweiten Grades sei. Ob ich nicht eine solche hätte?

Meine Cousine?

Ja, weshalb nicht, wenn ich eine Besuchserlaubnis zu ihr bekäme, könne ich ja reisen, zu wem ich wolle.

Eine vernünftige Person, diese Beamtin, fand ich.

Den dritten Anlauf nahm ich im März 1987, meine Cousine wurde im April 71 Jahre alt. Geburtsurkunde, Befürwortung seitens des Betriebes, alle Papiere eingereicht und – wieder abgelehnt!

Wer war es bloß, der etwas gegen mich hatte?

Die Beamtin in der Beschwerdestelle wollte alles aufklären. Ich solle Geduld haben. Schließlich bekam ich das langersehnte Visum zur Ausreise in die BRD, befristet für zehn Tage. Ich durfte 10 Ost-Mark gegen 10 West-Mark tauschen, also eine DM je Tag. Wie großzügig!

Eine Platzkarte für den meist übervollen Interzonenzug hatte ich vorsichtshalber schon Wochen vorher bestellt. Ich wollte nachts fahren, um von den zehn kostbaren Tagen keinen zu vergeuden. Gegen Vorlage meines Reisepasses erhielt ich Fahr- und Platzkarte. Mit einem kleinen Koffer und einem großen Wunschzettel der Daheimgebliebenen in den Händen trat ich meine Reise an, zwängte mich im Zug durch die Menschenreihen zu meinem Sitzplatz. Je näher wir der Grenzstation Gutenfürst kamen, um so schweigsamer wurden alle. Was würde uns erwarten?

Grenzpolizisten mit Spürhunden kontrollierten unter, über und neben den Waggons, durchsuchten sämtliche zu öffnende Klappen, prüften mit Taschenlampen unter den Sitzen, sahen in den Toiletten nach. Es mutete unheimlich an. Während der Paßkontrolle herrschte beklemmende Stille. Scharfe Blicke des Grenzers vom Paßbild zum Reisenden und zurück. War die abgebildete Person identisch mit dieser hier?

Danach kam der Zoll und prüfte das Bargeld. War auch alles ordnungsgemäß eingetragen? Welche Geschenke wurden mitgeführt? Wagte etwa jemand, ein „Kunstwerk" auszuführen, der DDR damit zu schaden?

Wertvolle Antiquitäten verkaufte der Staat gegen harte Devisen lieber selbst. Ich hatte verbotenerweise nur eine frische Blutwurst dabei. Die aßen meine Verwandten besonders gern. Die Wurst blieb unentdeckt. Nach einer Stunde, die mir endlos erschien, setzte sich der Zug wieder in Bewegung. Alle atmeten auf, man wurde gesprächiger. Die Kontrolle der Grenzpolizisten an der Westgrenze war reine Formsache.

Was für ein Jubel bei der Begrüßung auf dem Stuttgarter Bahnhof! „Der Zug riecht typisch ostdeutsch", bekam ich zu hören. Dabei waren es für DDR-Verhältnisse bereits bessere Waggons, die mit den roten Kunstledersitzen.

Welche Hektik an den folgenden Tagen: Besuche bei Freunden, Verwandten, Bekannten. Sie fuhren mit mir in die Umgebung. Der Wunschzettel der Familie mußte erledigt werden. Mit den 100 DM Begrüßungsgeld von der Gemeinde und ein paar Scheinchen von der Tante versuchte ich, preiswert und gut einzukaufen. Das war ziemlich anstrengend. Die wenigen Tage vergingen viel zu schnell. Der Termin der Rückkehr nahte und damit die bange Frage: Würden wir uns im nächsten Jahr wiedersehen? Würde ich erneut eine Reiseerlaubnis bekommen?

Auf der Rückfahrt waren mein kleiner Koffer und die Beutel prall gefüllt. Ob alles ins Gepäcknetz paßt? Es paßte! Aber wie würde es an der Grenze mit der Kontrolle werden?

Bange Fragen, meine innere Unruhe nahm zu.

Einkaufsbummel in Stuttgart 1987/88. Mit vollen Tüten kehrte ich zurück und hatte meine Not, alles im Koffer unterzubringen und heil durch die Grenzkontrolle zu kommen.

Die westliche Seite der Grenze wurde reibunslos passiert. Auf der Ostseite wieder atemlose Stille. Die Paßkontrolle überstand ich problemlos. Danach erschienen die Zollbeamten. „Welche sind ihre Gepäckstücke? Öffnen sie bitte alle! – Alle übrigen Personen verlassen solange das Abteil."

Die Mitreisenden standen stumm und hilflos im Gang herum. Ich mußte alles öffnen und auspacken. Mir wurde dabei abwechselnd heiß und kalt. In meiner Handtasche befanden sich nur meine Papiere und das Geld. Mein Westgeld, also die Devisen, hatte ich bis auf ein paar Mark Hartgeld ausgegeben. Hastig überdachte ich meine Geschenke. Zeitungen hatte ich nicht dabei. Die waren verboten.

Ich zwang mich zur Beherrschung. Aus dem Koffer beförderte die Zollbeamtin eine gebrauchte elektrische Handbohrmaschine ans Licht. Zu Hause mußte ich dafür 80 Mark Zollgebühr bezahlen. Ansonsten führte ich nichts „Widerrechtliches" mit. Was für Nerven mich das gekostet hat! Würde man meinen Betrieb von der Sache unterrichten? Durfte ich jemals wieder in die Bundesrepublik ausreisen?

Ich hatte Glück. Im folgenden Jahr und auch im Frühjahr 1989 konnte ich erneut besuchsweise nach Westdeutschland fahren. An diesen Urlaubstagen fühlte ich mich frei wie ein Vogel, der aus seinem Käfig ausgebrochen war. War es nicht auch so?

In meiner Ehe fühlte ich mich eingeengt. Der Familienalltag überforderte mich. Um mich scheiden zu lassen, fehlte mir der Mut. Meine Arbeit bereitete mir wenig Freude, die Atmosphäre unter den Kolleginnen war unstimmig. Der Wechsel vom Außenhandel zum Großhandel war für mich ein beruflicher Abstieg. War es da nicht besser, ich entging diesen, wie mir schien, unlösbaren Problemen, indem ich von einer Reise nach Westdeutschland einfach nicht mehr zurückkehrte? Meine Kinder waren schließlich erwachsen, lebten ihr eigenes Leben. Vielleicht würden sie meine Beweggründe verstehen.

Am 14. April 1989 bestieg ich wieder in der Nacht den Interzonenzug. Zum Glück kann man Gedanken nicht lesen. Die Staatssicherheit hätte mich gewiß aus dem Zug geholt. Selbst mein Bruder, der mit mir fuhr, durfte nichts von meinem Vorhaben wissen. Heimlich holte ich mir bei Freunden die wichtigsten Auskünfte ein. Würde ich vorerst bei ihnen wohnen können? Wie war der Verfahrensweg, wie die Situation auf dem Arbeitsmarkt?

Immerhin war ich schon Ende vierzig.

Mein Vorhaben nahm immer mehr Gestalt an. Darum paßte es ganz gut in meinen Plan, daß mein Bruder für zwei Tage auswärts einen Freund besuchte. Wir wollten uns erst kurz vor Abfahrt des Zuges treffen. Ich durfte meinen Bruder auf keinen Fall einweihen. Es hätte für ihn in der DDR üble Folgen haben können. Ich wollte verhindern, daß die Staatssicherheit ihm zusetzte. Erst als er abgereist war, konnte ich offen agieren. Leider stieß ich bei Freunden und Bekannten auf Unverständnis. Ich sei ein Egoist, würde nur meine eigenen Interessen verfolgen und nicht an die Familie denken. Man fühlte sich überfordert, distanzierte sich von meinem Vorhaben. Mit solch massiver Abwehr hatte ich nicht gerechnet. Sollte ich meinen Plan aufgeben?

Noch war es Zeit, ein paar Tage später heimzukehren, dafür würde ich schon eine Begründung finden. Aber es kam anders. Das Schicksal hatte bereits entschieden. Vor der Ausreise hatte ich nämlich einige wichtige Papiere mit der Post abgeschickt, weil ich sie wegen der Kontrolle nicht im Gepäck über die Grenze befördern wollte. Und dieser Brief kam nicht an! Vermutlich war er in den Händen des Staatssicherheitsdienstes der DDR gelandet. Ich hatte zwar davon gehört, daß an der Grenze auch Briefe kontrolliert wurden, aber ich dachte, nicht alle. Wie leichtgläubig von mir!

Jetzt gab es kein Zurück mehr. Ich mußte den offiziellen Weg über das Zentrale Aufnahmelager in Gießen gehen. Am 30. April 1989 löste ich eine Fahrkarte dorthin. Über meine

Erlebnisse in den nächsten Tagen machte ich folgende Tagebuchaufzeichnungen:

30. April: An der Pforte bekomme ich Bettzeug und einen Schlüssel für mein Zimmer in die Hand gedrückt, Baracke III, Lichtschacht, 4. Etage. Jeder Raum ist belegt. In meinem Zimmer stehen drei Doppelstockbetten, also Platz zum Schlafen für sechs Personen, dazu ein kleiner Tisch und drei Stühle. Ich schreibe einen Brief nach Hause und erkläre, daß ich nicht zurückkehren werde.

Die erste Nacht verbringe ich allein im Zimmer. Man erzählt mir, daß sich die vorgesehene Familie mit ihren drei Kindern noch bei Verwandten in der Nähe aufhält. Die Einsamkeit ist bedrückend. Viele Gedanken quälen mich. Was wird morgen mit mir geschehen?

1. Mai: Alle Baracken sind voll belegt. Es ist unwahrscheinlich: Am 28. April hat die DDR 380 Personen die Ausreise bewilligt. Sie haben innerhalb von 24 Stunden ihre Heimat verlassen müssen. Wäre es für die DDR nicht besser, die Diktatur, sei es auch die des Proletariats, in eine Demokratie zu verwandeln?

Zwei junge Männer sind angekommen, die über die grüne Grenze geflohen sind. Eine solche Flucht wird hier besonders hoch bewertet, denn sie ist mit vielen Gefahren verbunden. Ich höre mir die Einzelheiten ihres abenteuerlichen Weges an, sage aber nichts dazu. Ich schreibe meine „Begründung zur Aufnahme in die BRD". Wird mein verlorengegangener Brief als Grund anerkannt werden? Zudem muß ich mehrere Fragebögen ausfüllen: warum, woher, wohin?

Es ist Feiertag. Ich bin in Gedanken zu Hause. Was wohl meine Kinder machen?

Meine Rückmeldung bei der Polizei ist überfällig. Ob die Stasi bereits Nachforschungen anstellt?

Am Abend trifft das Ehepaar mit zwei seiner Kinder ein, der Platz im Zimmer wird knapp.

Die Gedanken an meine ungewisse Zukunft und an meine Kinder lassen mich kaum schlafen.

2. Mai: In der Nacht sind Faltbetten auf den Gängen aufgestellt worden. Jedes Bett ist nur mit einer Decke bestückt. Ich muß mich durchwinden, um zur Dusche zu gelangen. Es herrscht großer Andrang. Meine Zimmermitbewohner sind aus der Umgebung von Karl-Marx-Stadt. Sie überreden mich, mit zum Frühstück zu gehen. Wir sind zu fünft, und jeder kann sich nach etwas anderem anstellen, einer kann Sitzplätze reservieren. Danach gehe ich zur Aufnahme. Nach drei Stunden werde ich endlich aufgerufen, werden mir die Papiere abgenommen. Innerhalb von zehn Minuten bin ich abgefertigt. Ich erhalte 15 DM Taschengeld für Getränke. Ich erfahre, daß die Durchlaufzeit im Aufnahmelager verkürzt werden soll. Aufatmen. Vor allem Familien mit kleinen Kindern sollen vorrangig abgefertigt werden. Das ist verständlich. Aber wie lange werde ich hier noch ausharren müssen?

Als einzelne Frau falle ich auf. Es sind eher Männer, die hier allein anzutreffen sind. Immer wieder blicke ich auf meine Uhr. Was jetzt wohl zu Hause los ist? Gelte ich bereits als „republikflüchtig"?

3. Mai: Um 8 Uhr sichere ich mir einen Platz in der Aufnahme. Das Frühstück fällt deshalb aus. Um 14.30 Uhr wird mein Aufnahmeantrag endlich entgegengenommen. Zehn Minuten vor Büroschluß werde ich aufgerufen, aber aus Zeitgründen nicht mehr abgefertigt.

Acht Stunden habe ich vergeblich auf einem der wenigen Stühle abgesessen, den ganzen Tag über nichts gegessen. Meine Mitbewohner versorgen mich mit Abendbrot.

4. Mai: Himmelfahrt. Im Aufnahmebüro wird trotzdem gearbeitet, zu viele Menschen warten auf ihre Abfertigung. Auf den Treppen und in den Gängen stehen die Leute Schlange. Ich spreche mit einem jungen Ehepaar. Sie haben ein kleines Kind bei sich. Beide sind aus Leipzig, er Forschungs- und Entwicklungsingenieur, sie Ärztin aus der Universitätsklinik. Trotz ihrer gesicherten Existenzen haben sich beide dort in ihrer persönlichen Freiheit eingeengt gefühlt.

Wie werden meine Kinder die Zukunft verkraften? Wie kann ich ihnen aus der Ferne helfen?

Zwei Stunden später muß ich beim Bundesverfassungsschutz Fragen beantworten. Der Beamte und ich spielen Katz und Maus. Ich nenne keine Namen und keine Zahlen, weise auf meine Aufnahmebegründung und den verlorengegangenen Brief hin.

5. Mai: Die Familie aus meinem Zimmer kann abreisen. Was werde ich nun für Mitbewohner bekommen?

Das Wochenende steht bevor. Das Büro arbeitet nicht, zwei endlose Tage liegen vor mir. Meine Papiere und den Laufzettel bekomme ich frühestens am Montag zurück. Ich rede kaum mit anderen Menschen. Die Zeit scheint stillzustehen. Es geht nicht voran, es ist bedrückend. Mit Zuhause kann ich nicht telefonieren. Es wäre zu riskant. Die Stasi hört sicher schon das Telefon unserer Bekannten ab. Meine Kinder fehlen mir bereits jetzt sehr. Bin ich verrückt, daß ich so weit von ihnen entfernt leben will?

6. Mai: Die neuen Zimmergenossen, eine junge Familie mit drei kleinen Kindern, sind da. Das Ehepaar gibt sich sehr christlich, aber die Kinder sind kleine Teufel.

Auf dem Hof des Lagers werde ich anonym über meinen Aufenthalt befragt, dafür kassiere ich 10 DM. Ich bin stets im Alleingang, spreche mit niemandem. Meine Gedanken kreisen immer und immer wieder um zu Hause.

Das ZDF ist zum Filmen gekommen. Das Lager ist übervoll, und immer mehr Menschen treffen ein. Jeder freie Platz wird als Notunterkunft genutzt.

Der Stasi ist es gelungen, zwei Männer in das Lager zu schleusen. Als es entdeckt wird, entsteht Tumult, die Leute sind sehr aufgebracht, Schläge werden angedroht. Die Polizei muß den beiden Geleitschutz geben.

7. Mai: Es ist Sonntag. Wieder habe ich nur zu Mittag etwas gegessen, der Andrang in der Kantine ist einfach zu groß, und es dauert mir zu lange. Überall muß man anstehen, wie beim Einkauf zu Hause. Ich bin wieder im Alleingang und blase Trübsal. Hoffentlich werde ich am Montag entlassen. Die Abende im Zimmer mit der unruhigen Familie sind nervenaufreibend, ich kann nachts kaum schlafen. Die Sorge um meine Familie läßt mich nicht zur Ruhe kommen.

8. Mai: Montag. Dieses Durcheinander mit der jungen Familie ist kaum noch zum Aushalten! Wann kann ich hier raus?

Um 14 Uhr ist es endlich soweit. Ich bekomme 200 DM Überbrückungsgeld. Danach stehe ich wieder an, diesmal zur Abmeldung. Es bleibt mir nur noch wenig Zeit, um die Tasche zu packen. Im Laufschritt geht es zum Bahnhof. Fünf Minuten vor Abfahrt des Zuges komme ich dort an. Ich bin völlig erschöpft und ausgelaugt. Im IC rufe ich bei meinen Verwandten an, sie versprechen, mich abzuholen.

Die Tage im Aufnahmelager Gießen belasteten mich sehr. Die vielen Menschen voller Frust und Enttäuschung, aber alle in der Hoffnung auf ein freieres und schöneres Leben. Ob sich der mühsame Weg wohl lohnte?

Für einige sicherlich, für mich nicht. Ich war psychisch am Ende, wog statt 60 nur noch 53 Kilogramm. Von meinen Kindern lag bei meinen Verwandten keine Post vor. Daß sie sich um mich sorgten, erfuhr ich erst bei einem Telefongespräch mit einer Freundin. Keiner meiner Briefe war zu Hause angekommen. Wahrscheinlich hatte die Stasi sie alle abgefangen.

In der folgenden Zeit lief ich von einer Behörde zur anderen. Wohnungssuche, Arbeitssuche, damit war ich vollauf beschäftigt. Obwohl ich mich mit meinen Verwandten über vieles verständigen konnte, hatte sich doch an unserem Verhältnis irgendetwas geändert. Störte ich ihr Familienleben? Fiel ich ihnen bereits nach acht Tagen zur Last?

Nach zwei Wochen hatte ich immer noch nichts Positives erreicht. Die Mühlen der Behörden mahlten zu langsam. Ich fand keine geeignete Wohnung. Arbeitslosengeld bekam ich auch noch nicht, und deshalb war ich noch immer auf die Unterstützung durch meine Verwandten angewiesen. Das war mir sehr unangenehm. Von Tag zu Tag verstärkte sich die Spannung zwischen ihnen und mir.

Von meinen Kindern immer noch keine Nachricht. Ich war vollkommen abgeschnitten. Aber hatte ich nicht vorher gewußt, daß diese Situation eintreten könnte?

Die Realität war trotzdem sehr hart! Nachts konnte ich nicht schlafen. Ich grübelte, überlegte mir neue Pläne, verwarf sie im nächsten Augenblick wieder. Die Situation wurde unerträglich. Ich erkannte, daß ich auf absehbare Zeit meine Probleme nicht würde lösen können. Die Geduld aller war zu Ende. Deshalb gab es für mich nur eine Möglichkeit: die Rückkehr nach Hause, in die DDR. Auch wenn ich die Tage in Gießen noch nicht verkraftet hatte und nun wahrscheinlich erneut in ein Aufnahmelager kommen würde, stand mein Entschluß fest.

Nun ging alles ganz schnell. Ich hatte Glück, meine Rückfahrkarte war noch bis zum 24. Mai gültig. An diesem Abend bestieg ich den Zug in Richtung Heimat. Während der Grenzkontrolle gab es keine Schwierigkeiten, obwohl mein Visum bereits abgelaufen war. War daran die spärliche Beleuchtung im Zug schuld?

Der Beamte übersah völlig, daß ich nicht am 28. April, sondern erst heute zurückkehrte.

In ein Lager kam ich nicht. Die Kriminalpolizei und der Staatssicherheitsdienst verhörten mich. Sie schrieben Protokolle, wollten alles von mir wissen. Aber was konnte ich ihnen schon verraten? Ich war doch keine Spionin! Alleinige

Mein Visum war schon seit vier Wochen abgelaufen, als ich mich entschloß, wegen der unüberbrückbaren Schwierigkeiten in die DDR zurückzukehren.

Ursache für meine Eskapade war mein persönliches Dilemma gewesen. Eine schwierige Zeit folgte, aber in gewohnter Umgebung war manches leichter. Meine Familie und ich gingen behutsam aufeinander zu. Es war für sie nicht einfach, die Schritte, die ich unternommen hatte, zu verstehen.

Am 20. Juni 1989 teilte mir der Staatsanwalt mit, daß das gegen mich eingeleitete Ermittlungsverfahren eingestellt worden, der erlassene Haftbefehl aufgehoben sei. Ich war wieder ein ganz gewöhnlicher Bürger der DDR. Eine Reise zu meinen Verwandten und Freunden nach Westdeutschland würde mir sicher nie wieder genehmigt werden. Ich ahnte nicht, daß fünf Monate später die Grenze zwischen Ost- und Westdeutschland geöffnet werden würde. Welche Ironie des Schicksals!

Als ich später Einsicht in meine Stasiakte nahm, erfuhr ich, mit welcher Gründlichkeit über mein „Vergehen“ damals Buch geführt wurde:

Rechtswidrige Nichtrückkehr gemäß § 213, Abs. 2 ... Die Obengenannte ist dringend verdächtig, die öffentliche Ordnung und Sicherheit der DDR verletzt zu haben, indem sie von einer genehmigten Reise nach der BRD nicht wieder in die DDR zurückkehrte ... Es wird ersucht, Fahndungsmaßnahmen einleiten zu lassen ... Fluchtverdacht ergibt sich aus dem Charakter der Straftat. Somit ist ein Haftbefehl gemäß § 122 ... der StPO gesetzlich gerechtfertigt.

Der Schlußvermerk lautete:

Da sich die Beschuldigte durch ihre Handlung einer strafrechtlichen Verantwortlichkeit vor dem Gericht der DDR entzogen hat, wird vorgeschlagen, das Ermittlungsverfahren gemäß § 150 ... vorläufig einzustellen.

Nach meiner Rückkehr hieß es weiter:

Mit dem Ermittlungsverfahren gelangt der Vorschlag zum Antrag auf Erlaß eines Haftbefehles an den Staatsanwalt ... Weiterhin wird ersucht, Fahndungsmaßnahmen einzuleiten.

Und dann die Schicksalsentscheidung:

Mit dem Vorschlag zur vorläufigen Einstellung ... und der Abverfügung an den Staatsanwalt ... einverstanden.

Ich hatte ungeheures Glück. Andere „Republikflüchtige“ wurden verurteilt und inhaftiert.

Für einige Zeit verlief mein Leben wieder in geordneten Bahnen. Ich fand eine interessante Arbeit, nette Kolleginnen. Normaler Alltag – bis es mit der Wende nochmals ganz anders kam.

(Weitere **ZEITGUT**-*Beiträge der Autorin sind am Buchende vermerkt.)*

[Potsdam, Brandenburg, damals DDR – Berlin;
Januar 1988 – Herbst 1989]

Rudolf Bentz

Die Demonstration

Weil der Mensch wesentlich von der ihn umgebenden Umwelt geformt wird, war es nicht außergewöhnlich, wenn man nach vielen Enttäuschungen und der Erkenntnis, daß die sozialistische Praxis mit der Theorie nur noch wenig Gemeinsamkeiten hatte, resignierte. Dieser Prozeß hatte bei mir schon vor Jahren begonnen, war aber durch die Auffassung, es müsse doch manches anders und damit besser zu machen sein, immer wieder unterbrochen worden.

Am 16. Januar 1988, es war Samstag, brachte unser Sohn seine Tochter übers Wochenende zu uns. Es war nicht ungewöhnlich, daß sie bei uns blieb, die Kinder hatten viele Bekannte, und wir alle wohnten in Potsdam. Mein Sohn beschäftigte sich noch eine Weile in unserem Keller. Ich fragte ihn: „Ich denke, ihr wollt nach Berlin fahren?"

„Ja, wir wollen morgen (zusammen mit dem Bruder in Berlin) zur Liebknecht-Luxemburg-Demonstration in der Frankfurter Allee, und dazu muß ich noch ein Plakat anfertigen."

Jetzt sah ich, daß er den in jenen Tagen häufig gebrauchten Ausspruch von Rosa Luxemburg, Freiheit bedeute auch immer die Freiheit der Andersdenkenden, auf sein Plakat geschrieben hatte.

Am Abend verabschiedete ich ihn dann mit den Worten: „Na, hoffentlich geht das nicht in die Hose."

Tags darauf verfolgten meine Frau und ich im DDR-Fernsehen die Übertragung der alljährlichen Demonstration zur Gedenkstätte der Sozialisten in Berlin-Friedrichsfelde. Wie immer marschierte alles hinter der Führungsspitze her und bejubelte sie. Gegen Abend rief unsere Berliner Schwiegertochter an. Sie war wegen einer Beinverletzung nicht zur Demo mitgegangen. Ob sich denn die Potsdamer schon gemeldet hätten, wollte sie wissen. Das war nicht der Fall.

Aus der Tagesschau erfuhren wir, daß es am Rande der Demonstration zu Verhaftungen gekommen sei. Das West-Fernsehen berichtete von Auseinandersetzungen zwischen Demonstranten auf der einen und Polizei und Staatssicherheit auf der anderen Seite. Als wir bis 21 Uhr noch immer nichts von unseren Söhnen und der Potsdamer Schwiegertochter gehört hatten, machten wir uns große Sorgen. Uns wurde klar, daß unsere Kinder dabeisein mußten.

Am Montag war von 100 Verhaftungen die Rede. Westliche Reporter hatten am Ort des Geschehens gefilmt, wobei sie jedoch stark behindert worden waren. Dank ihrer Anwesenheit gingen die Geschehnisse in Windeseile um die Welt. Wäre das nicht der Fall gewesen, wären die Verhafteten sang- und klanglos für längere Zeit in irgendwelchen Gefängnissen verschwunden.

Unsere beiden Söhne und die Schwiegertochter waren am Sonntag in Richtung Frankfurter Tor gefahren und hatten ihren Trabi in der Nähe abgestellt. Am Treffpunkt waren bereits viele Menschen versammelt, darunter Mitarbeiter der Staatssicherheit in Zivil. Noch ehe sich die Demonstranten recht orientieren, geschweige denn formieren konnten, waren sie umstellt. Von Polizei und Staatssicherheit wurden sie zur Seite abgedrängt und auf LKWs gezwungen. Viele junge Leute fanden sich zusammengepfercht irgendwo wieder.

Weiterhin ohne Nachricht von ihrem Mann, begab sich die Berliner Schwiegertochter am Dienstag, dem 19. Januar, zum

Generalstaatsanwalt, wo ihr mitgeteilt wurde, daß die drei verhaftet worden seien und sich in Potsdam im Gefängnis befänden.

Zusammen mit anderen Demonstranten waren unsere Kinder in Spezialtransportern von Berlin nach Potsdam gebracht worden. Wie sie uns später schilderten, wußte keiner, wohin die Fahrt ging. Jeder saß isoliert in einer engen Kiste ohne Fenster. Keiner wußte etwas vom anderen. Am Zielort mußten sie sich ausziehen und Gefangenenkleidung überziehen, in der sie dann fotografiert wurden. Mit dem Gefühl der Ohnmacht saß jeder in einer engen Einzelzelle bei ständiger Beleuchtung und ohne zu wissen, was auf ihn zukam. Dazwischen Verhöre, Türenschlagen und Schritte der Posten

Die „Freigang-Zellen" im Stasi-Gefängnis in Potsdam. Im Januar 1988 wurden meine beiden Söhne und eine Schwiegertochter hier eingesperrt.

draußen. Manchmal wurden sie zum Freigang in einen Lichthof geführt, einen Betonkäfig von etwa zwei mal zwei Metern, der oben mit Draht abgedeckt und von den Posten einsehbar war. Als ihre Zellentür einmal geöffnet wurde, hörte unsere Schwiegertochter die Stimme ihres Mannes. Jetzt wußte sie, er war ebenfalls hier.

Am 20. Januar erreichte uns folgendes Schreiben des Generalstaatsanwalts mit Datum vom 18. Januar 1988:

> *Gegen Ihren Sohn ... wurde ein Ermittlungsverfahren eingeleitet und Haftbefehl erlassen, da er dringend verdächtig ist, eine strafbare Handlung begangen zu haben. Ihr Sohn befindet sich in der Untersuchungshaftanstalt Potsdam. Sie haben die Möglichkeit, monatlich vier Briefe zu schreiben. Äußerungen über die Straftat sind darin nicht gestattet. Paketsendungen können nicht entgegengenommen werden. Geldsendungen von monatlich bis zu 50 Mark (nur per Postanweisung) sind zulässig ...*

In der Zionskirche in Berlin-Prenzlauer Berg, wo sich in diesen Tagen Abend für Abend Hunderte von Menschen versammelten, bekam unsere Schwiegertochter am 20. Januar den Tip, sich an einen kirchlichen Rechtsanwalt in der Sophienstraße zu wenden. Gleich am nächsten Tag begaben meine Frau und ich uns dorthin. Eine düstere Gegend. Meine Frau ging in das Haus und ich beobachtete die Straße, ob uns eventuell jemand gefolgt sei oder das Haus im Visier habe. Der Anwalt war nicht anwesend, er sei zur Zeit in Rostock, wir sollten gegen Abend noch einmal nachfragen.

Später hörten wir, daß dieser Anwalt mit der Staatssicherheit zusammengearbeitet haben soll. Ohne Ergebnis fuhren wir zur Wohnung unseres Sohnes in Berlin, wo uns die Schwiegertochter aufgeregt mitteilte, daß sie im Rechtsanwaltsbüro von Dr. Vogel noch für denselben Nachmittag einen Termin erhalten habe. Während die 6jährige Enkeltochter mit ihrer 10jährigen Cousine – versehen mit den erforderlichen Verhaltensmaßregeln – in der Wohnung blieben, fuhren wir drei nach Friedrichsfelde. Im Büro von Dr. Vogel wurden wir von einem seiner Mitarbeiter sehr zuvorkommend empfangen. Unser Anliegen bestand eigentlich nur darin, für den uns angekündigten Prozeß einen Rechtsanwalt zu engagieren.

Unser Gesprächspartner erklärte seine Bereitschaft, verwies jedoch auf das kommende Wochenende, das wir unbedingt erst abwarten sollten. Es werde sich „etwas bewegen", nur könne er jetzt noch nicht darüber reden. Wir wunderten uns noch sehr darüber, daß die Akten, die der Anwalt aus seinem Schreibtisch hervorholte, Daten unserer Söhne enthielten. Optimistisch gestimmt, fuhren wir zurück. Bald würde die Familie wieder beisammen sein.

Allein in der Wohnung, hatten die beiden Enkeltöchter in der Zwischenzeit versucht, Griesbrei zu kochen, es aber doch für sinnvoller gehalten, das Produkt ihres Bemühens in die Toilette zu schütten. Nach einer anderweitigen kleinen Stärkung kehrten wir nach Potsdam zurück.

Am nächsten Morgen, wir saßen noch beim Frühstück, erhielten wir einen Anruf von der Abteilung Inneres des Rates der Stadt. Man müsse uns wegen der Dinge, die auf uns zukämen, dringend sprechen. Wann sie kommen könnten?

Weil ich an diesem Tag unbedingt zu meiner alten Dienststelle wollte, wo ich noch immer stundenweise, aber ohne feste Arbeitszeiten beschäftigt war, gab ich 15 Uhr an. Irgendetwas trieb mich jedoch gleich nach dem Mittagessen wieder nach Hause, wo mich meine Frau sehr besorgt empfing. Die Polizei habe angerufen, es sei dringend, es handle sich um das Enkelkind. Sie würden gleich da sein. Wir hatten bereits besprochen, wie wir uns verhalten wollten, falls man uns unsere Enkeltochter wegnehmen würde.

Kurz nach mir erschienen eine Frau und ein Mann, beide von der Abteilung Inneres. Die Frau holte eine dicke Mappe aus der Tasche und breitete die Papiere auf dem Tisch aus.

„Also“, begann sie, „Ihre Kinder befinden sich in Hamburg.“

Darauf ich recht erregt: „Was ist los? Habe ich richtig verstanden – in Hamburg?“

„Ja, sie wurden heute morgen zur Grenze gebracht.“ – Jetzt, so erklärte die Frau weiter, seien die notwendigen Maßnahmen zu besprechen, um das Kind den Eltern wieder zuzuführen. Sie hätten die erforderlichen Papiere bereits dabei. Es fehlte nur noch ein Paßbild. Wer hat schon von einem sechsjährigen Kind ein Paßfoto zur Hand? Das Bild sollte Montag früh bei der Abteilung Inneres vorgelegt werden.

Inzwischen waren noch zwei Männer gekommen, die sich auf den Anruf vom Vormittag bezogen. Sie brachten das Auto unseres Sohnes sowie alle möglichen Dinge, die man ihm abgenommen hatte, bis hin zum Straßenbahnfahrschein.

Als das erledigt war, setzte ich mich mit der Kleinen in Bewegung, um von ihr ein Paßfoto machen zu lassen. Vergeblich klapperten wir alle mir bekannten Fotoläden ab. Es war Freitagnachmittag! Schließlich bekam ich den Hinweis auf einen Foto-Expreßdienst in der Straße „Am Stern“, wo es dann mit dem Fotografieren doch noch klappte.

Meine Frau erhielt schnell die erforderlichen Genehmigungen, als Rentnerin durfte sie in die BRD reisen. Am Morgen des 26. Januar 1988 gingen wir drei schwerbepackt zum Bahnhof. Das Kind mit einem Campingbeutel auf dem Rücken, aus dem oben ihre Puppe herausguckte. Meine Frau brachte das Kind zu seinen Eltern, die es in Frankfurt am Main in Empfang nahmen. Am Grenzkontrollpunkt mußten beide aus dem Zug aussteigen und zur Durchleuchtung eines Stofftieres in eine Zollbaracke gehen. Beim Umsteigen in Hannover, mit dem schweren Gepäck und dem Kind an der Hand, waren andere Fahrgäste meiner Frau sehr behilflich.

Noch am gleichen Tag reisten auch die Berliner Schwiegertochter und Enkelin aus. Von der Abteilung Inneres war ihnen ein Zug ab Schöneweide genannt worden, der aber an jenem Abend gar nicht fuhr. Da sie jedoch bis Mitternacht die DDR verlassen haben mußten, blieb ihnen nichts anderes übrig, als für Westgeld ein Taxi von Berlin bis zur Grenze nach Helmstedt zu nehmen, für DDR-Geld wollte kein Fahrer die weite Fahrt machen. Weil der Fahrer nicht bis an den Kontrollpunkt – dort war Sperrbezirk! – heranfahren durfte, mußten Mutter und Kind, ebenfalls mit schwerem Koffer, in der stockdunklen Nacht und bei beginnendem Regen den Rest der Strecke zu Fuß zurücklegen.

Damit endete für meine Söhne und ihre Familien die Liebknecht-Luxemburg-Demonstration des Jahres 1988.

Unsere Ausreise

Meine Frau und ich waren von der Staatssicherheit darüber aufgeklärt worden, daß unsere in den Westen abgeschobenen Kinder in den nächsten zehn Jahren die DDR nicht besuchen dürften. Wer ahnte denn, daß bereits zwei Jahre später die DDR nicht mehr existieren würde?

Nach gründlichen Überlegungen kamen meine Frau und ich zu der Auffassung, diesem Land ebenfalls den Rücken zu kehren. „Laßt alles stehen und liegen! Was wollt ihr dort noch?", meinten unsere Kinder am Telefon. Es war jene Phase, in der DDR-Bürger in Scharen das Land verließen.

Im Februar 1989 stellten wir den Ausreiseantrag. Ein Wust von Erklärungen aller Art kam auf uns zu, Rücksprachen bei allen möglichen Ämtern und Dienststellen waren zu führen. Unser Hab und Gut mußte untergebracht werden, zum Teil wurde es verschleudert. Neben vielen ehrlichen, hilfsbereiten Menschen lernten wir auch solche Mitbürger kennen, die sich mit überschwänglichem Gehabe unser Vertrauen erschlichen, um dann Haus und Bungalow zu ergattern. Als wir ausgereist waren, wollten sie von dem, was „sicherheitshalber" nur mündlich vereinbart worden war, nichts mehr wissen.

Am 11. August 1989 zogen meine Frau und ich, mit Koffern und Taschen schwerbepackt, aus der Potsdamer Wohnung aus und fuhren über den Bahnhof Friedrichstraße nach West-Berlin. Als wir am letzten Grenzer vorbeiliefen, sagte dieser leise: „Jetzt sind Sie frei!"

Infolge der bereits herrschenden Ausreiseflut war es kompliziert, in West-Berlin eine Wohnung zu finden. Zum Glück konnten wir beim ältesten Sohn, der inzwischen vom Münsterland nach Spandau übergesiedelt war, provisorisch unterkommen. Unser Bestreben war es, nach der Ausreise aus der DDR im heimatlichen Bereich zu bleiben, also in West-Berlin, was die Behörden auch akzeptierten. Es dauerte alles seine Zeit, täglich von Spandau nach Marienfelde zum Aufnahmelager zu fahren. Dort wurden wir von einer Baracke zur anderen geschickt. Dazwischen stundenlanges Warten. Der Papierkrieg war hier, wie wir bald merkten, noch ausgeprägter als in der DDR.

In Absprache mit den „Käufern" unseres Hauses hatten wir die zur Mitnahme bestimmten Möbelstücke und Hausratsgegenstände dort in einem Zimmer vorerst untergestellt. Wir hofften, das Wohnungsproblem werde in vier bis sechs Wochen gelöst sein. Doch es dauerte erheblich länger.

Es gelang uns, in Spandau einen leerstehenden Kellerraum zur vorläufigen Unterbringung unserer Sachen ausfindig zu machen. Endlich konnten unsere Möbel aus Potsdam geholt werden. Durch den bereits deutlich fortschreitenden Verfall der DDR war es sogar möglich, daß wir das selbst erledigten. Der bis dato vorgeschriebene offizielle Weg eines solchen Umzuges wäre über die DDR-Spedition DEUTRANS gegangen und hätte uns 2500 DM gekostet, die wir nicht besaßen.

Also mieteten wir einen LKW, und mein Sohn und ich fuhren mit den erforderlichen Papieren nach Potsdam. Unter dem wachsamen Auge unserer Haus-„Erbin", die uns an der Tür abfertigte, luden wir unsere Sachen auf den LKW und ab ging es zur Grenzkontrollstelle Staaken. Der Zöllner dort machte Schwierigkeiten. Erst verlangte er noch eine be-

Als meine Frau und ich am 11. August 1989 aus der DDR ausreisten, konnten wir nicht ahnen, daß die Mauer so bald fallen würde.

stimmte Genehmigung des Rates des Bezirkes Potsdam, die sich allerdings bei den Unterlagen befand, die er in der Hand hielt. Aber ungeachtet dessen könne er uns nicht passieren lassen. Das ginge nur über die Zolldienststelle in Potsdam. Es war Freitagmittag. Auf unsere dringende Bitte rief er dort an und kündigte an, daß noch Reisende kommen würden. Von der Kontrollstelle aus konnten wir das Viertel in West-Berlin sehen, wo wir hinfahren wollten.

Es half nichts. Wieder einsteigen, den LKW gewendet und zurück. Quer durch Potsdam ging die Fahrt. Erst zum Kontrollpunkt Drewitz, wo DEUTRANS seinen Sitz hatte. Dort waren 50 DM zu bezahlen, wofür weiß ich nicht, aber ich bekam die wichtige Quittung. Gegen 14 Uhr kamen wir beim Zoll in der Karl-Marx-Straße an. Ich klingelte. Ein Zollbeamter öffnete, nahm die Papiere entgegen und verschwand wieder. Nach einigen Minuten bangen Wartens – man kam sich ja bei solchen Gelegenheiten wie ein armer Sünder vor – erschien ein älterer Zöllner und meinte zu mir: „Was macht denn der Anglerverband, wenn du nicht mehr da bist?"

Es war ein Bekannter vom Potsdamer Anglerverband. Theoretisch hätte er uns an eine Rampe auf dem Hof heranfahren und alles ausladen lassen können. Er rief einen jüngeren Kollegen, der einen Blick in den LKW warf, und während wir noch ein paar Worte wechselten, wurde die Ladung versiegelt. Der Zöllner in Staaken wunderte sich, daß wir so schnell zurück waren und sich alles in ordnungsgemäßem Zustand befand. Ein wenig Glück gehört eben auch dazu.

Bald nach unserer Übersiedlung nach West-Berlin ist die Mauer gefallen. Nach vier Monaten hatten wir endlich eine neue Bleibe gefunden.

Ein Mauerloch bei Berlin-Staaken, nicht weit von unserem heutigen Wohnsitz auf der Westseite. Von dort sind es nur ein paar hundert Meter zu unserer vertrauten Umgebung.

[Burghaun-Steinbach bei Fulda, Hessen –
bei Rostock, Mecklenburg-Vorpommern – Campingplatz
Mosonmagyarvar und Sopron, Ungarn – Wien;
Herbst 1987 – Sommer 1989]

Helmut Heimrich

Das Ende einer Illusion

19. August 1989. Die ungarischen und bundesdeutschen Nachrichtensender berichten am frühen Abend in unterschiedlichen Versionen von einer spektakulären Massenflucht von mehr als 600 DDR-Bürgern während eines „paneuropäischen Picknicks“ in der Nähe der ungarischen Stadt Sopron über die ungarisch-österreichische Grenze. Unter den illegal Flüchtenden befinden sich der Rostocker Detlef S. und seine Familie sowie die vierköpfige Familie seines Schwagers Peter W. aus Neubrandenburg.

Detlef S. betreute bis zu diesem Zeitpunkt als Reiseleiter Touristen- und Studiengruppen aus dem westlichen Ausland, vor allem aus Skandinavien, während ihrer mehrtägigen Aufenthalte im Norden der DDR. Diese „geschlossenen Gesellschaften“ wurden von den Reiseführern an den Grenzübergängen in Empfang genommen und zu den unterschiedlichen Zielorten geleitet. Das Reiseprogramm war von DDR-Seite festgelegt und unabänderlich. Selbst bei Mahlzeiten und kurzen Spaziergängen in der Freizeit sorgten diese Begleiter auftragsgemäß dafür, daß nach Möglichkeit keine Kontakte zwischen Ost- und Westdeutschen entstanden.

Während einer Studienreise der Konrad-Adenauer-Stiftung durch die DDR lernte ich im Spätherbst 1987 Detlef S. kennen, der die Gruppe begleitete. Bei einer abendlichen Gesprächsrunde äußerte er sich enttäuscht darüber, daß ihm zwar schon oft eine Einladung in die Bundesrepublik zugesagt, aber bisher nie in die Tat umgesetzt worden sei. Am Abreisetag stand mein Entschluß fest: Wenn sich eine solche Reise trotz der strengen Reisegesetze der DDR realisieren ließe, wollte ich alle Anstrengungen in dieser Richtung unternehmen. Gespräche mit einem DDR-Bürger am eigenen Tisch würden mit Sicherheit freier und ergiebiger sein. Als wir uns im Ernst-Barlach-Haus in Güstrow trafen, teilte ich Detlef S. meine Entscheidung mit. Wir tauschten unsere Adressen aus und verständigten uns darauf, brieflich in Kontakt zu bleiben.

Im Frühsommer 1988 schickte ich ihm die geforderten Unterlagen nach Rostock: eine Einladung zum 80. Geburtstag eines ihm unbekannten „Gönners“ sowie dessen Meldebescheinigung der Gemeinde. Einige Wochen später signalisierte Detlef S., daß wohl alles seinen Gang gehe und er damit rechne, zum Jubiläum im August 1988 die Ausreisegenehmigung für zehn Tage zu erhalten. Kurz darauf schrieb er uns, die für den West-Besuch notwendigen Papiere seien ihm ohne Komplikationen ausgehändigt worden und fragte an, ob wir ihn am Bahnhof in Fulda abholen könnten.

Es lief alles nach Plan. Zusammen mit meiner Familie erkundete er in den nächsten Tagen den osthessischen Raum, beobachtete unauffällig und zielstrebig die Umgebung, er äußerte sich geschickt zu den politischen und wirtschaftlichen Verhältnissen in der DDR. Offen und zugleich zurückhaltend erzählte Detlef S. von seiner Familie und gab zu, Mitglied der beherrschenden Partei zu sein, deren Mitgliederversammlungen er gezwungenermaßen auf unterer Ebene besuche. Beeindruckend war für mich, als er am Mittagstisch dankend erklärte, er werde unsere Gastfreundschaft nicht vergessen. Aus Herrn und Frau Heimrich wurden „lieber Helmut“ und „liebe Ursula“. Besonders hellhörig wurde Detlef S., wenn es in den abendlichen Gesprächen um Fluchtwege, speziell über Ungarn, ging. Ich versprach, im Rahmen meiner bescheidenen Möglichkeiten in dieser Angelegenheit tätig zu werden und ihn zu informieren, wenn brauchbare Ergebnisse vorlägen.

Durch Zufall stieß ich einige Zeit später während einer Tagung in der bayerischen Rhön in einer Gaststätte auf einen Geschäftsmann, der von erfolgreichen menschlichen Transaktionen von Ungarn nach Österreich berichtete und sich bereiterklärte, hilfreich tätig zu werden. Sofort setzte ich mich hin und schrieb einen Brief an Detlef S. Wir hatten einen Code vereinbart, denn ich konnte diese erfreuliche Nachricht keineswegs im Wortlaut weitergeben. In seiner Antwort kündigte dieser den Besuch seiner Frau an: Da sie ihre Tante in Hamburg besuche, wolle auch sie uns persönlich kennenlernen.

In den ersten Novembertagen 1988 war Monika S. sechs Tage unser Gast. Nicht die hiesige Konsumwelt interessierte die Vierzigjährige, vielmehr erhoffte sie sich von unserer Kontaktperson konkrete Zusagen für eine mögliche Flucht über Ungarn in den Westen. In einem kurzfristig anberaumten Gespräch sicherte der bayerische Geschäftsmann für den Sommer 1989 Hilfe zu. Er werde im westlichen Grenzgebiet mit einer Jagdgesellschaft vor Ort sein und alles Nötige arrangieren. Die konkreten Planungen wolle er kurzfristig mitteilen. Beim anschließenden Besuch der hochgesicherten Grenzanlage bei Tann/Motzlar war unser Gast sichtlich betroffen. In der abendlichen Gesprächsrunde ermutigte sie der von ihr spendierte Glühwein zu verbalen Attacken gegenüber ihrem Staat. Sie verhehlte nicht, wie unzufrieden sie und ihr Mann mit den wirtschaftlichen und sozialen Verhältnissen in ihrem Heimatland seien.

Ihrem Besuch folgte ein reger Briefwechsel zwischen Burghaun und Rostock. Bis zum Sommer 1989 trafen wir uns zu zweit oder mit unseren Familien mehrfach, in Berlin, Schwerin, Mühlhausen und Suhl, jedesmal in freundschaftlicher Atmosphäre. Wir lernten auch das Zuhause von Detlef und

Eines der Ost-West-Familientreffen im Juli 1989 in Schwerin. Von links: Monika S., ich, Detlef S., mein Sohn Florian und Katharina S. Immer wieder erörterten wir die Fluchtmöglichkeiten unserer Freunde aus der DDR über Ungarn.

Monika S. kennen, ein stattliches Fachwerkhaus mit Töpferwerkstatt am Rande eines kleinen Ortes nahe Rostock. Alle unsere Gespräche waren von Fragen überlagert wie: Wird die anvisierte Flucht über Ungarn gelingen? Welche Schwierigkeiten kann es geben?

Unser Entgegenhalten, bei dieser nicht einfachen Entscheidung müßten sie aber auch an ihre betagten Eltern, deren Gesundheitszustand laut ihrer Aussage zur Sorge Anlaß gebe, denken, wurde unter den Tisch gekehrt. Wenn sie aber nach reichlicher Überlegung ihr gehaßtes Land verlassen wollten, könnten sie mit uns rechnen. Wir sicherten vorübergehende Beherbergung und Mithilfe bei der Suche nach Arbeitsplätzen zu.

Während unseres letzten gemeinsamen Treffens in Schwerin im Juni 1989 eröffnete uns Detlef S., er und seine Familie bekämen ihre Urlaubsvisa für Ungarn zu einem etwas früheren Zeitpunkt. Sollte der Vermittler aus Bayern aus irgendwelchen Gründen von der zugesagten Schleusung über die ungarische Grenze zurücktreten, wollten sie die Flucht notfalls auf eigene Faust versuchen.

Am 9. August unterrichtete uns Monika S. telefonisch über ihr unerwartet unkompliziertes Passieren der Grenzstation zur Tschechoslowakei. Alle, auch die Familie ihres Schwagers Peter W., seien glücklich, man habe mit einem guten Tropfen angestoßen. Nach der Ankunft auf dem Campingplatz in Ungarn wolle man sich wieder melden.

Am 15. August wurden wir morgens gegen 5 Uhr vom Klingeln des Telefons aus dem Schlaf geholt. Detlef S. berichtete aufgeregt von zwei oder drei mißglückten Fluchtversuchen, die Grenzpolizisten hätten Hunde auf sie gehetzt, die Kinder seien verstört, man sei am Ende und nahezu mittellos. Eine Rückkehr in die Heimat sei nicht mehr möglich, und eine erneute Festnahme durch Grenzschützer habe die zwangsläufige Abschiebung und Übergabe an die Stasi zur Folge.*) Diese Nachrichten machten uns im ersten Moment betroffen und hilflos. Was tun?

Ein Cousin, den ich um Rat fragte, gab mir zur Antwort: „Wenn es gute Freunde sind, dann kann man sie nicht im Stich lassen."

Kurzerhand beschloß ich, noch am selben Abend den Weg nach Ungarn anzutreten. Mein Arbeitskollege Karl Ludwig Bertram erklärte sich spontan bereit, mich zu begleiten. Wir fuhren mit meinem Auto. An der Grenze wurde uns kuzfri-

---

*) Am 2. Mai 1989 hatte Ungarn mit dem Abbau der elektronischen Sicherungsanlagen und des Stacheldrahtes an der Grenze zu Österreich begonnen. Ab dem 11. September 1989 gestattete die ungarische Regierung DDR-Bürgern, die Grenze nach Österreich legal zu überschreiten.

stig ein Visum ausgestellt. Nach zehnstündiger Fahrt erreichten wir am nächsten Morgen gegen 8 Uhr den Zeltplatz im ungarischen Mosonmagyarvar. Große Freude bei den beiden DDR-Familien!

Verlassene Zelte deuteten darauf hin, daß einiges in Bewegung war. Wir erörterten gemeinsam, wie die mißliche Lage überwunden werden könne. Die zugesagte Hilfe unseres Nordbayern stand im Raum, zum vereinbarten Treffen kam es aber aus für mich bis heute unerklärlichen Gründen nicht.

Am 18. August unternahmen wir mit Schwager Peter W. eine Erkundungsfahrt entlang der ungarischen Grenze. Ausgebrannte, geplünderte oder einfach stehengelassene Trabis mit DDR-Kennzeichen gaben Zeugnis ab von scheinbar geglückten Fluchten. Eine gezielte oder auch zufällige Kontrolle durch Grenzsoldaten bereitete unserer Absicht ein vorläufiges Ende. Unsere Freunde hatten Peter W.'s Ausweispapiere mit nach Budapest genommen, um eventuell bei der deutschen Botschaft alle als Ausreisewillige registrieren zu lassen. Zudem entdeckten die Kontrolleure eingezeichnete Punkte auf unserer Straßenkarte. Diese beiden Ungeschicklichkeiten waren für sie Anlaß genug, uns zu verhören. Während unser Begleiter aus Neubrandenburg in der nahegelegenen Kaserne von einem Politoffizier unter die Lupe genommen wurde, leistete uns ein junger, bewaffneter Soldat Gesellschaft. Sein Interesse galt erfreulicherweise mehr der Technik und der Innenausstattung meines Autos. Nach einem Kurzverhör und der Belehrung über die Unverletzlichkeit der Grenze wurden wir Westdeutsche entlassen, gemeinsam mit Peter W. kehrten wir ohne Ergebnis zum Zeltplatz zurück.

Durch ein Telefonat mit meiner Frau am späten Abend erfuhr ich, daß am kommenden Tag, dem 19. August, in der Nähe von Sopron ein ungarisch-österreichisches Freundschaftstreffen stattfinden sollte.

Am nächsten Morgen verließen ein Lada mit anfänglichen Startschwierigkeiten, ein Wartburg und ein grauer Scirocco gegen 7 Uhr den inzwischen halbverwaisten Campingplatz. In der Kleinstadt Kapuvar einigten wir uns darauf, wegen der zu erwartenden Kontrollen die beiden DDR-Fahrzeuge abzustellen und mit meinem Kleinwagen zweimal mit je sechs Personen nach Sopron zu fahren. Gegen Mittag erreichten wir den ausgeschilderten Festplatz, wo am Nachmittag das „paneuropäische Picknick" stattfinden sollte. Zu diesem Zeitpunkt hatten sich erst wenige Besucher eingefunden. Dieses Bild änderte sich jedoch bald, immer mehr Menschen strömten mit einem Rucksack auf dem Rücken oder einer Tragetasche in der Hand herbei und ließen sich erschöpft auf den Bänken nieder. An ihrer Sprache konnte man ihre Herkunft erkennen: Thüringer, Sachsen, Brandenburger – DDR-Bürger, die ahnten, ersehnten und hofften.

Einheimische nahmen die Gelegenheit wahr, auf die ehemaligen Wachtürme der ungarischen Grenzsicherung zu steigen oder sich mit einer Drahtschere ein Andenken aus dem rostigen Grenzverhau zu schneiden. Nach dem kargen Mittagessen bewirkte sanfter Regen, daß sich die Menschen erhoben und in Gruppen auf einem Schotterweg in westliche Richtung bewegten. Unsere Bekannten schlossen sich dem Zug an. Ich weckte meinen im Auto schlafenden Kollegen, doch bis wir losgehen konnten, waren uns Detlef S. und Peter W. mit ihren Familien in der Menschenmenge enteilt. Als wir uns einem Waldstück näherten, ließ uns ein plötzliches Aufheulen von Menschenstimmen aufschrecken. Was war passiert?

Wir liefen weiter. Ein Grenzzaun wurde sichtbar, dann ein zweiflügeliges Holztor, das offenstand. Soldaten blickten scheinbar gelangweilt, aber freundlich den Heranhastenden entgegen, ließen den Flüchtlingsstrom gewähren, forderten weder Ausweise noch Visa. Nach dem Passieren des Tores trafen wir auf ältere Frauen und Männer, die uns freudig begrüßten und verkündeten, daß wir soeben österreichisches Gebiet betreten hätten und uns auf dem Weg nach St. Margarethen befänden. Die Flucht war also geglückt, fremde Menschen lagen sich in den Armen. Mir kamen Freudentränen. Doch wo waren unsere Bekannten? Waren sie im Freudentaumel mit all den Überglücklichen davongeeilt? Warteten sie in der nächsten Ortschaft auf uns?

Zufrieden traten mein Kollege und ich den Rückweg zum Parkplatz an, um mit dem Auto über die Grenzstation Sopron ordnungsgemäß auszureisen. An der erstbesten Telefonzelle hielten wir an und informierten unsere Familien über das, was sich in den letzten Stunden hier zugetragen hatte. Am Telefon konnte man ihre Erleichterung und Freude spüren. Man wolle gleich damit beginnen, die benötigten Schlafräume auf Vordermann zu bringen. Die Schwiegermutter habe schon überzähliges Geschirr aussortiert und poliert, unsere Kinder Florian und Jutta wollten Spielsachen und Schreibgeräte für Katharina und Christoph abtreten.

Auf dem Weg nach St. Margarethen wurde uns allmählich bewußt, daß wir Geschichte live erleben. Bei der Einfahrt in den österreichischen Ort sahen wir Menschen, die, obwohl sie gerade die Grenze überschritten hatten, ihr Glück immer noch nicht fassen konnten. Gewaltlos war ihnen die Flucht in die Freiheit gelungen. Bei der Suche nach unseren Freunden trafen wir auf fröhliche Menschen, die in Gaststätten, auf Straßen und Plätzen tanzten und sangen. Unvergeßliche Bilder!

Die beiden Familien aus dem Norden der DDR hatten es vorgezogen, mit einem der ersten Busse nach Wien zur deutschen Botschaft zu fahren. Dies erfuhren wir von einem Po-

---

Rechte Seite: Bei der Grenzöffnung nahe Sopron in Ungarn am 19. August 1989 flohen unsere Bekannten aus Rostock nach Österreich. Dieses Bild von ihnen veröffentlichte die damals noch erscheinenden Illustrierte „Quick“, an die sie ihre Fluchtgeschichte verkauft hatten.

Die Massenflucht
Tränen des Glücks
Geschafft. Drüben in Österreich. Die Spannung der vergangenen Tage ist noch in ihren Gesichtern zu lesen. Aber auch die unfaßbare Freude. 600 DDR-Deutsche marschierten unaufhaltsam zum Grenztor von Sopron. Als es sich problemlos öffnen ließ, brach der Damm (kleines Foto)

lizeibeamten, der mit der Registrierung und Abfertigung der Flüchtlinge befaßt war. Mit Hilfe eines freundlichen Wieners fanden wir am frühen Abend die erste Anlaufstation der Ungarn-Flüchtlinge. Wir ließen unseren Bekannten in der deutschen Botschaft mitteilen, daß wir sie sprechen und ihnen ihre wenigen Habseligkeiten, die noch in meinem Auto lagen, übergeben wollten.

Nach geraumer Zeit erschienen schließlich die Familienväter im Vorhof der Botschaft. Beide wortkarg, der eine mehr, der andere weniger. Keine Rede davon, daß ein solches Ereignis gebührend gefeiert werden müsse, keine Grüße von den Frauen und Kindern. Enttäuschung machte sich bei mir breit. Hatte ich in den letzten Tagen etwas falsch gemacht? Was veranlaßte die beiden, nachdem Stunden zuvor für sie und ihre Familien ein Traum in Erfüllung gegangen war, uns derart gleichgültig gegenüberzutreten?

Wir verabschiedeten uns wenig später und verabredeten, daß sie sich am nächsten Tag telefonisch melden.

Nach nächtlicher Fahrt trafen mein Kollege und ich am nächsten Morgen gegen 5 Uhr völlig übermüdet zu Hause ein. Gegen Mittag rief Detlef S. an und teilte mit, daß die beiden Familien zu unterschiedlichen Aufnahmestellen gebracht worden seien. Sie hätten in Nürnberg übernachtet und müßten nur noch einige Formalitäten erledigen. Am 21. August könnten wir dann mit ihnen rechnen.

An besagtem Tag kündigte Detlef S. telefonisch an, er wolle kurz mit Freunden bei uns vorbeischauen. Auf die Frage, wer denn die Freunde seien, erklärte er, es handele sich um Presseleute, die sich ein Bild von uns machen wollten. Das lehnten wir ab, denn als Lehrer wollte ich auch weiterhin mit Schulklassen in die DDR reisen können. Zu diesem Zeitpunkt wußten wir noch nicht, daß unsere Bekannten ihre Fluchtgeschichte der damals noch erscheinenden Illustrierten „Quick" verkauft hatten. Zwei Wochen später konnten wir in einem Bericht von Monika S. lesen: „Nie wieder in den Staat, der uns beschnitt, gängelte, bespitzelte ... Ich möchte reisen nach Rom, Paris, New York" und: „Ein Freund aus Fulda bot uns seine Hilfe an. Als wir vor seiner Tür stehen, läßt er uns nicht hinein."

Abermalige Enttäuschung, die lähmend wirkte. Wir ahnten nicht, daß sich die Ereignisse bald überstürzen würden: die Öffnung der Mauer in Berlin am 9. November 1989, in unserer engeren Heimat die Wiederherrichtung der B 84 von Hünfeld über Buttlar nach Eisenach bis hin zur Wiedervereinigung am 3. Oktober 1990.

Ebenfalls kaum vorstellbar: die Öffnung der Archive der ehemaligen DDR-Staatssicherheit. Auf meinen Antrag hin wurde mir von der Gauck-Behörde in Berlin zunächst mitgeteilt, daß über meine Person „Buch" geführt worden sei. Nach Einsichtnahme in der Außenstelle in Suhl stand fest: Berichterstatter waren Detlef und Monika S. gewesen. Er war seit langen Jahren Inoffizieller Mitarbeiter (IM), sie hatte 24 Stunden vor ihrem Besuch in unserem Haus im Jahre 1988 eine Verpflichtungserklärung unterschrieben. Ich sollte unter anderem wegen Spionage, landesverräterischer Tätigkeit und staatsfeindlichen Menschenhandels angeklagt werden.

Trotz all dieser negativen Erfahrung erfüllt mich auch heute noch Freude über die Beseitigung des Unrechtssytems in den Novembertagen 1989.

[Berlin;
9./10. November 1989]

Erika Tappe

„Nun ist er endgültig kaputt!“

Das Jahr 1989 bescherte der DDR eine Massenflucht von mehr als 229 000 ihrer Bürger über Ungarn und die Tschechoslowakei in den Westen. Unter dem Druck der anhaltenden Proteste der mit ihrer Regierung unzufriedenen Menschen und der massiven Ausreisewelle wurde Erich Honekker, Generalsekretär der SED, schließlich im Oktober entmachtet. Die in ihrer Reisefreiheit so eingeschränkten Ostdeutschen aber protestierten weiter und zwangen das Politbüro der SED zum Handeln. Am Abend des 9. November 1989 gab Politbüro-Mitglied Günter Schabowski versehentlich zu früh das erst im Entwurf vorliegende neue Reiserecht der DDR, welches den Bürgern mehr unbürokratische Reisefreiheit auch in den Westen zusicherte, über das Fernsehen bekannt. Sofort setzte ein ungeheurer Ansturm von Ost-Berlinern auf die Grenzübergänge ein. Den noch gar nicht instruierten Grenzorganen, der Staatssicherheit und dem Militär gelang es nicht mehr, die Menschenmassen in geordnete Bahnen zu lenken beziehungsweise überhaupt Papiere auszustellen. Sie wurden einfach überrollt. Am Brandenburger Tor, an und auf der Mauer begann ein gigantisches Wiedervereinigungsfest der Ost- und West-Berliner, das in den friedlichen Fall der Mauer mündete.

Am Abend des 10. November beschlossen mein Mann und ich, vom Lehrter Bahnhof aus zum Brandenburger Tor zu laufen. Wir wollten Augenzeugen der politischen Ereignisse sein, die alle Menschen plötzlich so überwältigten, die in der Stadt einen Freudentaumel und entlang der Mauer ein unbeschreibliches Chaos erzeugten.

Unseren drei Kindern hatten wir je 30 DM in die Hand gedrückt. Sie sollten Gelegenheit haben, Ost-Berliner Jugendliche zu Kebab, Coca Cola oder ähnlichem einzuladen.

Vor dem S-Bahnhof Lehrter Straße und an den Bushaltestellen standen Trauben von Menschen, und ein Strom von Fußgängern wälzte sich in Richtung Brandenburger Tor.

Ein Mann, etwa 40 Jahre alt, sprach uns an. Er war sehr aufgeregt, fragte, ob wir West-Berliner seien. Wir bejahten.

„Ich bin ja so durcheinander, es ist einfach verrückt! Zum Brandenburger Tor will ich, einmal von West-Berlin durch das Tor nach Ost-Berlin laufen! Das habe ich mir so viele Jahre gewünscht, aber jetzt trau' ich mich nicht, ich trau' mich nicht!“

Er bat uns: „Könnt ihr nicht mit mir gehen?“

Erfreut, daß wir so schnell einen Ost-Berliner kennenlernten, denn auch wir wollten unsere unbekannten Nachbarn einladen, stimmten wir sofort zu und machten uns mit ihm gemeinsam auf den Weg. Ein neugieriger Austausch über Familie und Beruf ging hin und her. Er sei Beleuchter beim Berliner Ensemble, erzählte der Mann.

Kaum waren wir in Sichtweite des Brandenburger Tores, wurde unser Begleiter sehr nervös: „Bitte, nehmt mich in die Mitte und haltet mich ganz fest! Ich habe ja solche Angst!“

Wir hakten ihn rechts und links unter und redeten ihm beruhigend zu. Auf der Mauer war alles schwarz von Menschen. Vor allem junge Leute feierten dort oben mit Sektflaschen in den Händen. Die Reihen wogten gefährlich hin und her, während immer mehr Menschen heraufgezogen wurden.

Unser Freund riß sich abrupt los: „Ich muß auch da hinauf, ich muß unbedingt hinauf! Aber ihr dürft nicht weggehen, bitte versprecht mir, auf mich zu warten!“ Er zitterte und beruhigte sich erst, als wir versprachen, auf ihn aufzupassen. Nach kurzer Zeit rief er von oben: „Geht nicht weg, geht bloß nicht weg!“

Wir winkten ihm zu. Das Gedränge wurde immer größer. Wir sahen ihn nicht mehr, hatten schon Sorge, ihn verloren zu haben, als er plötzlich neben uns auftauchte.

„Ich war oben! Ich war auf der Mauer!“ jubelte er. „Stellt euch vor, ein Vopo hat mir geholfen, hinaufzukommen. Ich faß’ es nicht, ich faß’ es nicht!“

Tränen standen in seinen Augen, wir umarmten uns. Langsam fiel die Spannung von ihm ab. Auf dem Weg zu seiner Wohnung, wohin wir ihn noch begleiteten, erzählte er uns, daß er einige Tage krank gewesen sei. Sein Fernsehgerät hätte einen Kurzschluß gehabt, daher habe er die Ereignisse der letzten Tage nicht recht mitbekommen. Am Abend des 9. November habe er den Apparat repariert und um ihn auszuprobieren, vorsichtig an die Steckdose angeschlossen.

„Der Fernseher ging an, und auf dem Bildschirm erschien der Schabowski“, meinte lachend unser Freund, „und als der sagte, wir dürften ab sofort in den Westen, da dachte ich, der Fernseher spinnt, nun ist er endgültig kaputt!“

*(Weitere **ZEITGUT**-Beiträge dieser Autorin sind im Autorenverzeichnis am Ende des Buches vermerkt.)*

[Göttingen, Harz ;
November 1989]

Renate Grobe

Das Pannenschaf

Als die DDR ihre Grenze öffnet, halten wir alle den Atem an. Die ersten Trabis rollen an uns vorbei, wir winken heftig. Euphorie und eine Welle der Hilfsbereitschaft erfassen uns.

Eines Abends, im Novemberregen, steht eine Familie aus Halle vor unserer Tür. Sie hat mit ihrem westdeutschen Gebrauchtwagen eine Panne. Der herbeigerufene ADAC-Stadtpannendienst kann nicht helfen. Ein Ersatzteil müsse her. Wir erreichen den Abend-Notdienst einer Werkstatt und erfahren, daß dieses Teil in Kassel zu bestellen sei. Morgen früh um sieben, eher leider nicht, und abschleppen auch besser morgen früh, dann sei es billiger.

Was nun? Bei diesem Wetter eine Nacht im kalten Auto? In der warmen Küche sitzen wir alle am runden Tisch. Die nassen Haare und Jacken trocknen schnell. Unsere Gäste erzählen von ihrer alten Mühle bei Halle, die sie selbst bewohnbar gemacht haben, von langen Wartezeiten auf Baumaterial, von ihren Hoffnungen, daß nun alles anders und besser werde. Irgendwie schaffen wir es, vier Nachtlager herzurichten.

Am nächsten Morgen kommt ganz früh der Abschleppwagen. Die Reparatur wird sehr teuer, und das Geld reicht nicht. Ich schreibe einen Scheck aus und bekomme sofort den Autoschlüssel. – „So einfach ist das? O danke!" Sie winken und fahren davon.

Wieder allein, diskutieren wir, ob ich zu leichtsinnig gewesen sei?

Zwei Tage später stehen sie – wie verabredet – vor der Tür, strahlen mich an: alles sei gutgegangen, diesmal ohne Panne. Zwei lange Mettwürste landen auf unserem Küchentisch, es duftet frisch geräuchert. Der Großvater sei Hausschlachter, erfahren wir. Gläser mit Schmalz und Leberwurst werden ausgepackt, Kostproben von Sülze und Kesselfleisch. Wir kochen Kaffee, holen Brötchen und vergessen unser cholesterinarmes Diätprogramm, genießen die Herrlichkeiten.

Sie erzählen von ihren Kindern, von langen Staus auf schlechten Straßen. Vor Weihnachten wollen sie uns noch einmal besuchen. Wir sollen ein Schaf geschenkt bekommen, sie hätten vier, eins sei für uns. Wir brauchten dann nicht mehr soviel Rasen und Wiese zu mähen. Ein Schaf?

O ein Schaf! Ich bin gerührt! Wolle vom eigenen Schaf!

Die innerdeutsche Grenzöffnung hätte uns fast ein Hallenser Schaf beschert.

Ich sehe mich dicke Pullover stricken für Mann und Sohn, Teppiche weben...

„Aber wo bleibt das Schaf nachts und im Winter?" gibt mein Mann zu bedenken. Im Gartenhaus?

Vier Balkons sind gleich dahinter. Was werden unsere Nachbarn dazu sagen?

Es wird sich einsam fühlen, das Schaf, und nach den drei anderen rufen!

Oder in der Garage, angefüllt mit Heu und Stroh?

Und das Auto in Kälte und Schnee. Es wird morgens nicht anspringen, wenn der Sohn zum Bahnhof muß!

„Ihr könnt einen Stall bauen – wir helfen euch!"

„Ich glaube, es gibt einen Bebauungsplan", werfe ich vorsichtig ein, „Schafställe sind da nicht vorgesehen!"

Und 200 Kilometer mit einem Schaf im Auto und im Stau?

Es wird nichts mit dem Schaf. Aber die neuen Freunde besuchen uns noch oft, laden uns ein in ihre alte Mühle bei Halle. Wenn im Dezember der erste Schnee auf der Wiese im Garten liegt, dann wandert durch meine Träume ein Schaf, und aus seinem warmen Stall fällt ein heller Schein in unseren Advent.

[Leipzig, Sachsen – Crinitz bei Luckau, Niederlausitz – Berlin – Liberec, Tschechien – Altenberg, Erzgebirge – Viersen, Nordrhein-Westfalen; 13. August 1961 – Silvester 1989/90]

Roland Walter

Ein Traum wird wahr

Es war ein trüber Herbstmorgen. Im Dunkel des anbrechenden Tages lenkte ich meine allmorgendlichen Schritte in das Leipziger Zentrum. Die überfüllte Straßenbahn und die gedämpfte Laune taten ein Übriges, daß auch dieser Tag in der üblichen Routine zu erstarren drohte.

Und doch, seit Wochen lag über allem eine gewisse Spannung. Es knisterte im Land, erste Hoffnungsfünkchen auf Veränderungen sprühten. Zunächst verschämt, allmählich kesser, waren in der öffentlichen Meinung der DDR neue Töne zu vernehmen. Historische Fehler wurden eingeräumt, man sprach über die Notwendigkeit einer demokratischen Erneuerung an Kopf und Gliedern der Gesellschaft. Selbst das bisherige Tabuthema „Reisefreiheit“ blieb nicht mehr unantastbar. Von einer Montagsdemonstration zur anderen war auch das eigene Selbstwertgefühl gestiegen: Man war nicht mehr wehrlos der SED-Staatsräson ausgeliefert. Im Leipziger Lokalrundfunk diskutierten Gewandhauskapellmeister Kurt Masur und der Kritiker Rolf Henrich bereits offen über eine reformierte Gesellschaft. All das lief aber noch eher schemenhaft ab, während sich das alltägliche Dasein weiter in eingefahrenen Gleisen bewegte.

Als ich an jenem Donnerstag nach der Arbeit in meine vier Wände zurückkehrte, drückte ich wie immer den Knopf des Fernsehapparates. Die „heute“-Sendung stellte Meldungen über die Situation in der DDR an die Spitze ihrer Berichterstattung, aber das geschah seit geraumer Zeit ohnehin. Gelassen verfolgte ich die Pressekonferenz mit SED-Politbüromitglied Günter Schabowski. Das Frage-Antwort-Spiel der Journalisten zur inneren Befindlichkeit der DDR brachte kaum Neuigkeiten zutage. Fast schien alles gelaufen zu sein, da zog Schabowski eher beiläufig eine Mitteilung heraus, die besagte, daß von nun an die Grenze zur BRD und zu West-Berlin für die ständige Ein- und Ausreise von Bürgern der DDR offen sei.

Im ersten Moment vermutete ich einen Versprecher, die ungläubigen und irritierten Mienen der Journalisten verhießen nichts anderes. Erst als Stunden später eine Sondersendung aus Berlin über den Bildschirm flimmerte, waren die Zweifel beseitigt: erste Grenzübertritte, spontane Verbrüderungsszenen zwischen Berlinern aus Ost und West. Der Regierende Bürgermeister Walter Momper sprach noch am späten Abend sichtlich bewegt von einem denkwürdigen Datum in der Geschichte der Deutschen.

Unwillkürlich eilten meine Gedanken in die Vergangenheit zurück.

Die Schotten dicht

Ich war zehn Jahre alt, als am 13. August 1961 die Mauer errichtet wurde. Tränen der Verzweiflung, Ratlosigkeit – ich erfuhr es in der eigenen Familie. Nur wenige Tage zuvor hatten wir den besten Ferienspaß gehabt, als unsere Ost-Berliner Verwandten bei uns „auf dem Lande" in Crinitz in der Niederlausitz zu Besuch waren. Mit den Berlinern radelten wir durch unsere Lausitzer Umgebung und tummelten uns im Freibad. Meine Cousine war bereits in der Lehre, sie machte eine Ausbildung bei Bolle in West-Berlin.

Zwei Jahr zuvor, im August 1959, hatten wir die Verwandten in Berlin besucht. Nachdem wir einige Tage mit Motorboot und Campingzelt in der reizvollen Berliner Seenlandschaft verbracht hatten, war natürlich auch ein Abstecher nach West-Berlin fällig. Noch heute erinnere ich mich an die S-Bahn-Fahrt nach Witzleben, vorbei an der mir aus dem Westfernsehen bekannten Werbung von Möbel-Kunst und HB, die mich in ihrer Überlebensgröße ebenso beeindruckten wie die bunten Schaufenster und die tollen Autos auf den breiten Straßen des Berliner Westens. Vater und ich besuchten das Formel-I-Training auf der Avus. Die damaligen WM-Aspiranten hießen Tony Brooks, Dan Gurney, Phil Hill in den schon damals roten Ferraris. Ich war total begeistert. Und dann, von einem Tag auf den anderen, sollten Avus, Zoo oder Funkturm für uns nicht mehr erreichbar sein?

Am späten Abend des 13. August 1961 rief mein Vater unsere Berliner Verwandten an. Für sie war eine Welt zusammengebrochen.

Es folgte die totale Abschottung der DDR zum Westen. Die Klassenauseinandersetzung mit dem Kapitalismus wurde zum Leitmotiv in der schulischen Ausbildung. Im ersten Drittel der 60er Jahre erlebten wir den abstrusen „Fernsehkrieg“. Gegen den Empfang des Westfernsehens wurde ein regelrechtes Kesseltreiben entfacht. Nach dem Willen der Pionierleiterin sollte „der Pionierauftrag zur Demontage von Antennenanlagen“ eine Verpflichtung für vorbildliche Thälmann-Pioniere sein!

Gottlob wuchs ich in einer häuslichen Atmosphäre auf, wo solche Umtriebe auf unfruchtbaren Boden fielen. Das Informationsangebot von SFB und RIAS halfen mir, meine eigene Weltsicht auch in den besonders vereisten Zeiten des kalten Krieges zu bewahren. So blieben die „Geschichten aus dem alten Berlin“, „Winnetou und Old Shatterhand“, das Ratespiel „Wer fragt gewinnt“ mit dem unvergessenen Hans Rosenthal oder die „Schlager der Woche“ meine geistigen Freiräume. Wenn ich mich mit meinen Klassenkameraden in den Pausen darüber austauschte, achteten wir darauf, daß kein Lehrer in der Nähe war.

Das Jahr 1968 – Hoffnung und Enttäuschung

Das Jahr 1968 kam und mit ihm Turbulenzen, die mich 17jährigen zunächst noch kaltließen. In der benachbarten Tschechoslowakei war der KPČ-Führer Antonin Novotny zurückgetreten, seit dem 5. Januar hieß der neue Parteiführer Alexander Dubček. Ein neuer Name, mehr war es wohl nicht.

Bald drangen aus dem Nachbarland unvermutete Meldungen. Die neue Führung unter Dubček sprach über notwendige Reformen und wollte die Demokratie weiterentwickeln. Das waren ungewohnte Töne aus dem Mund sozialistischer Politiker. Was steckte wohl dahinter?

Zunächst gab es von DDR-Seite überhaupt keine Stellungnahme dazu, dann wurden die Vorgänge in der ČSSR heruntergespielt. Je deutlicher sich aber die Reformpolitik in Prag abzeichnete, desto mehr ging die DDR-Führung zur härteren Bewertung jener Ereignisse über. Es wurde von „Irrtümern" in der Strategie und Taktik der KPČ gesprochen.

In den ersten Maitagen des Jahres 1968 unternahm ich mit ein paar Freunden eine kleine Stippvisite in das Nachbarland. Bislang nicht gekannte Eindrücke versetzten uns in Erstaunen. War das wirklich wahr?

Im böhmischen Liberec (früher Reichenberg) schlenderten wir an bunten Schaufenstern vorbei und begegneten fast nur freundlichen Gesichtern. In Cafés saßen langhaarige, schrillgekleidete junge Leute, während aktuelle Superhits wie „We love you" von den Rolling Stones oder Engelberts Schmusesong „The Last Waltz" in der Originalfassung aus der Musikbox tönten. Die leise Hoffnung, daß auch bei uns so etwas funktionieren könnte, beschlich uns. Aber nur wenige Wochen später kam das böse Erwachen.

Anfang August 1968 machte sich meine Familie zu einem Campingurlaub im osterzgebirgischen Altenberg auf. Die restlichen Ferientage wollte ich noch nutzen, bevor es im September mit dem beginnenden Abiturjahr ernster werden würde. Zufällig war die Familie des Finanzbuchhalters, mit dem mein Vater öfter zu tun hatte, auch gerade in der „Sommerfrische“. Es fand sich eine nette Gesellschaft zusammen. Ich lernte einige Oberschüler aus dem Raum Dresden und Dippoldiswalde kennen und traf ein paar alte Bekannte aus unserer benachbarten Kreisstadt Finsterwalde. Auf dem Zeltplatz am Galgenteich war immer etwas los, und wir verbrachten die Zeit mit Tischtennis, Schwimmen und anderen sportlichen Einlagen. Tagsüber ließen wir Top-Hits aus westlichen Radio-Sendern ertönen, auch wenn manche Urlauber pikiert schauten. Am 16. August fuhren wir wieder heim, während die anderen eine Woche länger bleiben wollten.

Am Morgen des 21. August rief uns der Buchhalter total aufgeregt aus Altenberg an. Wir sollten sofort mit Auto und PKW-Anhänger kommen, um ihn und seine Familie abzuholen, denn wegen militärischer Manöver sei der Zeltplatz bis

Campingalltag in Altenberg, Erzgebirge, unweit der Grenze zur ČSSR. Hier verbrachte ich im Sommer 1968 mit meiner Familie die Ferien.

Mittag zu räumen. Mein Vater brach sofort auf, und ich fuhr mit. Bis Dresden verlief die Fahrt normal, doch kaum erreichten wir die ersten Ausläufer des Osterzgebirges, gab es ständig Umleitungen. Polizisten hielten uns mehrfach an und fragten nach dem Grund unserer Reise. Unsere zaghaft vorgebrachte Frage, was denn hier los sei, wurde barsch zurückgewiesen. Wir wurden aufgefordert, uns so schnell wie möglich zu entfernen. Kurz vor Altenberg wurde die Situation unheimlich. In den Wäldern sammelten sich NVA-Panzereinheiten wie zu einem militärischen Aufmarsch. Das war kein „normales" Manöver!

Als wir den Zeltplatz erreichten, warteten unsere Bekannten bereits ungeduldig auf gepackten Koffern. Ich traute meinen Augen nicht: Der noch vor kurzem überfüllte Campingplatz lag verwaist! Fluchtartig verließen wir den Ort.

Der Deutschlandfunk brachte ununterbrochen Meldungen über die Vorgänge in der Tschechoslowakei. Es bestand kein Zweifel: Die Sowjetunion hatte mit Unterstützung der verbündeten Staaten des Warschauer Paktes begonnen, die Reformbestrebungen in der ČSSR auf ihre Weise zu beenden. Auf der Rückfahrt herrschte betretenes Schweigen.

Der Alltag hatte uns wieder. Auch an der Oberschule in Luckau wurden die „Maßnahmen der sozialistischen Bruderstaaten" sofort „begründet". In den einzelnen Klassenstufen kursierten Listen, auf Initiative der FDJ-Leitung in Umlauf gebracht. Darin sollten alle Schüler ihre Unterstützung für die „Hilfsmaßnahmen der Bruderarmeen zur Sicherung der sozialistischen Errungenschaften in der ČSSR" erklären. In meiner Klasse verschwand diese Liste, worauf die Schulleitung drohte, das würde ein Nachspiel haben.

Die Sache verlief jedoch überraschend im Sande, es gab keine Konsequenzen. In der allgemeinen Hektik der bevorstehenden Abiturprüfungen haben wir wohl Glück gehabt. Im Juli 1969 legte ich mein Abitur ab.

Jetzt, nach 21 Jahren erlebte ich mit großer Genugtuung, wie bei unseren Nachbarn die „samtene" Revolution siegte. Der aufrechte Humanist Václav Havel wurde zum Staatspräsidenten gewählt und dem „großen, alten Mann" des „Prager Frühlings", Alexander Dubček, wurde das Amt des Parlamentspräsidenten übertragen.

Zwischen Resignation und Aufbruch

Jahrelang hatten wir in Privatzirkeln über Veränderungen diskutiert, hatten unseren Träumen nach demokratischen Verhältnissen und ungehinderter Reisefreiheit nachgehangen. Doch das dogmatische Regiment machtbesessener Politbürokraten hatte über die Jahre alle Illusionen zerstört. Die kritischen Stimmen von Ernst Bloch, Wolf Biermann, Reiner Kunze, Rudolf Bahro verließen wegen unerträglicher Repressalien das Land oder wurden ausgebürgert. Immer mehr prominente Künstler, Schauspieler und Sportler kehrten der DDR den Rücken.

Neue Hoffnung kam auf, als mit Michail Gorbatschow ein jüngerer, dynamisch wirkender KPdSU-Generalsekretär den Kreml eroberte. Mit seiner Politik der Perestroika sorgte er für Bewegung. Doch diese Töne vernahm die DDR-Staatsführung nur ungern, da geriet selbst das Prinzip der „unverbrüchlichen Freundschaft zur Sowjetunion" zum Gegenstand des Mißtrauens. Mit dem Verbot der Zeitschrift „Sputnik", einem Digest der sowjetischen Presse, im November 1988 wurde der Tiefpunkt in den Beziehungen zur UdSSR erreicht. Unverständnis und Unmut über diesen Schritt machten sich unter der Bevölkerung breit.

In der Leipziger Nikolaikirche wurden die traditionellen Montagsandachten zunehmend zum Ausgangspunkt friedlicher Demonstrationen. Waren es in der ersten Phase lediglich sporadische Aktionen meist Ausreisewilliger, deren Zahl sich in den letzten Jahren stark erhöht hatte, so kam in den Demos jetzt mehr und mehr demokratisches Volksbegehren zum Ausdruck. Von Montag zu Montag erhöhte sich dabei die Polizeipräsenz. Fortan folgte Woche für Woche die gleiche Dramaturgie: Während sich die Menschen in der Nähe der Kirche versammelten, versuchten Polizei und Staatssicherheit, die „Zusammenrottungen" gewaltsam aufzulösen. Eine angespannte Atmosphäre lag über der Stadt.

An einem heißen Augusttag gab es vor der Nikolaikirche wieder den üblichen Auflauf. Auf einigen Plakaten forderten Demonstranten die allgemeine Reisefreiheit und die Wahrung demokratischer Grundrechte gemäß der Schlußakte der Konferenz über Sicherheit und Zusammenarbeit von Helsinki, die auch die DDR 1975 unterzeichnet hatte. Daraufhin schritten Volkspolizisten und „zivile Helfer" zur Tat und nahmen unter „Buh"- und „Pfui"-Rufen einige Teilneh-

Leipziger Montagsdemonstration am 9. Oktober 1989: 70000 Demonstranten standen den 8000 Einsatzkräften der Volkspolizei, der NVA und des Ministeriums für Staatssicherheit gegenüber, die von 5000 „gesellschaftlichen Kräften" aus Partei und Staat flankiert wurden.

mer unsanft in Gewahrsam. Die Massenansammlung konnten sie aber nicht auflösen.

Ein älterer Mann bahnte sich mit seinem Fahrrad den Weg durch die Menschenmenge und bemerkte unter spontanem Beifall: „Das sind die letzten Tage von Pompeji!"

Am 9. Oktober 1989 glich die Leipziger Innenstadt einer Festung. Läden und Cafés schlossen schon kurz nach 16 Uhr. Das Gespenst des Ausnahmezustands war allgegenwärtig. 70000 Menschen versammelten sich in friedlicher Absicht. Ihnen stand eine schwerbewaffnete Streitmacht von Polizei, Bereitschaftspolizei und Kampfgruppen gegenüber, wobei der Einsatz der Armee nicht ausgeschlossen werden konnte.

Ich befand mich vor dem Leipziger Opernhaus. Die Ungewißheit ließ Befürchtungen zu, die den entsetzlichen Bildern des Blutbades auf dem „Platz des Himmlischen Friedens" in Peking ähnelten. Das SED-Politbüromitglied Egon Krenz hatte ja das rigorose Vorgehen der chinesischen Machthaber anerkennend gerühmt.

Gegen 18 Uhr sprach Gewandhauskapellmeister Kurt Masur über die Lautsprecher des Stadtfunks zu den Menschen. Er forderte alle Seiten zur Mäßigung auf und appellierte an die Regierenden, endlich den Dialog mit dem Volk aufzunehmen. Tosender Beifall.

Unter den Losungen „Keine Gewalt!" und „Wir sind das Volk" setzte sich ein denkwürdiger Demonstrationszug durch die Leipziger Innenstadt in Bewegung und endete nach zwei Stunden tatsächlich friedlich. Nie zuvor hatte ich eine derart entspannte Aufbruchsstimmung erlebt. Die persönliche Genugtuung, etwas bewegt zu haben, machte mich stolz.

Als ich am 9. November 1989 die unglaublichen Bilder im Fernsehen sah, ahnte ich nicht, daß das erst der Anfang rasanter Veränderungen sein würde. Am 23. November überquerte ich inmitten einer nahezu unübersehbaren Menschentraube erstmals nach 28 Jahren wieder die Grenze nach West-

Berlin. Seltsam, in Neukölln nahm ich einigermaßen gefaßt das Begrüßungsgeld in Empfang. Danach spazierte ich ziemlich gelassen die Sonnenallee hinunter. Klar, die bunten Schaufenster und die gemütlichen Straßencafés beeindruckten mich schon. Später, beim Flanieren über den Kurfürstendamm, spürte ich erstmals ein gewisses weltstädtisches Flair. Ich genoß das Treiben als stiller Beobachter.

Zur Jahreswende 1989/90 besuchte ich Freunde in Nordrhein-Westfalen, die ich 1978 in Prag kennengelernt und mit denen ich seither in Briefkontakt gestanden hatte. In der Dunkelheit des 29. Dezember erreichte ich nach einer langen Zugfahrt Viersen, wo ich von meinen Gastgebern schon erwartet wurde. Am nächsten Tag fuhren wir nach Aachen und besuchten anschließend das idyllische Eifelstädtchen Monschau. Die schmucken Fachwerkhäuser inmitten einer reizvollen Berglandschaft ließen meine Gedanken an das vertraute Erzgebirge schweifen. Auf der Rückfahrt im Grenzgebiet der Niederlande verspürte ich in einem Café in Venlo erstmals das beglückende Gefühl, ein Teil dieses Kontinents Europa zu sein.

Als wir am Abend im Fernsehen die begeisternden Szenen der Silvesternacht am offenen Brandenburger Tor in Berlin sahen, umarmten wir uns, empfanden innere Rührung. Nie und nimmer hätte ich vor Jahresfrist das alles für möglich gehalten! Ich mußte an die bewegenden Worte Willy Brandts vom 10. November denken: „Jetzt wächst zusammen, was zusammengehört!“

Bisher erschienen in der Reihe ZEITGUT

Band 1	Gebrannte Kinder, Kindheit 1939-1945	1998
Band 2	Nachkriegs-Kinder, Kindheit 1945-1950	1998
Band 3	Stöckchen-Hiebe, Kindheit 1914-1933	1998
Band 4	Pimpfe, Mädels & andere Kinder, Kindheit 1933-1939	1998
Band 5	Wir wollten leben, Jugend 1939-1945	1998
Band 6	Schlüssel-Kinder, Kindheit 1950-1960	1999
Band 7	Gebrannte Kinder. Zweiter Teil, Kindheit 1939-1945	1999
Band 8	Und weiter geht es doch, 1945-1950	1999
Band 9	Täglich Krieg, Deutschland 1939-1945	2000
Band 10	Hungern und hoffen, Jugend 1945-1950	2000
Band 11	Von hier nach drüben, Grenzgänge, Fluchten 1945-'61	2001
Band 12	Wir sollten Helden sein, Jugend 1939-1945	2001
Band 13	Heil Hitler, Herr Lehrer! Kindheit 1933-1939	2000
Band 14	Lebertran und Chewing Gum, Kindheit 1945-1950	2000
Band 15	Zwischen Kaiser und Hitler, Kindheit 1914-1933	2002
Band 16	Getäuscht und verraten, Jugend 1933-1939	2002
Band 17	Halbstark und tüchtig. Jugend 1950-1960	2002
Band 18	Deutschland – Wunderland, 1950-1960	2003
Band 19	Mauer-Passagen, Grenzgänge, Fluchten 1961-1989	2004

Aus Platzmangel verzichten wir im folgenden Verzeichnis der Verfasser auf die Angaben der vollständigen Buchtitel der Reihe ZEITGUT. Nähere Informationen zu den Büchern finden Sie nach Seite 361 und im Internet unter www.zeitgut.com.

Verfasser *Seiten*

Bentz, Rudolf *S. 39, 315*
geb. 1921 in Havelberg, Sachsen-Anhalt, lebt in Berlin.
Beruf/Tätigkeiten: Diplomwirtschaftler, im Ruhestand.
Bisherige Veröffentlichungen: Verschiedene Fachartikel in der Zeitschrift „Wasserwirtschaft-Wassertechnik“ (DDR); Buch „Geschichten an der Havel“, Eigenverlag, 1993.

Berg, Falko (Pseudonym) *S. 213*
geb. 1939 in Kassel,
lebt in Bonn, Nordrhein-Westfalen.
Beruf/Tätigkeiten: Soldat, Dozent für politische Erwachsenenbildung und Diplomat, im Ruhestand.
Bisherige Veröffentlichungen: Erzählung „Das Dorf“, Eigenverlag/Libri BoD, Hamburg 1998; autobiografischer Roman „Halte, was Du hast“, Eigenverlag/Libri BoD, Hamburg 2000; Beiträge in ZEITGUT Band 1, 2, 7, 14 und 17.

Böttcher, Lothar *S. 127, 171*
geb. 1939 in Berlin, lebt in Soltau, Niedersachsen.
Beruf/Tätigkeiten: im Ruhestand.
Bisherige Veröffentlichungen: Gedichte in einer Anthologie, Reiseberichte in verschiedenen Zeitungen u. Zeitschriften; Beitrag in ZEITGUT Band 2.

Brachmann, Helga *S. 157, 195*
geb. 1928 in Landsberg an der Warthe,
lebt in Leipzig, Sachsen.
Beruf/Tätigkeiten: Pianistin, Lehrerin im Hochschuldienst an der Hochschule für Musik in Leipzig, im Ruhestand.

Brückner, Elfriede, geb. Buff *S. 297*
geb. 1939 in Mengersgereuth-Hämmern, Kreis Sonneberg,
lebt in Sonneberg, Thüringen.
Beruf/Tätigkeiten: Kindergärtnerin, Erzieherin, im Ruhestand.
Bisherige Veröffentlichungen: Beitrag in ZEITGUT Band 11.

Csallner, Heinz *S. 210*
geb. 1939 in Mülheim/Ruhr,
lebt in Frankfurt/M., Hessen.
Beruf/Tätigkeiten: Werbefachmann.
Bisherige Veröffentlichungen: Zu historischen Themen, insbesondere Dokumentationen über deutsche Kaiser-, Bismarck- und Kriegerdenkmäler; Buch/Bildband „Deutsche Kaiserdenkmäler in alten Ansichten". Verlag Europäische Bibliothek, Zaltbommel, Niederlande 1994; Bildbände/Dokumentationen: „Bilder aus Westpreußen", „Bilder aus Hinterpommern", Bilder aus Ostbrandenburg", Verlag Dörfler Zeitgeschichte; Beitrag in ZEITGUT Band 9.

Deutsch, Michael *S. 236*

Diepen, Marianne, geb. Wandscher *S. 107*
geb. 1923 in Oldenburg,
lebt in Bad Eilsen, Niedersachsen.
Beruf/Tätigkeiten: Büroangestellte, im Ruhestand.
Bisherige Veröffentlichungen: Laienspiel „Der Tod und der Blinde", Bärenreiter-Verlag, 1949; Beiträge in ZEITGUT Band 8, 9, 13 und 16.

Doerfel, Dr. Marianne *S. 43, 56*
geb. 1930 in Königsberg,
lebt in Dillendorf, Rheinland Pfalz.
Beruf/Tätigkeiten: Politologin, Publizistin.
Bisherige Veröffentlichungen: Beiträge im PARLAMENT seit 1986-2003 (Politik, Geschichte); zahlreiche Veröffentlichungen zur Schulgeschichte, u. a. in: Geschichte in Wissenschaft und Unterricht, H. 7/1986; Nordost-Archiv, Lüneburg, H. 86/87, Jg. 20, 1987 und H. 93/1988; Vierteljahreshefte für Zeitgeschichte, H. 3/1989; Handbuch der Geschichte des bayerischen Bildungswesens, 1. Bd., 1989/90.

Dreßler, Inge, geb. Schöne *S. 279*
geb. 1937 in Dresden, lebt in Coswig, Sachsen.
Beruf/Tätigkeiten: Industriekauffrau, Sekretärin, im Ruhestand.
Bisherige Veröffentlichungen: „Lungenkrebs und Schlaganfall – wie kann man das überleben?“ In: „Ich habe es geschafft“. Titan-Verlag, München 1996; „...da habe ich eine Kerze angezündet“. In: Augen-Blicke, Sächsische Landeszentrale für Politische Bildung 2003; Beitrag in ZEITGUT Band 1.

Eilers, Jan *S. 103*
geb. 1920 in Oldenburg i.O., lebt in Wardenburg, Niedersachsen.
Beruf/Tätigkeiten: Fernseh-Techniker, seit 1985 im Ruhestand.
Bisherige Veröffentlichungen: in Hochdeutsch und Plattdeutsch, in Tageszeitungen, Wochenzeitungen, Zeitschriften, Kalendern und Büchern; Kurzgeschichten und Artikel über Heimat, Kindheit, Persönlichkeiten, Technik und Luftfahrt; Beiträge in ZEITGUT Band 3, 4, 11 und 16.

Finke, Judith *S. 254*
geb. 1973 in Weimar, lebt in Berlin.
Beruf/Tätigkeiten: Wirtschaftsjuristin, Journalistin.
Bisherige Veröffentlichungen: Kinderbuch „Kaleidoskop-Geschichten für Große und Kleine“. Wartberg-Verlag, Frühjahr 1998 unter dem Pseudonym „Judith Gorden“.

Franke, Ingrid *S. 302*
geb. 1940 in Leipzig, lebt in Leipzig, Sachsen.
Beruf/Tätigkeiten: Großhandelskauffrau.
Bisherige Veröffentlichungen: Beiträge in „Als die Schatten länger wurden“, Wartburg Verlag 2003 sowie in ZEITGUT Band 2.

Franke, Peter *S. 80*
geb. 1936 in Dresden, lebt in Hannover, Niedersachsen.
Beruf/Tätigkeiten: 38 Jahre lang Lehrer, im Ruhestand.

Glashagen, Dr. Manfred *S. 174*
geb. 1933 in Hammerstein in Pommern,
lebt in Mettendorf, Rheinland-Pfalz.
Beruf/Tätigkeiten: Arzt, im Ruhestand.

Bisherige Veröffentlichungen: „Der Grottemaler", erschienen im Selbstverlag. Beitrag in ZEITGUT Band 7.

Grobe, Renate, geb. Zurmühlen *S. 339*
geb. 1935 in Göttingen,
lebt in Göttingen, Niedersachsen.
Beruf/Tätigkeiten: Chemielaborantin im Ruhestand.

Hagenmeyer, Dr. phil. Jürgen *S. 249, 258*
geb. 1939 in Hameln, lebt in Hamburg.
Beruf/Tätigkeiten: bis 1993 Bankkaufmann, Sozial- und Wirtschaftshistoriker, wissenschaftlicher Mitarbeiter an „Haus Rissen", Internationales Institut für Politik und Wirtschaft Hamburg.
Bisherige Veröffentlichungen: Beiträge und „Aktuelle Analysen" in den „Rissener Einblicken" (ehemals: „Rissener Rundbrief"), „Deutschland und Europa - Sind wir schon in Europa angekommen?", Deutschland Archiv 3/2002; Artikel „Gerhard Merzyn". In: Hamburgische Biographie, 2. Bd., Hamburg 2003; „50 Jahre Haus Rissen - Politische Bildung in Hamburg 1954 - 2004; 2004; Beiträge in ZEITGUT Band 6, 14 und 17.

Hannemann, Erna, geb. Götz *S. 100*
geb. 1911 in Danzig,
lebt in Göttingen, Niedersachsen.
Beruf/Tätigkeiten: Krankenkassensachbearbeiterin, im Ruhestand.

Hauthal, Helga, geb. Höppner *S. 281*
geb. 1929 in Berlin,
lebt in Berlin.
Beruf/Tätigkeiten: Lehrerin, im Ruhestand.
Bisherige Veröffentlichungen: „Geschichten vom Dorf Altglienicke". Bürgerverein Altglienicke, Berlin 1998; seit 1992 Kurzgeschichten in der örtlichen Presse und seit 1995 Publikationen des Heimatmuseums Berlin-Treptow; Beiträge in ZEITGUT Band 8 und 18.

Heimrich, Helmut *S. 325*
geb. 1949 in Hünfeld, Kreis Fulda,
lebt in Burghaun-Steinbach, Hessen.
Beruf/Tätigkeiten: Lehrer an der Lichtbergschule Eiterfeld.

Hoffmann-Sagebiel, Dr. Ingeborg, geb. Sagebiel *S. 165*
geb. 1925 in Perleberg, Prignitz, lebt in Berlin.
Beruf/Tätigkeiten: Autorin.
Bisherige Veröffentlichungen: „Behindertenschicksal und Seelsorge“ und „Krebs-Nachsorge und Seelsorge“, beide Peter Lang Verlag, Frankfurt am Main, 2. Aufl. 1988; „In der Wehmut ist ein Hauch von Freude“. Röschner Verlag 1991; „Es kann ein Leben sein“. Haag + Herchen, Frankfurt am Main 1995; „Paulas Traum“, Röschner Verlag 2002; Beiträge in „Deutsche Behinderten Zeitschrift“; Beiträge in ZEITGUT Band 8, 11.

Klose, Dr. Dietrich O.A. *S. 32*
geb. 1955 in Berlin, lebt in Augsburg, Bayern.
Beruf/Tätigkeiten: Oberkonservator, Staatliche Münzsammlung München.
Bisherige Veröffentlichungen: Mitarbeit an zahlreichen Monographien, Katalogen und Aufsätzen zur Numismatik, u.a.: „Die Münzprägung von Smyrna in der römischen Kaiserzeit (AMUGS X)“, Berlin 1987; Ausstellungskataloge der Staatlichen Münzsammlung München: „Von Alexander zu Kleopatra. Herrscherportraits der Griechen und Barbaren“, 1992; „Ludwig II. König von Bayern. Sein Leben und Wirken auf Medaillen und Münzen“, 1995; „Sport, Spiele, Sieg. Antike Münzen und Gemmen“, 1996, „Ade DM! Geschichte der Mark von 1945 bis zum Euro“, 1999; Die Mark – ein deutsches Schicksal. Die Geschichte der Mark bis 1945, 2002.

Kugelmeier, Clemens *S. 129*
geb. 1920 in Waldbröl-Bladersbach,
lebt in Gummersbach, Nordrhein-Westfalen.
Beruf/Tätigkeiten: Lehrer am Gymnasium; Studiendirektor, im Ruhestand.
Bisherige Veröffentlichungen: „Zwischen Hell und Dunkel“, Erinnerungen 1920-1945, Fouqué-Literaturverlag, Egelsbach bei Frankfurt/M., 1999; zwei Kurzgeschichten in „Schwarz auf Weiß“, Mitteilungsblatt des Gymnasiums Moltkestraße in Gummersbach, 2000.

Kutscha, Hans-Peter *S. 140*
geb. 1932 in Deutsch-Krone, Pommern, lebt in Berlin.
Beruf/Tätigkeiten: Dipl.-Hdl.-Lehrer, im Ruhestand.
Bisherige Veröffentlichungen: vier Erzählungen im Sammelband: „Das große Buch der Anglergeschichten“, 1999; „Meine ganz normale Jugend“

(1932-1952); beide Verlag Dr. Kovac, Hamburg 1999; Beitrag in ZEITGUT Band 10.

Lauenstein, Dr. Reinhard *S. 65*
geb. 1924 in Rostock, lebt in Stadtoldendorf, Niedersachsen.
Beruf/Tätigkeiten: Arzt für Allgemeinmedizin und Geburtshilfe, im Ruhestand.
Bisherige Veröffentlichungen: Medizinische Fachbeiträge; Beiträge in ZEITGUT Band 5, 9, 11 und 13.

Meyn, Prof. Hermann *S. 27*
geb. 1934 in Bremervörde, lebt in Meckenheim, Rheinland-Pfalz.
Beruf/Tätigkeiten: journalistisch tätig beim Stader Tageblatt, RIAS, Südwestfunk, Spiegel; Honorarprofessor an der Universität Hamburg.
Bisherige Veröffentlichungen: „Massenmedien in Deutschland", Universitätsverlag Konstanz, erstmals 1966, letzte Neuauflage 2004.

Misch, Paul Gerhard *S. 231, 274*
geb. 1927 in Groß Margsdorf, Kreis Kreuzburg, Oberschlesien,
lebt in Ingolstadt, Bayern.
Beruf/Tätigkeiten: mittlerer Beamter bei der Eisenbahn, kaufmännischer Angestellter in der Automobilindustrie für Bahn-Spedition, im Ruhestand.
Bisherige Veröffentlichungen: Beiträge in „Prosa, Gedichte - Ingolstädter Schriftstücke", Bd. 8 und 9, Verlag Donau Courier; Beiträge in ZEITGUT Band 10, 15 und 18.

Musiol, Hans-Joachim *S. 149*
geb. 1947 in Pustleben, Kreis Nordhausen,
lebt in Burscheid, Nordrhein-Westfalen.
Beruf/Tätigkeiten: Lehrer.

Ohlenburg, Anneliese, geb. Ideus *S. 180*
geb. 1962 in Sandhorst,
lebt in Aurich, Niedersachsen.
Beruf/Tätigkeiten: Gemeindehelferin.
Bisherige Veröffentlichungen: Kurzgeschichten, Gedichte in örtlicher Wochenzeitung (seit 1994); Gedicht in Anthologie, Realis Verlag, München; Kurzkrimi in „Das Mordsschiff", Leda Verlag, Leer 2000.

Pondorf, Irmgard, geb. Mickeleit *S. 261*
geb. 1932 in Berlin,
lebt in Waldkraiburg, Bayern.
Beruf/Tätigkeiten: Fremdsprachensekretärin, im Ruhestand.

Schröder, Meinhard *S. 89*
geb. 1943 in Schwerin, Mecklenburg,
lebt in Berlin,
Beruf/Tätigkeiten: Betriebsleiter.

Siegmund, Traute, geb. Gansinger *S. 71*
geb. 1924 in Hamburg, lebt in Wietzendorf, Niedersachsen.
Beruf/Tätigkeiten: Mitarbeit im zahntechnischen Labor ihres Mannes, im Ruhestand.
Bisherige Veröffentlichungen: Kurzgeschichte, Radio Bremen, 1988; Beiträge in ZEITGUT Band 8, 9, 11, 13 und 15.

Steudel, Evelyn, geb. Zobel *S. 134*
geb. 1934 in Berlin,
lebt in Hitzacker, Niedersachsen.
Beruf/Tätigkeiten: Sonderschullehrerin im Ruhestand.
Bisherige Veröffentlichungen: „Der Sommer des elften Geburtstages“, Selbstverlag, 1997; Beiträge in ZEITGUT Band 1, 2, 7, 14 und 18.

Strebel, Renate, geb. Job *S. 185*
geb. 1937 in Langenhessen, Kreis Zwickau, Sachsen,
lebt in Hannover, Niedersachsen.
Beruf/Tätigkeiten: Rechtsanwalts- und Notar-Fachangestellte, im Ruhestand.
Bisherige Veröffentlichungen: Beiträge in ZEITGUT Bd. 2, 6, 7, 14, 17 und 18.

Tappe, Erika, geb. Wyneken *S. 265, 336*
geb. 1939 in Essen,
lebt in Berlin.
Beruf/Tätigkeiten: Arzthelferin, Schauspiel- und Synchronarbeit, Drehbuchassistenz, jetzt im Ruhestand, Malerin.
Bisherige Veröffentlichungen: Beiträge in ZEITGUT Band 7, 14 und 17.

Voigtländer, Dorothea F., geb. Küppers *S. 287*
geb. 1943 in Bonn,
lebt in Rheinbreitbach bei Bonn, Rheinland-Pfalz.
Beruf/Tätigkeiten: Redakteurin und Autorin.
Bisherige Veröffentlichungen: „Rheinbreitbach – einst und jetzt“. Verlag Gemeinde Rheinbreitbach, 1974; „Geschichte und Geschichten vom Rhein – Vom Drachenfels zum Kaiserberg“. Bock-Verlag, Bad Honnef 1990; „Notizen einer 25jährigen Stadt“. Verlag Stadt Bad Hönningen, 1994; Mitautorin in: „Der Landkreis Neuwied“ aus der Edition „Städte - Kreise - Regionen“. Verlag Kommunikation und Wirtschaft, Oldenburg, 1996; Beiträge in ZEITGUT Band 6, 7 und 14.

Walter, Roland *S. 342*
geb. 1950 in Crinitz, Land Brandenburg,
lebt in Leipzig, Freistaat Sachsen.
Beruf/Tätigkeiten: Lehrer (1975-1978), Lektor, Sachbearbeiter in der sozialen Bürgerberatung.
Bisherige Veröffentlichungen: 1981–1989 einige Weltkalender-Texte für den F.A. Brockhaus Verlag, Leipzig.

Warnke, Maria-Elisabeth *S. 117*
geb. 1931 in Niesewanz, Kreis Schlochau, Pommern,
lebt in Berlin.
Beruf/Tätigkeiten: Lehrerin, im Ruhestand.

Wolter, Inge, geb. Petersen *S. 226*
geb. 1938 in Kiel, lebt in Kiel, Schleswig-Holstein.
Beruf/Tätigkeiten: Bankkauffrau, Bibliotheksangestellte, im Ruhestand.

Bisher erschienen in der Reihe ZEITGUT

Stöckchen-Hiebe
Kindheit in Deutschland 1914–1933
52 Geschichten und Berichte von Zeitzeugen
336 Seiten mit vielen Abbildungen,
Ortsregister, gebunden.
Band 3
ISBN 3-933336-02-3, EUR 18,90

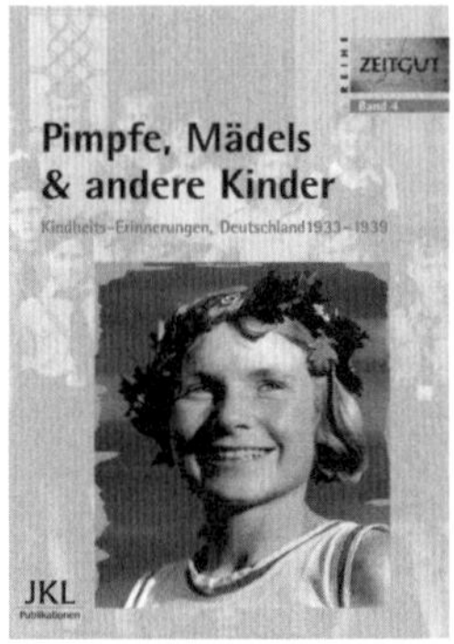

Pimpfe, Mädels & andere Kinder
Kindheit in Deutschland 1933–1939
55 Geschichten und Berichte von Zeitzeugen
322 Seiten mit vielen Abbildungen,
Ortsregister, Klappenbroschur.
Band 4
ISBN 3-933336-03-1, EUR 18,90

Heil Hitler, Herr Lehrer!
Kindheit in Deutschland 1933–39
50 Geschichten und Berichte von Zeitzeugen
360 Seiten mit vielen Abbildungen,
Ortsregister, Chronologie, Klappenbroschur.
Band 13
ISBN 3-933336-12-0, EUR 18,90

Gebrannte Kinder
Kindheit in Deutschland 1939–1945
61 Geschichten und Berichte von Zeitzeugen
368 Seiten mit vielen Abbildungen,
Ortsregister, gebunden.
Band 1
ISBN 3-933336-25-2, EUR 18,90

Weitere Informationen unter www.zeitgut.com

Bisher erschienen in der Reihe ZEITGUT

Gebrannte Kinder. Zweiter Teil.
Kindheit in Deutschland 1939-1945
36 Geschichten und Berichte von Zeitzeugen
334 Seiten mit vielen Abbildungen,
Ortsregister, Chronologie, gebunden.
Band 7
ISBN 3-933336-26-2, EUR 18,90

Nachkriegs-Kinder
Kindheit in Deutschland 1945–1950
67 Geschichten und Berichte von Zeitzeugen
424 Seiten mit vielen Abbildungen,
Ortsregister, Klappenbroschur.
Band 2
ISBN 3-933336-01-5, EUR 18,90

Lebertran und Chewing Gum,
Kindheit in Deutschland 1945–1950
55 Geschichten und Berichte von Zeitzeugen
361 Seiten mit vielen Abbildungen,
Ortsregister, Chronologie, gebunden.
Band 14
ISBN 3-933336-23-6, EUR 18,90

Schlüssel-Kinder
Kindheit in Deutschland 1950–1960
46 Geschichten und Berichte von Zeitzeugen
336 Seiten mit vielen Abbildungen,
Ortsregister, Klappenbroschur.
Band 6
ISBN 3-933336-05-8, EUR 18,90

Weitere Informationen unter www.zeitgut.com

Bisher erschienen in der Reihe ZEITGUT

Wir wollten leben
Jugend in Deutschland 1939–1945
40 Geschichten und Berichte von Zeitzeugen
344 Seiten mit vielen Abbildungen,
Ortsregister, gebunden.
Band 5
ISBN 3-933336-24-4, EUR 18,90

Wir sollten Helden sein
Jugend in Deutschland 1939–1945
38 Geschichten und Berichte von Zeitzeugen
331 Seiten mit vielen Abbildungen,
Ortsregister, gebunden.
Band 12
ISBN 3-933336-11-2, EUR 18,90

Hungern und hoffen
Jugend in Deutschland 1945–1950
48 Geschichten und Berichte von Zeitzeugen
361 Seiten mit vielen Abbildungen,
Ortsregister, Chronologie, Klappenbroschur.
Band 10
ISBN 3-933336-06-6, EUR 18,90

Zwischen Kaiser und Hitler
Kindheit in Deutschland 1914–1933
47 Geschichten und Berichte von Zeitzeugen
368 Seiten mit vielen Abbildungen,
Ortsregister, gebunden.
Band 15
ISBN 3-933336-16-3, EUR 18,90

3/5

Weitere Informationen unter www.zeitgut.com

Täglich Krieg
Deutschland 1939–1945
41 Geschichten und Berichte von Zeitzeugen
362 Seiten mit vielen Abbildungen,
Ortsregister, Chronologie, gebunden.
Band 9
ISBN 3-933336-34-1, EUR 18,90

Und weiter geht es doch
Deutschland 1945–1950
45 Geschichten und Berichte von Zeitzeugen
361 Seiten mit vielen Abbildungen,
Ortsregister, Chronologie, gebunden.
Band 8
ISBN 3-933336-10-4, EUR 18,90

Von hier nach drüben
Grenzgänge, Reisen und
Fluchten 1945–1961
38 Geschichten und Berichte von Zeitzeugen
332 Seiten mit vielen Abbildungen,
Ortsregister, Chronologie, Klappenbroschur.
Band 11.
ISBN 3-933336-13-9, EUR 18,90

Getäuscht und verraten.
Jugend in Deutschland 1933–1939
43 Geschichten und Berichte von Zeitzeugen
320 Seiten mit vielen Abbildungen,
Ortsregister, Chronologie, geunden.
Band 16
ISBN 3-933336-07-4, EUR 18,90

4/5

Weitere Informationen unter www.zeitgut.com

Bisher erschienen in der Reihe ZEITGUT

Halbstark und tüchtig.
Jugend in Deutschland 1950-1960
48 Geschichten und Berichte von Zeitzeugen
320 Seiten mit vielen Abbildungen,
Ortsregister, Chronologie, gebunden.
Band 17
ISBN 3-933336-17-1, EUR 18,90

Deutschland - Wunderland
Erinnerungen 1950–1960
44 Geschichten und Berichte von Zeitzeugen
368 Seiten mit vielen Abbildungen,
Ortsregister, gebunden.
Band 18
ISBN 3-933336-18-X, EUR 18,90

Mauer-Passagen.
Grenzgänge, Fluchten und Reisen
1961-1989
46 Geschichten und Berichte von Zeitzeugen
368 Seiten mit vielen Abbildungen,
Ortsregister, Chronologie, gebunden.
Band 19
ISBN 3-933336-19-8, EUR 18,90

Nichts führt zurück.
Flucht und Vertreibung 1944–1948
in Zeitzeugen-Erinnerungen.
ZEITGUT Auswahl 2
208 Seiten mit vielen Abbildungen,
13 x 21 cm, gebunden.
ISBN 3-933336-22-8, EUR 14,80

Weitere Informationen unter www.zeitgut.com